拿什么奉献给你，孩子

NA SHENME

FENGXIAN GEI NI

HAIZI

吴建军 著

GUANGXI NORMAL UNIVERSITY PRESS
广西师范大学出版社
·桂林·

图书在版编目（CIP）数据

拿什么奉献给你，孩子 / 吴建军著. —桂林：广西师范大学出版社，2015.8
ISBN 978-7-5495-7186-4

Ⅰ. ①拿… Ⅱ. ①吴… Ⅲ. ①家庭教育 Ⅳ. ①G78

中国版本图书馆 CIP 数据核字（2015）第 207584 号

广西师范大学出版社出版发行
（广西桂林市中华路 22 号 邮政编码：541001
网址：http://www.bbtpress.com）
出版人：何林夏
全国新华书店经销
桂林广大印务有限责任公司印刷
（桂林市临桂县秧塘工业园西城大道北侧广西师范大学出版社集团有限公司创意产业园 邮政编码：541100）
开本：700 mm × 1 010 mm 1/16
印张：18.5 字数：235 千字
2015 年 8 月第 1 版 2015 年 8 月第 1 次印刷
印数：0 001~5 000 册 定价：35.00 元

目　录

CONTENTS

自　序 / 1

第一部分　早期教育

一、柳笛儿轻轻吹起来 / 2
二、松田道雄的“猜想” / 9
三、“放养”的孩子最聪明 / 15
四、俺家的“玉石”有黑点 / 30
五、洗澡盆里学算数,唐诗不用妈妈教 / 37
六、眠歌让爱遗传 / 53
七、钢琴,弹还是不弹 / 59
八、穿阿迪达斯奢侈吗 / 63
九、“三岁看大,七岁看老”新解 / 68

第二部分　学习生活

一、学习,重在过程 / 82

二、博士的忠告：习惯，习惯，还是习惯 / 87
三、制订学习计划，独家秘籍 / 97
四、住校，还是圈在家里 / 103
五、日记，写还是不写 / 107
六、莎士比亚是哪国人：以文学为伴，与世界相通 / 131
七、小孩子读不懂鲁迅吗 / 140
八、语文老师，帮孩子解决难题 / 143
九、哈佛博士成才了吗 / 165

第三部分　心理成长

一、“烟幕弹”的故事 / 172
二、第一张奖状 / 176
三、给孩子的一封信 / 180
四、教授的博文：是非善恶要分清 / 185
五、当干部的经历很宝贵 / 194
六、我们喜欢幽默的人 / 199
七、红星照我去战斗：身教重于言教 / 205
八、天空里的一片云：心平气和看“早恋” / 215
九、妈妈的那些老师们：榜样永远有力量 / 222
十、别喑哑了爱之声：警惕过度关注 / 228
十一、让孩子“狗一天，猫一天”：自我矫正与外力影响 / 234
十二、最高的褒奖：耐心 / 240
十三、博爱——终极目标 / 249

第四部分　情感交流

一、静静的小河里面，有一条小鳟鱼 / 258
二、安迪的救赎：把爱说出来 / 263

三、一只手助人,一只手抓住人 / 267
四、浓缩之爱直达心灵 / 268

第五部分 妈妈也成长

一、河马的体重是多少 / 278
二、孩子、工作,谁第一 / 280

自序

“我也可以吧。”

看到人家写书，想。

一天一天，一点一点，真的完成了。

不过细细想来，确乎酝酿很久很久了。好像一个远道而来的旅人，歇脚在一个村庄。吃饱喝足躺倒在床上，或者和主人聊上一聊，会想些说些什么呢？

说起孩子的教育，同好多家长相比，我常自愧弗如。不说学历高、有权位的或知名、富有的，好多一般家庭看上去投入的心血都比我多。从小到大，我似乎并没有为女儿的学业操太大心，花太多金钱。混迹在为孩子学业或前途大把花时间、投金钱，四处寻门路、托关系的人群当中，常慨叹小巫见大巫。一直以来，女儿在别人眼里堪称优秀，周围让我谈谈育儿经验的也有一些，但我总是不知从何说起。也几乎没有留下育儿方面的文字记录，写个短篇的念头动过，但终究没有落笔成形。

二〇〇九年女儿考入复旦大学研究生院，师从著名血液病专家徐建民教授。女儿以优良的表现通过复试之后，徐教授说了一句：“你妈妈把你教育得多么好呀。”这仿佛一个莫大的奖励，让人振奋，我好像遇到了一个知音——孩子必须受到良好教育之后，才能健康成长起来。其实，我并没有刻意做什么，追求什么样的结果，但绝没有放任自流，而是经历了遵循自然法则实践、思考和学习，不断提高认识和教育水平的过程。这是个手艺活，我摸索着慢慢做来。

二十五年后的今天，回头望望，生活给予了太丰厚的赐予。它给了太多开发潜能创造传奇的机会，教我勇敢承担、尽情享受母亲这个普通而又神奇的角色，一天天与孩子共同成长。我要把我的经历、努力和思考写下来，无论成功或失败、成熟或幼稚，就像土地用收获回报辛勤耕耘的农民。我相信一个人的思想和经历一旦落笔到纸上，就不再属于一个人，它必然产生奇妙的回响，毕竟教育是一个永恒的、需要不断完善的大众事业。

此书主要从一个妈妈的角度来写。作为一名教育工作者，当然不能排除与职业有关的一些经历和体会、认识与看法。与传统意义的育儿书籍不同，没有所谓按照某人的教育思想实践总结出来的规范或条文，仅仅从某个侧面记录了一个母亲的人生历程，力求忠实生动地再现生活真实的面貌，以及一名工作在义务教育第一线的教师长期的观察与思考。所以它更像一泓泉水，清澈而充满活力；像一面镜子，既独一无二，又可以给人借鉴。

多年以来，教师职业使我一直处于种种不同教育理念、教育方式方法的漩涡当中，经常需要有一种冲破迷雾拨乱反正坚持自我的勇气，不断地做出应对各种选择、机遇和挑战的姿态，这正决定了我的育儿经历的特殊性，这本书的与众不同。也跟教育的真谛不谋而合：一个孩子一个教育方法，只可借鉴其理念，不可依葫芦画瓢。每一个妈妈都可以创造自己的教育方法，妈妈与教育家之间仅一步之遥。

同样是教育，因价值观世界观的不同，大家对它的理解及所采用的方法模式存在差异，甚至可能会大相径庭。比如对有些人来说，孩子是一种特殊的私有财产，一面视其为家庭的中心、重心，另一面喜欢将个人意志强加其上，理所当然地为他们规划、设计人生。于是一个个“好孩子”被教育出来了，被雕塑压铸成型了。他们将教育简化为大投入大回报，简化为苦口婆心的说教或让孩子学特长、参加辅导、上名校、留洋。一些家庭不是这么想的，却是随大流这么做了。

即使一些教育专家，也认为人才是“教”出来的，成功是可以被严格设计、压铸雕塑的。大学少年班宣称，“早出人才，快出人才”；某重点高校开办了“某某学堂”，从新生中选优，一年教育经费每人十万元，目标直奔科学家。听闻某先生将俩孩子“打进”北大，专家便现身大讲特讲“打孩子的艺术”，且举大量理论为据。

在另一些人看来，孩子是天赐之子，生而平等；在家庭中每个人都很重要，家庭成员间需要相互理解、关爱乃至无私奉献。对他们而言，孩子一落地就开始了自己的人生，无须复制或设计。只要正确引导，每个孩子都可以形成良好的学习和生活能力，一般家庭或穷人家照样可以培育出优秀人才。人体成长的“生物钟”应该得到尊重，儿童过早接触艰深的学习于身心发展不利。身教重于言教。教育是一项“系统工程”，着眼于培养“全面发展的人”。

全社会关注教育是社会的进步。对一个家庭来说，孩子的教育或前途，的确应该摆在重要的位置，完全不设计也是不可能的。只是面对各种教育思潮，面对形形色色教授和专家的理论，各种范例如“虎妈”“狼爸”“鹰爸”……我们是不是应该保持质疑，而不是糊里糊涂进入误区或陷入泥潭？我们应该保持清醒的头脑，找到更适合自己孩子的道路，这关系一个孩子或一批孩子的一生。

记得有人说过：“一个善于反思的国家或民族，才能在世界上崛起。”无论从个人还是全局、从当前还是长远，教育的问题都迫切地摆在了面前。“国家兴亡，匹夫有责。”很幸运我这样做了，作为妈妈，作为教师。

本书写了整整三年，其实早在孩子出生之前“写作”已经开始了。生活记载着我们的经历、体验和智慧，一页一页，从漫长的来处铺展向遥远的未来。我常常惊讶过了这么多年，画面依然清晰如在眼前，又好像生来就印在我的脑海里，不仅抹不去反而经常充斥呐喊，告诉我生命只有一次，亲自养育孩子也只有这珍贵的一次，非得把它写下来。如果说写作的过程是水到渠成，那么抚养教育孩子的过程就更像滴水穿石。

打开这本书，读者将会听到一名妈妈，同时也是一位有三十年教龄的教师，一位长途跋涉的旅人，敞开心扉和您侃侃而谈。生活有它的次序，但本书您可以依次阅读，也可以凭兴趣导引随心而读。

借此，我要特别感谢本书的责任编辑李茂军先生，感谢他给予我的理解和帮助。还要感谢张玲芳、卿丽萍两位女士以及明天出版社的张富华编辑，并向所有为本书的出版付出努力的人们，关心它的朋友和读者，表示衷心的感谢。

第一部分　早期教育

一、柳笛儿轻轻吹起来

二、松田道雄的“猜想”

三、“放养”的孩子最聪明

四、俺家的“玉石”有黑点

五、洗澡盆里学算数，唐诗不用妈妈教

六、眠歌让爱遗传

七、钢琴，弹还是不弹

八、穿阿迪达斯奢侈吗

九、“三岁看大，七岁看老”新解

一、柳笛儿轻轻吹起来

1.名和姓的和谐

许多人惊诧女儿名字的别致。很偶然，它来自一首歌。

我的预产期为一九八五年三月八日。怀孕后期考虑起名的事儿，之前有人告诉我一旦孩子出生你就顾不上了。我想名字应该响亮、不俗，最好与姓氏融为一体。之前给我的外甥女取过名，当时在师专念书，正潜心背诵“明月松间照，清泉石上流”，色彩鲜明的画面可触可听，清新清凉还缓缓流动，山林多么幽静呀。于是“石泉”这个名字水到渠成。有人不知出处以为寓意十全十美，那真是意外的收获了。

有一天，关牧村浑厚悠扬的歌声从电视里传出来，“柳笛儿”一词不经意溜进我的耳朵，倒骑牛背横吹笛的画儿在脑海一闪。我没有去过江南，其所有想象仅限于这幅画。对我来说，世上最纯美的意境莫过于此了。掀开汉语词典“杨柳”一条：(1)杨树和柳树。(2)泛指柳树。女儿将在春天诞生，我小时候曾折枝做过柳笛儿——不记得吹响没有，于是信手拈来“杨柳笛”这个名字。随后得意于自己的发明创造，陶醉于它浑然天成的感觉：孩子生出来无论男女都叫这个名儿。现在想想，男孩儿叫“柳笛儿”真有点怪怪的了。因为早早取好了这个名儿才生出与之相称的女孩来吗？不管怎么说，这个名儿人见人夸，而且迄今为止叫“柳笛”的见过，杨柳笛——或许网上能搜出几个，但在我的生活范围之内未有听闻。

上户口时，那同志想也不想大笔一挥写下“杨柳青”仨字儿，丈夫傻眼了。回来很有些愤愤不平：“俺闺女成年画了……”当年的户口痕迹依稀。

2.名字的故事

记得刚接一个班学习《孟子二章》，一读到“米粟非不多也”，就伴随着嗤嗤的笑声，原来有个学生叫“米粟”。有姓马姓牛的朋友慨叹孩子名字不好起，仔细想想也不尽然。像“马识途（作家，笔名）”“马千里（特级语文教师）”“马跃（著名演员）”“马化腾（成功企业家）”或者“马则鸣”……都很好呀，著名演员牛犇的名字也很有意思。瞿秋白先生养女的名字叫“瞿独伊”，我挺喜欢。

现在有人求教于起名公司、算命先生或网络，总感觉比不上自己取好。表面看女儿的名字信手拈来，明媚温煦中寄予了多少东西还真说不清道不明呢。说到底名字不就是个符号，即使“臭蛋”“狗剩”或“富贵”“耀宗”这类名字，里面所包含的父母们的种种祈愿谁又能说得清呢。

鲁西南山里头一对姓尹的农民夫妇，捡到一名患严重心脏病的男婴，砸锅卖铁将其抚养到五岁。他们给孩子取名“尹永康”，小名“浩浩”，这是希望孩子永远健康，一天天好起来呀。精诚所至，金石为开，在医术高明的军医和好心人的帮助下，孩子的心脏病得以治愈。名字是孩子的，烙在上面的是父母的爱。

经常有人问我：“八月一号出生的吗？”年轻人不大知道，名字曾经带着鲜明的时代特色。现在百花齐放、崇尚个性，以奇异、怪异甚至诡异为美了，上世纪五十年代不是这样。那时候叫“建军”“建国”“新华”“国庆”“国强”……一类红色名字的有一大批（类似情形六十年代“文革”时期也有过）。学习苏联老大哥带异国情调叫这莎那娜（亚）的也有一批。其实我应该叫“国庆”，生日虽然不是十月一日那天。

大学毕业我分配到中学里，因事情耽搁了没及时报到。大家听说来了个新人叫“建军”，颇高兴欢呼了几天。待我现身点名时喊的一声“到”出口，瞬间浇灭了热情。在小学、初中校园里，男教师是“葱花”。

在师专念书的时候，有一天某男生拿了封开启的信找到我，脸上不无歉疚地上来就检讨。原来那是我的一封家信，由于父亲的字迹连笔被错打开了。这位和我同名不同姓。他解释只看称呼没看下文，近旁同学则打趣：“亏了不是情书。”要是情书倒好了，若从未收到过还真令人遗憾。父母给孩子起名儿也都是倾注了全部心思，寄予了完美人生的希望。那天同名师兄还调侃说：“你比我强，你看，我俩眼儿瞪着天，你一口吃个天。”最后还是他强，著书立说洋洋洒洒几百万字都写出来了，我就算脱了鞋也撵不上，不过我不撵，我转弯走别的路。

3.取名时可以考虑的事情

名字寓意要好，念起来不要拗口，女儿的名字有欠缺了。如果想叫起来响亮可采用四声，如“张亮”“李娜”。男孩子一般不用叠字，“萌萌”“甜甜”“思思”等按习惯适合女孩。反过来，女孩儿起个带阳刚之气的名字倒是无所谓，比方说“任强”“崔建华”等。

取名时要注意谐音，比如有人说不宜用“斐”（与“匪”谐音）做人名，但利用合理就是另外一片天地。比如“郑义”“陈思”“沈醉（即沉醉，‘沈’即‘沉’的本字）”。还要慎用多音字。

两个字的极易重名，据说像“王伟”“张强”这样的名字，户籍部门已经拒绝登记了。一旦上了户口，长大成人再想改名字将引来一系列的麻烦，所以原则上不被允许。

但是生僻字也最好避开，像“屾”或“燊”（都读作 shēn），叫的时候极易卡壳或念半边闹出笑话。四个字的叫起来稍觉拖沓，听上去有些许不惯，曾流行一时而最终没有形成气候。习惯这东西还真是一把双刃剑。我觉得取名还是三个字的比较好。

看来取个好名字真不太容易，需要时间考虑，除了文学的滋养，给我们灵感的自然是丰富多彩的生活了，顺其自然吧。就像写作，灵感来了什么都好办。我学习写小说，最怕的就是给人物起名儿。文学作品中人物名字讲究很多，“玉儿”与灵气、纯净、美丽的个性相合，“楞子”与憨厚、强壮、执着的天性相契，刚毅与柔情两人又可兼而有之。像“孔乙己”“奥楚蔑洛夫”等更不是随意而为。初春时节，眼见路旁成排的、刚刚泛出鹅黄的柳树，远远望去，觉得古诗中“烟柳”二字下得甚为贴切，进而想到

“柳如烟（嫣）”这个名字——不会有人先我想到了吧。至于作家的笔名千奇百怪、扑朔迷离又是另外一回事了。这样看来，花点时间、求救于他人倒也不失为一种法子，如果想让名字别出心裁，请作家朋友帮助你最好不过了。

4.二十五年前的“胎教”

那个时候，除了赋予未曾谋面的孩子一个自认为不俗的名字而外，就是进行所谓“胎教”了。

上世纪八十年代初，胎教在社会上刚刚兴起。某天翻阅报纸不经意看到一个豆腐块，上面记叙这么一段轶事：一位有了七个月大孩子的妈妈请教专家该什么时候开始孩子的教育，专家说她已经晚了一年七个月了。对我而言这也算一语惊醒梦中人。我敢说那时候的育龄妇女知道零岁教育的寥寥无几，我如获至宝。随时间的推移，胎教渐渐流行起来。

可是对于胎教的内容、原理等并无深究，以为就是听听音乐或对肚子里孩子说说悄悄话。我工资只有三四十元钱，可还是咬牙买了一台香港产的调频调幅双声道立体声收录机，花掉三百多元。大多听朱逢博、李谷一、关牧村、郑绪岚等人的歌，邓丽君的歌和刚刚兴起的轻音乐也听一些。我知道孩子不一定会听到美妙的乐音，但是他们有感觉，它来自母亲身心的传导，所以妈妈们最好有音乐的耳朵，至少应该有音乐的情愫、倾听的心情。我相信音乐是人世间最美好的事物之一，黑格尔说它“直接针对心灵”。表面看诉诸听觉的东西，不可思议地调动其他感观，并神奇般挖掘其潜力，深不可测、妙不可言。

尚未出世便享受到乐音，日后又在妈妈的眠歌中一天天长大，是不是一种理想的人生？在一部科教片中，我们看到胎儿脸部有情绪表达，他们会笑；而婴儿熟睡时发笑我们都见过，都是以舒服、愉悦为前提的吧。

后来知道胎教的内容包含很多，像孕妇食物的选择、情绪的调节和环境的营造等，现在它的理论更为成熟了。生活条件好了，妈妈们受教育程度普遍提高了，对此也更重视了。以往的做法固然原始，赶上仍值得庆幸。女儿在肚子里时我做过一个梦：有一天孩子生出来了，一落地就会说话，会叫妈妈……这个梦可能来源于一本医学杂志，说有一名孕妇告诉医生她听见孩子在肚子里喊妈妈……这当然有些玄乎，近乎幻觉了，但是不是说明我笃信“胎教”，也说明妈妈和孩子心有灵犀呢？

关于孕妇饮食的讲究，那时候没有一种自觉，全凭道听途说和在杂志中无意间看到的一点常识，比如经常将胡萝卜、海带切成丝炒着吃，咽不下煮熟的鸡蛋黄，就像喝药一样用水冲下去，怀孕五个月时开始吃钙片。孩子生出来果然视力很好，头发丰盛没有所谓“钙圈”（枕秃）。其他吃的也就是一般饭，没有喝过牛奶，鲍鱼海参别说吃，连听都没听说过。这里有经济方面的原因也有个人原因，天生体质差又多素食、饭量小等，应该说孕期营养不够好。孩子出生时体重 2900 克（那时新生儿平均体重为 3200 克），幼儿时期体质不算好，也只能先天不足后天养了。

现代人都知道营养搭配的“金字塔”原则，保持食物多样化。那个时候，包括我在内的许多人都不甚了解，没有引起高度重视。但是现在，显而易见有一种矫枉过正的倾向，人们的餐桌是过于丰盛了。孕妇营养过剩，可能会罹患某些疾病、产生巨大儿、剖宫产增多等，从而使各方面风险增大。比如，研究表明巨大儿日后更易患糖尿病。有营养的东西就可以多吃吗？像桂圆、苹果、西瓜这类东西含糖量都不低，吃多了能行吗？可是我们常听说谁谁谁怀孕后吃水果都是论盆的。营养学家告诉我们，维生素 C 的摄入量每日 100 毫克就够了，合适的量才能保证最佳的吸收，超过就会对健康造成危害，不像是“韩信点兵，多多益善”。现在照本办事，对食物、营养求全责备，不讲求实际的情况比较多见，实际上一些食物营养相当可以互相替代，比如牛奶替代鲍鱼，鸡蛋替代海参。有些现代人过于刻板以致有些神经质了，而媒体的一些说法又常常自相矛盾。在这种情况下，保持清醒头脑不盲从，根据个体情况选择做什么不做什么,就显得很重要了。

5."早熟门"发出的信号

医生称儿童性早熟近年来有递增趋势,其发病原因纷纭复杂,个体定论需长时间观察,奶粉厂家继三聚氰胺事件之后再次遭到质疑。我个人认为除环境、食品、药物等原因之外,会不会存在营养过剩的问题?蛋白质等营养物质的摄入量少了固然不行,但是不是越多越好呢?而且喂养之外是不是也与母亲甚至父亲的体质有关?八〇后的育龄夫妇成长过程中如果常吃肯德基麦当劳、喝饮料,动辄使用抗生素,会不会隐含某些遗传问题?

实际上儿童营养过剩的情况,在除非洲之外的其他地区普遍存在,远远多于饿肚子了。中国有句老话:"要想小儿安,须得三分饥和寒。"而"过犹不及"这一点,似乎不在现代人考虑范围之内。人们过度相信"科学",过度依赖新型食品和医药了,所以容易忽略了源头上的问题。忘记了现代医学的精髓是营养摄取的均衡,是自觉地以预防为主,合理地调养与休息。

我经常听到年轻人讨论给孩子吃什么、喝什么奶粉,啥啥不能吃……现在的婴孩连牛奶都不能喝了,说里面啥啥不好消化,对小儿生长不利。巴氏消毒牛奶也不行吗?太夸张了吧。脑子里经常会冒出一个词:教条。心想这哪里是养孩子,倒好像挖空了心思在干一件别的事。有一次我说:"六七个月的时候,偶尔可以拿馒头蘸点菜汤给孩子吃。"立马遭到了反对:"可不行,这么小的孩子不能吃盐。"感觉现在孩子可娇贵了,而且跟着比,不买对的只买贵的。有一位同事刚买了房子手头比较紧,对我说:"进口配方奶粉太贵了,吃不起。"我说:"过去没奶喂米汤,不也把孩子养大了吗?"我的意思是,八仙过海,各显神通,不见得非要怎样怎样,更没必要攀比。我并不反对精心喂养,当下孩子多为独生子女,家长科学喂养的观念也空前地增强,况且社会物质丰富、大家手头宽裕,舍得投精力花大钱能理解。但是“尽信书不如无书”，科学也是一把双刃剑。以为海参、鲍鱼、对虾有营养便不惜代价给孩子吃，既不考虑孩子能否消化吸收，也忘记了粗茶淡饭的好处，算不得科学吧。

如今生活水平提高了，成天挂吊瓶的孩子也多了。有一个原因不能不考虑：鱼肉吃多了，活动量再上不去，不积食儿才怪呢。还有，吃得太精细，咀嚼和肠胃功能无用武之地了，结果能好吗？还可能造成口味刁钻、挑食儿的习惯，等于适应能力下降了。现在“重口味”的年轻人比较多。从前人吃饭简单，口味清淡、营养的缺乏可能是个短处，但也恰恰是个长处。人们时常遭受饥饿的袭击，那感觉与其说痛苦不如说可怕，可是没有它又觉得了无生趣，好像只有饥饿才能提醒你生命没有熄灭、催促着你活下去，于是你永远像一根绷紧的弹簧干劲儿十足。对稍微好一点的口味感觉极其敏锐，吃根油条或吃个炸鸡蛋，甚至喝碗飘着几片青蒜苗滴上一滴芝麻油的清汤面，都以为是无上的美味。所以我们童年关于吃的记忆、味道的记忆，保留得特别完整清晰，让人觉得那是一笔宝贵的财富。那个时代信息闭塞、科学素养低，人们活得比现在“糙”，有时反而觉得不是坏事儿。看看现在迷信宣传，大把花钱换取儿童健康适得其反的例子就知道了。一富家孩童猛吃某知名进口保健品，比同龄人高出十公分，白白胖胖，可是走起路来却吃力。再看看现代人患的高血脂、糖尿病等“富贵病”，以及各种各样的癌症就知道了，要知道这些疾病在从前是极为罕见的。

农村孩子似乎个个都比城里孩子健壮，一直让一些人纳闷：他们成天都吃些什么呢？有一点可以肯定，农妇们喂不起山珍海味。小孩子吃补品她们准觉得好笑，以为你在瞎胡闹。

“从实际出发，因地制宜喂养孩子”的理念，对我来说，不仅来自生活实践，也来自一本奇特的书。

二、松田道雄的“猜想”

1.选择一本好书读一读

现代人讲究孕期保健、科学育儿，可供选择的书籍很多。我怀孕那会儿新的观念尚未普及，有关的书刊很少，再加上经济条件限制，花钱买本书或杂志正儿八经读一读的不多。我买过几本《大众医学》读着玩，里面故事挺有趣，比方说有一对夫妻多年怀不上孩子，检查哪儿哪儿都没问题，后经医生盘问才知道人家是用肛门来行房事的。有意识了解医学常识增强科学素养的概念很轻微。当然也捎带从中获益，怀孕五个月后补充钙质就是跟杂志学来的。

至于怀孕期间我认真读了一本育儿书，对孩子最初的养育起到了很大作用，确是一件非常偶然的事。那天，大姑姐来我家带来一本地摊上买的书，硬皮精装帧、红色，封面下部赫然写着四个金黄大字：育儿百科。再下面有小字：日本松田道雄。后来我看过一部叫《我两岁》的电影，大概是世界上唯一一部传授育儿常识的故事片，原作正是此人。里面有这样的情节：孩子一人在室内玩耍，将塑料袋套在了头上，差点出人命；一个小孩得了腮腺炎，其他孩子的妈妈抱着自己的孩子与其接触，主动感染以增强免疫力。

松田道雄是日本最著名的育儿专家，他的育儿理论科学而实用。怀孕期间我仔细阅读了前半部分。根据我的理解和记忆，它的基本理念是一切从实际出发，针对个体制定哺育的方针、指标，采用具体的方法。比如，有的孩子一次喂奶需 180 毫升，有的则只需 130 毫升或更少就可以满足其生长需要，孩子不哭不闹、精神好，睡得香。在孩子初期的喂养中，这一点具有实际的指导意义。母乳喂养的孩子食量一般少于人工喂养的，体重也较轻。事实也表明，食量、体重并不是判断孩子健康、发育水平的唯一指标。女儿小时候食量小、体重轻但血色素正常，而比她食量大、体态胖的表姐血色素却稍低于正常水平。中国人喜欢胖墩墩的孩子，很容易只看表面现象，盲目地给孩子多吃，由此成就了一批肥胖儿。女儿一岁半时体重只有十九斤，别人说她瘦，而我并不太担心。

一切从实际出发，这点哲学太简单，现代人看不上了。人们更相信媒体，拘泥于习惯或规范，喜欢从众或攀比，而缺少了个人的判断和处理事情的灵活性。不像我们生活的时代，缺少条律的约束，必须摸着石头过河，而松田道雄先生的理论和实践给了我们更多的“营养”。纵观《育儿百科》，不过是对这个简单哲学的充分发挥而已。

再就是相信科学和顺其自然。自然分娩、母乳喂养，乃至整个的哺育、抚养和教育过程当中，这个理念根植于内心，一直默默发挥着作用。比方说，女儿出生后我发现她头型不正，就是老百姓常说的“二偏头”。有人告诉我一定要“正”过来，女孩子将来梳辫子时会影响美观，快给她枕小米或书吧。可是我最终没这样做。松田道雄告诉我们，这是婴儿脑部发育的不平衡造成的，婴儿头颅的形状往往会偏向脑量暂时重的一侧，不必多虑。即使后来“偏头”或“梆子头”，也会让头发遮掩(男孩只要不剃光头)，对美观的影响甚微。当时我是犹豫过的，小米袋子都缝好了，可还是偏向了松田道雄先生一边。丈夫也说：“枕什么枕，受那个洋罪来。”长大后女儿头型依然有点“偏”，但我们不把它放心上。

再比方，“疾病”可以自愈的理念。一岁左右的孩子发烧，有时不是伤风感冒而是“出疹子”(幼儿急疹)，一般观察、调养即可，无需特殊治疗，这也是《育儿百科》的忠告。那一次女儿发烧，体温在38℃以下，精神还好，我们没去医院。观察一段时间，小米粒般的“疹子”果然出来了，我给她吃清淡的食物、多喝水，不让她抓挠和疯玩，没有打针吃药，几天也痊愈了。女儿经常扁桃体发炎，我一般只是遵医嘱给她吃点消炎药(复方新诺明)，连续服用不超过三四天；再就是一天几次西瓜霜直接喷于患处。效果很好，避免了动辄打针。如今她在上海读书，偶尔嗓子痛、发烧，我就提醒她喷西瓜霜，第二天问起来，她说已经不烧了。当初有人劝我让医生将其扁桃体摘除，我没有动心，我知道那个腺体有免疫功能，人为“破坏”掉并非上策。随着年龄的增长（扁桃体自然萎缩）、孩子体质的增强，发炎的概率会下降、风险会降低，事实果真如此。

现在人们的科学素养逐步提高，知道所谓“治病”，大多为对症下药，缓解症状，促使人体自我调节机制正常运行。有专家说，真正能够治好的疾病不超过百分之三十。从根本上说，抵抗疾病靠的是自我免疫系统的平衡。

随时间流逝有些内容记不清了。我认为《育儿百科》不愧为经典（出版后的二十年间作者又进行过不断的修改）。旧版的翻译言简意赅、通俗易懂，在很长时间里是我读过的唯一一本专业医学类书，从怀孕一直讲到孩子七岁（遗憾的是书被拿回去后后半没有看）。它让我从容地面对孕期、生产及孩子最初的养育，虽然是第一次生产，第一次育儿，但我几乎没有慌张与迷茫过。

选择一本好书读一读，跟不读完全两样。我感谢大姑姐，感谢松田道雄先生，下文我还会提到此书。

2.自然分娩——独立人生的起点

在医疗条件、技术水平普遍提高的今天，一般选择就近生产就可以。但在二十几年前，为孕期保健和孩子安全出生，孕妇往往对医院有所选择。妇幼保健院和省立二院较理想，最终前者因离家较远被我舍弃。

在医院我亲见万不得已决不剖宫的好几个。说起剖宫产之危害，大夫说：“你想呀，上边流血下边也流血……”我坚信“瓜熟蒂落”，希望孩子奋力冲出产道，伴嘹亮的哭声降临这个世界，从此开始自己的人生。如我所愿，一九八五年三月十日下午两点四十分，我在山东省立二院（现山东大学齐鲁医院）顺产一女婴，分娩过程仅二十五分钟。后来我知道了，剖宫产后需注射药物等，还可能影响子宫收缩、及时下奶甚至母乳喂养。

《育儿百科》讲孕妇在产床上如何做，我用上了。孩子、羊水和响亮的哭声一起冲出，并没有提孩子双脚往屁股上打巴掌的情景，只听见护士惊呼：“看人家这孩子多干净！”“2900克。”“让我看看。”我说。在我怀孕期间报上登过医院将孩子弄混的事儿，我牢牢记住了这一点。护士抱孩子到床前夸道：“多漂亮的孩子。”真的，眼睛黑黑的、大大的——之前听说孩子出生好几天才睁眼呢。浓密的黑发湿漉漉撮着贴向额头，脸儿白白的洗过一样寡净。那一刻她在注视我，相信她认出了我，那眼神我永远忘不了。也永远记住了她最初的样子，不像婴儿，完全就是个大孩子，好像要张嘴说些什么，然而护士很快将她抱走了。

可能孩子头稍大，也可能因为孩子冲出产道的速度稍快，我会阴有少许撕裂，大夫没用麻药迅速进行了缝合。我感觉到针扎下去线揪起来，但和剖宫产造成的伤害、痛苦相比，这点苦楚压根算不了什么。为了观察这个伤口，第三天我才出院。

3.母乳喂养——天赐良缘

回家奶水还没下来，姐姐送来了牛奶。若我没有读过《育儿百科》，一定喂上了，喝牛奶不费劲，一旦喂上再让孩子嘬母乳就难了。于是不厌其烦一次次哺乳，一天十二三次，奶水总算下来了，虽然开始不多。我乳房偏小，哺乳得前挺胸部，坐床沿一只脚垫一摞书，很是吃力。由于吮吸次数太多乳头开裂，就抹上甘油（最好的方法是挤少量奶水涂于乳头）。不放盐白煮的猪蹄汤、鲫鱼汤都喝过了，情况稍好一点，但奶水依然不够，女儿三个月就添上了奶粉及牛奶，但都是先喂母乳。这样一直坚持到孩子一岁两个月。孩子十一个月之前未生过病，三个月翻身，四个月爬，原地转——向后——向前，七个月能坐稳，一岁两个月的一天忽然就满地跑了。

母乳喂养是很辛苦的。像我这样自然条件不好、奶水又少的，能够坚持下来的，也许并不多。为了下奶，我猛吃猛喝变成了一个大胖子（合理吃喝不一定发胖，即使胖了断奶后仍可以恢复）。每晚七时左右哺乳一次，尔后孩子入眠，所以晚间不可以出门，我们院里经常放电影，可哺乳的一年多我竟一次都没有看过。那时国家规定产假为八十三天(之前为五十三天，现在延长至九十天，特殊情况天数可增加)，上班后极易回奶，稍有不慎还可能挤到乳房。我有过一次，幸亏不严重。吃饭也不能随心所欲，保护奶水源源不断绝对放在头等地位。喂母乳辛苦但值得，我深知其好处，知道抚育必须培养耐心，付出全部的身心。

母乳营养全面、易消化吸收，还含有丰富的免疫球蛋白(尤其是初乳)，温热也适度。模拟母乳营养的奶粉已经问世，但无法替代的是母乳喂养中母婴的心灵感应、身心交流，孩子的安全感、妈妈的幸福感，以至完美的亲密和互相的信赖。想一想，人造的、冰凉僵硬的胶皮乳头和母亲温暖柔韧的乳头相比，是不是存在质的区别？妈妈的怀抱同他人臂弯或婴儿床相比，感觉会一样？若问什么是幸福我会一时语塞，但有一点我很清楚：婴儿在妈妈怀里吮吸的时刻肯定是母亲人生莫大的幸福，甚至感觉灵魂在颤抖。母性在哺育中升华。没有亲自哺乳的妈妈不觉中错过了一种黄金体验。只有亲自哺乳，才知道什么叫“吃奶的劲”，眼见孩子满头大汗饱餐之后的样子，如同参加过一场殊死的战斗。以此为起点的人生，将会多么辉煌、多么惊心动魄呀。

“母乳喂养的孩子更容易形成完美的人格。”这是松田道雄先生著名的“猜想”。我是坚定的拥护者和坚强的实践者。在我的人生中，信念永远这么强烈。想想看，母乳喂养别人无法代劳，母亲怀抱孩子的时间无形之中延长，相当于给孩子的关怀、爱护比人工喂养多一些，这对幼儿尤为必要。近来我在报上看到一种“袋鼠育儿法”：早产儿除了待在暖箱里，每天有几个小时被妈妈抱在胸前，母婴肌肤相亲。这是由袋鼠宝宝被放在育儿袋内受到的启发。小袋鼠在育儿袋里，既保暖又能刺激生长，还方便喂养。澳大利亚一位母亲出于本能用此法救活了自己的孩子，原本被医生宣布“不治”的早产儿。

那时我的周围，有的妈妈为保持身材或图省事儿拒绝亲自哺乳，现代人不会这么愚蠢了吧。我相信母乳喂养、肌肤相亲这种爱的刺激，不仅孩子能够感受得到（国外育儿专家将抚摸用于早产儿，发现可以促进婴儿体重增加，有利于婴儿健康），而且必将对其人生产生影响。

女儿四十多天的时候，我第一次去澡堂，洗着洗着心里着慌，似乎听到孩子哭闹了，三两下洗罢抓紧回去。果然刚拐过楼头，离着好远就听到了撕心裂肺的哭声，家人抱孩子在楼梯口等我呢。说："你刚走她就哭，怎么哄都不听。这不，奶都吐出来了。"我看了心疼不已赶快上前，不料刚接过襁褓哭声便戛然而止。那一刻惊讶、欢喜，更感到骄傲。吃谁的奶和谁亲为常识。网上有一条奇闻：印度一农妇为自家牛犊哺乳，她下地干活小牛犊寸步不离。我认识一个小孩从小由姑奶奶照看，晚间哭闹妈妈哄不好，姑奶奶抱一抱很快安静地睡着了。和谁一起的时间长孩子和谁亲，这也是事实。

还有一件蹊跷事。满五个月时我抱女儿去托儿所，想到早晚要让她入托，先适应一下。不料我一只脚刚踏进门槛，她突然爆发哭闹，向外奋力扭转身子，好像明白我的用意，知道那是脱离妈妈怀抱的不祥之地，死活不进屋子，我只得作罢。那一刻我便预知了送托儿所的艰难。若是人工喂养，母子接触必然少一些，相互的给予和依赖也少，故人生中的互为作用必然受到影响，从日后教育着眼，母乳喂养必有其得天独厚之处。

母子分开难，相互影响却容易了。当我动笔写作此书，女儿已经二十五岁，母女之间几乎没有隔阂。我俩有时像亲姐妹，她喜欢当姐姐，喊她一声就像真成了姐姐，高兴得很。其和谐景象被她叫作"亲密无缝"，丈夫则戏称"掰不开的鲜姜"。而且"心有灵犀"着呢：一日网上聊天，我说刚买了大麦茶正喝呢。不想她也刚买了正喝呢。又一次，我买了新鞋让她猜牌子，一猜即中。我到上海住她家里，想看本书，她从书架抽出一本《隐之书》，说是家里唯一的一本小说。"咦，从济南家里拿来的吧，我买过一本呀。"女儿反驳："谁拿你的啦，俺自己买的。"接过来细看：可不，装帧不同，她的 32 开白皮，我的 16 开黑皮。这些"巧合"，我坚定地认为可以追溯到母乳喂养。而女儿的成长也一步步证实了得到家庭关爱和支持多的孩子,日后更容易成功。

另外,母乳喂养从乳房保健来说意义也非同小可。在婴儿用力吮吸、乳汁源源流出的过程中,丰富的乳腺管得以充分的疏通,从而大大降低日后患乳腺疾病的几率,这一点早被医学界所公认。至于影响乳房健美的担心也是多余的。只要哺乳时保持正确的姿势、采用正确的方法,乳房的松弛、下垂等就不会发生。专家告诉我们,哺乳期间佩戴合适的文胸(有一定支撑作用,松紧适度)可以对乳房起到很好的保护。我们那个时代文胸尚未普及,我只是穿一件针织小背心,而乳房的健美并没有受到影响。

对高楼大厦而言,村庄是与生俱来的、自然的赐予,孕育出淳朴的文化和风俗。对于人工喂养而言,母乳是原汁原味的营养源泉,抚育孩子从骨子里往外亲近母亲,热爱自然。

三、“放养”的孩子最聪明

1.相信科学勇于实践

“五月份孩子刚满月,我就抱到院子里来了。”一位妇产科专家说。杂志和广播也说应尽早让孩子接触外界,一是锻炼呼吸道黏膜,二是接受外来声音、颜色和气味等刺激,锻炼反应能力促进脑部的发育。在当时,我自然地接受了这种理念并且身体力行。相信科学和直觉、勇于实践是某些人的天性,他们善于接受新生事物,不断挑战自我,一步步迈向新的人生高度。而他们又并非迷信专家和书本的人,他们感悟、学习、发现——判断——接收、批判或批判地接收——实践、调整——扬、弃,最终拥有了个人的东西。

科学家认为大脑皮层为一个物理结构,相当于计算机的“裸机”。计算机要有用还需要“软件”，大脑不停地发育，也需要扩充“软件”，所以对幼儿来说，不停地接受刺激对发展智力相当重要。“狼孩”故事的主人公智力与三岁孩子相当就是一个反面例子。美国一女孩出生后被虐待幽闭了十三年，这十三年发育、刺激等于空白，后经数年培训其表现仍类似大猩猩，最终未能发展出人的高级脑功能，只好在精神病院度过余生。

早年我的育儿实践提供了一个正面的例子。其种种做法与生活水乳交融，又并非新奇的创造，与众不同仅在于自觉的意识。女儿出生两个月了，北方春寒料峭，我抱她上了阳台（选择光线较柔和的时刻或背对着强光）。三个月刚刚能竖着抱就上大街了，那儿的喧闹是接受“刺激”的绝佳场所。我抱孩子沿街溜达时招来路人目光，有人逗弄：“这么小的孩子，真好玩呀……”有了第一次，就有第二次，反正天气渐渐暖和，孩子也一天大过一天。不过那时马路上没跑这么多汽车，空气质量也没这么糟糕。年轻人可能不记得（不知道），那时路上还跑马车呢。女儿对马儿最感兴趣，伴着马蹄声，一有马车驰过，她立马警觉，在我怀中欢蹦乱跳，惊异的目光一直追随，直到那庞然大物渐渐远去，有时一辆，有时一队。

田园生活很理想，但对于城市孩子不现实。我们当然可以选择公园等，如果离家不太远的话。小孩子千万不要完全圈在家里，只要不怕麻烦，选择合适的时机和地点，把孩子带在身边就是了。须知，他们的成长不仅仅在身材体格或语言等表征上。对“宅”与“不宅”的孩子稍作比较就可以发现其不同，无论食欲、智力、胆量或眼界、胸怀乃至综合的能力，无论小时候的表现还是长大取得的成就。我将为您慢慢道来。

这一过程当然要循序渐进。我们渐渐走远一点，出大门往东去看牛。远远望去，阳光下褐色的土地上立着几头黄牛和花牛。我放她下来蹲在泥地上搂抱着，闻着牛粪味一起看牛吃草、干活，她神情专注，好久都不肯离开。偶尔听到“哞……哞……”声，怕得一惊身子靠紧我。日子一长，不仅不怕还学会了老牛叫，一有机会就给人展示。平日只要说咱去看马马看老牛，她立马精神抖擞急不可待，哭闹也会戛然而止。长大后女儿酷爱动物并成为激进的环保主义者，我总觉得源头可以追溯到那时，如果真有所谓“起跑线”的话，也许这可以算一条。

我住的宿舍院子挺大。楼宇间一片空地辟成了花园，有石桌石凳。南侧一溜搭有自行车棚，跨过楼前便道上几个台阶就到了。我们整日以院为家，与风花雪月为伴。一方面，房间狭小孩子进门就上床，确实跑不开，另一方面也是主要的，想给孩子一个广阔天地“计着她做”（“做”读zuō，济南话。随意干或闹腾、瞎折腾）。我小时候就这样，除了吃饭睡觉一概不着家。我真这么做了。在儿童养育和教育中，这一点或许最与众不同。

“快放下，脏死了……”一男孩儿摸起一块石头玩，妈妈厌恶地喊到。这情景常见到。我喜欢孩子脏，成天干干净净那是少爷小姐。女儿成天玩石头土垃，小手永远脏兮兮，冬天既黑又皴，还非得自己洗。看不下去了便硬生生摁到盆子里以迅雷不及掩耳之势草草洗罢，然后抹上马牌油。早晨出门衣冠楚楚，下午回家七扭八歪，惹得我哈哈大笑。

现在城市楼层高了，房间大了，装饰豪华了，大家开始恋家了。“外面空气不好……人多、车多，公园太远了……上下楼多麻烦呀……”现代人的忧虑不无原因，真的就只好“宅”了吗？

现在外出能遇见幼儿被小车推着或大人抱着。那次游佘山，巧遇一对夫妻推着婴孩儿谈笑风生。遇上类似情景，我喜欢上前搭话或逗弄孩子以表达称赞、支持。针对不开窗透气的人们，专家说室内空气的污浊度常常高于外界几十倍呢，值得警惕。如同择机开窗换气一样，带孩子出门很值得考虑，只要排除了危险注意安全，在庭院或小区内、公园里或环境好的商场里，没什么不可以。

若现在给个孩子养，我要做的第一件事，还是想尽一切办法让他待在外面。你看，大人们习以为常的像空气、景色、视野的变幻等，却会令儿童惊讶、惊叹，他们迫切需要适应、感受、触摸和探寻。“宅”的习惯一旦养成，就很难改变。未曾沐浴自然之惠泽，感受其魅力、魄力，与自然隔绝的孩子，假如他们长大后柔弱、胆小、狭隘、偏执、无知、无能……值得惊讶吗？他们一生所能抵达的幸福边界不是太短了吗？现在的家长，常常为孩子迷恋电视剧或网络、不接地气而苦恼，其原因很难排查吗？纠正起来果真困难吗？农村孩子是幸运的。我看见光着屁股黑漆漆、脏兮兮的农村娃儿，总不自觉笑出声来，终于看到了原生态的事物，大地的儿子。住豪宅、坐豪车、吃佳肴的孩子，多么像动物园里的“朋友们”呀！“脱离自然、失去自由，真悲惨呀……”每次看到它们被圈着，郁郁寡欢着，总爱咕哝这句话。

有一种幸福是没有边界的。它向每一个人招手，热情地，只要你具备感受的能力。这样你知道外面的世界更精彩、更自由，更能满足你原始的需求，开发你的才能；你呆滞、困倦的双眼与怠惰、疲乏的身心可以得到最好的医治。病入膏肓的英国作家劳伦斯回到山林之巅延长了生命，而同病相怜的冰心女士吹海风得以治愈。这样，你能安排好生活，即使寂寞却不会无聊。你不会成天腻歪在柔软温暖到足以叫人四肢退化的沙发里面，不会被妖媚而迷离的网络所俘获，对你来说，那都是微不足道的快乐，距离幸福多么的遥远！就算你一人待在家中看书、写作或倾听音乐，不会由衷感受到巨大的满足吗？这时青葱的绿色又破窗而入，或者雨丝悄悄飘进窗棂落到你的书桌上、身上，不会以一种难以言传的愉悦给这种满足加分吗？所以，看到除了工作学习和做家务，或上网、看电视、摸牌搓麻，就不知道该干些什么的人，你真替他们惋惜，为什么不能扩大幸福的疆域呢？相反，当你看到公园里目中无人引吭高歌的老大姐，听到她们耐人寻味的歌声时，竟情不自禁地热泪盈眶呢！当你无意间瞥见草地上欢快蹦跳的鸟儿，脱口而出：“看，一只鸟儿，一只灰喜鹊。”竟比那小生命更快乐呢！有万千种游戏可供孩子们玩个痛快，并锻炼、开发其感观；有种种方法可以让孩子贴近自然和美，感受它们赐予的幸福，而不用花钱或只需很少的钱。

从自然中汲取丰富的营养，就会养成这样的习惯——享受幸福：阳光在肩头温暖得酥软，微风抚脸颊空气沁人心脾，目力穿过大片青草和稀疏的林木……光脚在沙滩上、石板上、田埂上，在天地间舞蹈、歌唱，用手触摸树皮、石壁和流泉……拾子儿、埋树叶儿、挑冰糕棍儿、扇洋画、弹溜溜蛋儿、滚铁环、抽陀螺、跳房儿、跳皮筋儿、踢毽子、踢盒子、游泳、打乒乓、看反面电影……一个个这样"玩儿大的"孩子，怎么想到世上有"无聊"这俩字儿？"这么快就天黑了，俺还没玩够呢！"快乐的童年冲淡了一切，包括贫穷；更美化了一切，包括一个个丑小鸭。

孩子永远张着惊讶的眼睛。他的人生直到最后，寂寞也好、孤独也好，甚至单调也好，却都与无聊绝缘。

"我在家里教他学东西呀，给他讲故事，陪他玩玩具……"或许你要说。

女儿十个月大的一天，我抱她去婆家。下了公交车，还要在七拐八拐的小巷步行好一段。正走着，听见她在我肩头喊了声"奶奶"，回头看时，只见一位"奶奶"级的妇女跟在身后，一脸的惊讶和欢喜："乖孩子……"这么大点的孩儿能辨出"奶奶"并主动搭话的，人家还是头回碰到吧。我这个当妈的也吓了一跳。几天前奶奶来看她，突然会叫"奶奶"了，我以为她瞎蒙没放心上。

许是人家的夸奖愈战愈勇，就这样一路走一路喊，被她唤作"奶奶"的不下十几个。而且一个都没叫错，还真就都是奶奶辈儿的。我就奇怪了，谁教过她呀。她准确的辨识能力，主动表达自我，希望同人群沟通，与外界相联系的愿望是怎么来的，我至今弄不清楚，但有一点可以肯定，不是在室内"憋"出来的或玩玩具"玩"出来的（在院儿里玩有意无意说声"王奶奶""李阿姨"什么的）。如果我说"刺激"由量变成了质变，读者朋友可能不会反对。

会跑了就放她在下面玩，如果下雨就在车棚里玩，我在家做事，过一会就跑到楼梯窗户瞅上一眼。有事只要喊一嗓子，她立马跑回家。她可以跟小朋友一起玩得热火朝天，一个人玩的时候也相当投入。如果不喊她，能玩到天黑院子里只剩她一个人。

她一个人都玩什么呢？我也曾经纳闷。现在想想，在大人看来小小的院子，平淡无奇的花草，其实每一块石头土垃、每一个台阶、每一段墙垣、每一处犄角旮旯，都是孩子的天堂呀。她在那里一待好久，仿佛永远没个够，永远那么的兴趣盎然，哪有一刻一丝感觉腻烦呢？大人们没法理解也没法走进他们的世界。可我们常常用自己的眼光或标准看待他们，衡量、限制他们的行为。为什么不能远远地看着瞧着，笑着，摇一摇头？到底谁更幼稚一些呢？我真怀念过去那些时光呀。看她活在自己的世界里，自由快乐着、孤独沉浸着，心头就升起某种异样的感觉，嘴角就浮现一丝微笑。

“不过，还是觉得，嗯……这么多宝贵时间让你给浪费了……”你有这样的担忧，是吧？

记得院里有个年龄与她相仿的小男孩，天黑之后不敢下楼，也不敢一个人去漆黑的厨房，柳笛儿却从来不怕黑，当时我还很奇怪。现在想想，从光线强烈的白天到光线暗淡直至完全消失的黑夜，经历和习惯了这一渐变过程的孩子，怎么可能惧怕黑暗呢？幼小的身心切身感受着外界变化，不仅知道黑夜必然来临，而且知道它的尽头又会迎来白日。这样一种交替是如此的自然，有什么可怕呢？日复一日的感受也形成了似乎是与生俱来的时间观念，而且在最自然的状态中，体验了昼与夜给人的迥乎不同的细微感觉，对吧？总是待在屋子里，天一擦黑便灯火通明，若不惧怕黑暗就奇怪了。对于黑白交替的种种常识、万千体验，比学习书本、数数画画、倾听大人们说教低贱吗，无聊吗，又岂是大人教得来的吗？

天黑了，柳笛儿自个儿知道，该回家了。这样的“知识”是不是更值得学习，这位“教师”是不是很神奇，从而更值得敬重？在自然中，孩子得到启示学会感悟。如果这样的孩子出落得勇敢、坦然，感觉敏锐、理解力强、富于情感、善于决断，你会诧异吗？所以，我并不反对教孩子东西，实际上一点不教也是不可能的，只是应该明白，在生活中他们自己可以学会很多。

同样，按照自然法则教育孩子，对我来说，主要也不是根据哪一本书。您若读完此书，一定相信我的话。虽然此书修改过程中又看过一本半本育儿指导书，但我并不觉得相见恨晚，如果从前读过，我个人的潜能还能发挥到淋漓尽致吗？还会感受如此强烈因而勾起写作之欲望？不会有这本书了吧。从另一角度讲，你当然可以读书，只是别拿它当教条，别轻易改变你的轨道，你只接受合理的，你最相信的始终是自己的深入思考与判断。

没见过这么纵容的娘，也没见过这么贪玩的孩儿。女儿知道我有事情做，不要求我陪伴。经常捡拾瓦片树枝、挖掘土垃、采来树叶花瓣玩“做饭”，边玩边念念有词。即使同在院子里，也多是各顾各，她玩她的我和别人聊天或旁观，偶尔见她玩得太尽兴，就干脆把饭拿到院子里来吃。

一下雨，我们就欢呼雀跃着跑下楼来，在车棚里边玩边欣赏雨景。八月十五月圆之夜，偌大个院子只我们娘儿俩，坐在楼前长长的水泥台子上独享那一轮金黄的圆月。在撒满了银色月光的地面上，女儿跑来跑去问这问那。

她很小就习惯了外面的世界，还学会了串门，阿姨一邀便去。我觉得好笑却并不完全禁止，而是告诉她尽量不去打扰人家，不跟陌生人走。无论在哪里，她和小朋友玩儿一般不会产生打闹，是在玩耍中体验到大家玩儿的快乐，自觉友好相处吗？一个男孩告诉我：“托儿所里我最喜欢柳得（笛）儿。”一个女孩儿也说：“我喜欢柳集（笛）儿。”

而接触外界少的孩子，一旦到了陌生的环境比如说别人家，往往会哭闹。他们认生，容易与他人产生隔阂也不奇怪。所以，人际关系、合作精神的教育，适应能力的培养，最早源于此吗？

人是自然的孩子，玩儿是孩子的天性。如果我说，不束缚它，彻底地解放孩子是自觉自愿，做起来并不太难，你相信吗？那时候对我来说，看着她在天地间自由奔跑尽情喊叫，气喘吁吁大汗淋漓，是最开心幸福的时刻了。直到后来女儿上了学，每天从学校下班，瞥见写完作业弹完琴在院儿里疯跑的她，一闪一闪，就无限欣慰。

这是最好的礼物、最大的母爱，是我最希望看到的图景。我总依稀觉得，年少时候的玩儿，在泥土与蓝天之间的摔打，无论自由奔放的或寂寞孤独的，与一个人的将来都有着千丝万缕的联系。一个人的创造能力、他人生所能达到的高度，当我走过了人生的大半时更坚信，绝对与此有关联。

孩子身上无穷的能量得以最充分的释放，眼耳手脚等各感官得到刺激和锻炼，好奇心不断得到满足，不仅粗茶淡饭从不挑剔，而且培养出一颗坦然、坦荡的心，有一副好的品性。因为天性没有受到压制被压抑，所以想养成类似刁钻怪异或暴躁嫉妒的个性都难。渐渐长大之后，能将玩儿和学习分得清，玩儿得尽兴有趣，学得自觉踏实，也就绝不是空穴来风。

但是令我惊讶的事情一个接一个，永远没个完。

女儿一岁时，我们抱她去食堂买饭，有位排队的叔叔逗弄她："我是谁呀?"她脱口答道："佩佩爸爸。"让他一惊，也让我一惊，因为两人从未接触过。接着指认其他人，她都把号对得很准，大家全被雷倒了。后来又试过，院里所有家长她无一例外全对上了号。那时她还没上托儿所，我们也从未教她认过。看电视，她指着某播音员和某主持人说"好好爸爸""赛赛妈妈"(好好和赛赛都是院里小朋友)，我一看，可不，这俩家长模样还真和他们相仿来。

一岁半她进了托儿所，每天回来就放到院子里，那里大人小孩一大堆，很安全。在后来漫长的学习生涯中，她表现出来的强烈的求知欲、良好的自学能力、自制能力以及和人交往的能力，源头肯定是在这里。

她经常爬上两米多高的墙坐定，两条腿搭拉下来，啃着苹果跟小朋友聊天。我看见想喊她下来，她爸爸说："人都有自我保护意识，你不喊没事，一喊反而吓到她。”在公园坐高空旋转车，丈夫有高血压，我有恐高症，只好她一个人坐（确认安全措施并耐心叮嘱）。成年之后坐高山索道，人家男的都坐上面一动不敢动，她却三百六十度扭转尽情拍照。没有那些“锻炼”，像骑自行车、游泳、打乒乓球或滑冰等，长大成人学会就困难了。

两岁的一天她在下边玩，见我下去跑过来告诉我：“杀鸡……杀鸡……”带我去看。有人一辈子也没有见过杀鸡的，女儿这么小就见识了。我看到了大眼睛里的一些恐惧，也看到了猎奇的冲动和喜悦。长大之后，这孩子还是挺喜欢看热闹，辩证地看，见多识广。也无形中塑造女儿多了些大大咧咧劲儿，少了些斤斤计较劲儿。

有人说防止孩子见识少、心胸狭窄的办法是让他们常出去旅行。我觉得过于“宅”的生活，和外界脱离联系的生活，无论男女老少，一般情况下，都不是值得提倡、坚守的一种生活。一个现代人要不想做“井底之蛙”，应该从走出家门、走出自我开始。

2.“放养”的优势

如果你想培养出一个聪明孩子，方法当然有很多种，但是没有一个科学的理念，只顾随大流，恐怕会失望的。反之，不拘一格创造出属于自己、适应自己孩子的好方法，那时你的愿望才会实现。

许多年之后，偶尔从电视里看到澳洲牛放养的情形，飞机驱赶牛群由草原至船上的场面蔚为壮观，而澳洲牛肉及奶制品以其品质卓著名扬世界。在天地之间，牛儿们找寻有机的牧草、自由自在享受阳光雨露、无拘无束经风雨见世面，长成强壮健美的勇士，其机敏与速度、流线与筋肉以及隆隆的蹄声，圈养的同类们绝对无法匹敌。

与培养孩子的相通之处一望便知。而“放养”的优势，真的就一天天显现出来了。接受能力强、动手能力强、动作协调、反应敏捷。两岁上中班以后，她按要求自己吃完饭，碗内汤水饭粒干干净净。有的家长怕孩子吃不好，到点儿去亲自喂，老师经常拿女儿做榜样，说："柳笛儿吃饭最好了，她妈也不来喂她。"她不仅自己系鞋带，还帮比她大的孩子系呢。上了中班以后老师教画画，最早画的是梨、茄子等，她画得又干净又好，净得优。九岁的一天，肺炎初愈的她站在镜子面前给自己画像，几分钟工夫画已作毕。看那画像，简直难以置信：瘦削的瓜子儿脸，大而出神的眼睛，既形似又神似，将孱弱中焕发着奕奕神采的特征描画得恰到好处。这幅画我们一直保留着。

真的，这样的孩子，在成长的道路上会不断地给你惊喜。

当初托儿所排练舞蹈嫌她小不要她，回来老大不高兴，让我给老师说加上她。

老师说试试吧，结果不跳不知道，一跳大家口服心服了。动作协调到位，舞姿优美灵气外露，以后什么节目都落不下她了。再难的动作她一看就会，表演时受到一致好评——这里面涉及观察、模仿，在"司令部"指挥下，肢体的协调配合等，是一种综合能力的表现。如何"摘苹果"，在舞蹈中？仔细看：右臂划柔和的曲线向空中——手打开，以优美的兰花指去"采摘"——眼睛盯着"果子"，充满笑意——轻轻"放进""篮子"（掐在左胯的左手边）……和着音乐的节拍，这一过程手到眼到轻盈连贯。而那细微动作源于生活且艺术化了，若观察不够细致，很可能会用五个手指去"抓"苹果，此时眼睛又没跟上的话，劳动者专注的神情与喜悦就不能传神地表达出来。准确的表演源自精确的思维，这才可以给观众带来美感。后来她上了学前班，直至小学初中，老师给她的评语惊人的一致："心灵手巧"。

那一天我见盆里小草鱼有一条蔫蔫的，细细翻动发现了问题，它的肚子被线缝过了，针脚整整齐齐排列着。"怎么回事？""我看看里面。"她若无其事地回答。我说："你这样搞，鱼会死的。""不会的。"她正忙活着玩别的。真的，这鱼又活了三四天，"我缝得挺好呀"，她还纳闷呢。我们也跟她说不清，毕竟只是五年级孩子，但是得承认这非"胆大心细"做不来的。后来在学校里，她抢着做解剖实验，直到现在在实验室做实验，给人的感觉好像在玩儿，我问起实验的进展，她说："小宝宝（细胞）可胖啦！"

学习弹钢琴十年，教过她的老师对其接受能力都表示惊讶和赞赏，每次考级成绩都很好。上场之前我在室外探头探脑，总听见里面磕磕巴巴、时断时续的乐音，替他们捏把汗，仿佛看到了评委老师紧皱的眉头。女儿一上场情况翻了个儿，坐定，果断抬手，下键：一串，接着一串……乐音一无阻碍行云流水一样，从她纤细的指尖流出，翻腾跳跃，虽然不乏漏音，但情之导引一滑而过，作品的完整性保证了，评委老师终于笑了。体工大队挑选体操运动员，女儿因其爆发力好、动作协调被相中，老师征求意见，我没有同意。

七岁半我才送女儿上学。想她自由玩耍的日子长一点？也许吧。我不觉得她是什么天才儿童，不仅没有一丝渴望，反而竭力避免似的，向着既保持天性又接受过良好教育的、普通人的目标一步一步前进。我不觉得自己有什么出格的神思妙法，观念好一点、主见多一点、胆子大一点罢了，热爱自然、相信科学、顺其自然罢了。归根结底，太想给孩子最好的教育，为她想得太长远，或者说太爱孩子罢了。三十岁的女人运用智慧做事，这是与年轻妈妈不同之处吧。所以，女人二十七八岁之后（医学上讲三十八岁之前）结婚育子，从孩子教育来说有更多优势。

年龄稍大些，家里买来电器她三下两下安装好，接着就动手使用。常调侃笨手笨脚的我："至今不能熟练使用家用电器。"她的方向感就像个男孩儿一样强，好像永远不会迷路。五岁时我带她去青岛，有一次步行到即墨路市场逛游，回来迷路了。天色已经暗下来，面对岔路口徘徊一阵我着急了，自言自语："我们从哪条走过来的呢？"女儿顺手一指："妈妈，走这条。"我看了看觉得像来时那条路，领着女儿顺势走去，居然走对了。想一想，一个五岁多点的孩子能记住陌生城市的陌生街道，真不可思议。两三岁时带她买菜，我交了钱转身就走，菜丢在摊子上，她拉住我的衣角:“妈妈,咱的菜。”他爸说:“看了吗,你这孩子不掉么(济南话。自己东西看得紧、不漏财,微含贬义。常比喻一个人不吃亏、不干赔本的事儿或抠门)。”稍大一点,逢到上街就提醒我:“别见便宜就买。”出门赶上阴天,我好在拿不拿伞上纠结,女儿就跑到楼道窗户前,伸出头用小鼻子嗅几下,说“没有雨味”就不拿伞,说“有雨味”我们就拿。多年后我才知道,她是通过“闻”大气中的湿度来判断有雨没有。现在天气预报很发达了,我们还常用这个方法。

她本事哪来的我不知道,反正我没教过。辨认星座、在森林中识别方向等也是她教我的。夏夜我们仰望星空,北斗星与牛郎织女星我学会了辨认,大熊星座等我愣是看不出来,她不解地叹一口气:“唉,多清楚呀,怎么你看不出来呢?”

七岁半才上学的孩子,其表现可想而知。长大后在一些重大事情的处理上,女儿一般能做到全面衡量、准确判断、果断决定、大胆出手,还能合理采纳各方意见、建议,表现得“很能干”(比较强的综合实力),我也总是鼓励她:“干得好!”随后会迎来一个又一个的惊喜。

孩子的一生是一个整体,教育的根基、着眼点、理念或方向很关键。如果成天关在屋子里教她学这学那,或者上这班那班,我不敢想象她现在什么样。如果柳笛儿算个聪明孩子,这聪明源于自然的馈赠、放养的功劳,归根结底是坚定信念、相信科学、勇于实践所结的硕果。

因此,应当尽早让孩子接触外面的世界,在广阔天地和人群中自己感受和学习,让各种刺激的共同作用促进孩子大脑最初的发育,进而为日后形成较强大的学习、生活能力奠定基础。作为妈妈,无论你是富人还是穷人,学历高还是低,具体采用什么方法并不重要。你只需要从高楼大厦上下来,从你的豪宅里、早教课堂走出来,耐心地、贴心地陪伴你的孩子,你们共同贴近自然、感受生活;汲取的是营养,开发的是智慧,收获的是永远割不断的母子深情,以及孩子用自己的眼睛看世界,用自己的心灵感受事物的习惯。这样融于自然、融于生活的教育理念及我个人在教育孩子上的“发明创造”，将在本书中继续体现。

3.安全意识从小培养

在家中或自然中玩耍，安全是第一位的。

按照自然法则教育、在自然中成长起来的孩子，因各种器官或感受得以较早的训练、培养，所以预见和应对外界各种危险的能力必然高人一筹，有效规避的概率也较高。我们常说“这人后脑勺都长着眼睛呢”，其经验主要来自生活。像擅长爬高上梯或水性好的人更容易脱离险境。那些动作协调、反应灵敏的人又岂止在工作中表现出较强的优势呢？这是最好的方法、主要的渠道，当然，有一些则要指望教育。

科学的发展带来了一系列的进步与变革，但是我们生活的世界的危险或潜在的危险也大大增加了，例如发达的交通带来的危险。

相比而言，我们那个时代好一些，民风也淳朴。不过这些并不重要，关键是孩子自觉的意识。同时，安全教育我从没有放松。在孩子很小的时候，我就教育她家中所有电器不能乱动，不擅自进厨房（那时普遍使用蜂窝煤炉和罐装煤气）。很多年我跟丈夫分工明细，他专管“吃喝拉撒”，我专门负责看好孩子。我主张家庭中有专门的人员看孩子，其他事情由别人做。看管婴幼儿，严格说来大人视线不可须臾离开，也不可以将其单独留在家中，有时放在室外安全地带反而更安全。我认识的一个女孩独自在家中因电扇漏电而遇难。分析一下，室内安全隐患主要有电器、煤气和窗口、阳台，危险物品包括尖锐东西、药品等。室外不应去的地方有水库、工地、大马路等。还应杜绝一切不安全的动作，不跟陌生人走。网传一组教育小孩防御意外伤害的漫画，可供参考。

起初有几次女儿跟院里小朋友的妈妈走了，也曾遇到找不见女儿人影的时候，回家严肃教育效果很好。她五岁半上学前班，因为不用过大马路，她爸只送过一天，之后和小朋友结伴而行。我们教育她放学直接回家，不要在街上玩耍。有时遇上小姑父接她表姐，邀请上他家，她从来不去，小姑父对我说："你教育得真好。"小学五年级时，她要求练习骑自行车上街，为上中学做准备，我们应允的同时反复告诫她遵守交通规则，人多车多时及时下车；距离一点点加远，从城市的东头一直骑到西头，结果很顺利度过了这个时期。当然，现在交通状况不比从前了，家长更应该提醒孩子在注意安全的前提下骑车。像遵守交通规则、车速不要过快、不要成帮结伙并排骑车或骑车打闹等，这是关键。我经常问孩子："安全的弦绷紧了吗？"她则打趣说："可紧了，都快断了。"

生活中太大大咧咧不好。如果能够随手关好电门、煤气、门窗，具备起码的逃生知识等，会大大减少乃至杜绝危险的发生。另外，保护好个人隐私、信息等也很重要。

安全问题训练、教育是上策，保护是下策，因为你不可能时时刻刻跟着孩子，即便哪天稍不留心也不至于酿成严重后果。我们不仅要"后脑勺长眼睛"，而且还要会"隔门"或"隔岸"看人，从表面窥内里，练就一副火眼金睛和顺风耳。二〇一一年，一名中国女留学生在加拿大被邻居杀害，给我们提了个醒：半夜三更有人敲门，不管你是男是女，来的是男是女，熟人非熟人，披着狼皮的羊还是披着羊皮的狼，都值得警惕。害人之心不可有，防人之心却不可无。你想想，有什么事情不能等到天亮非得夜间解决呢？稍加警惕灾难就可以避免了。二〇一二年四月发生在美国南加州大学附近的中国留学生遭枪击事件，又一次敲响了警钟。即使治安条件相对好的国内，半夜一两点钟（犯罪高发时段）出门都要谨慎；治安条件差的地方除非具备了相应的安全措施，半夜一定不可外出，一次也不行，而且花钱买安全的观念应该树立。在震惊悲痛惋惜之时若能直面并从中汲取点什么，我们的血就不算白流，是不是呢？

我当教师特别重视对不安全苗头、隐患的发现和排查，高度重视安全教育。我所在的学校大会小会、平时假日，安全教育也比较到位，从上到下安全意识比较强。但我还是最佩服汶川"最牛校长"，于地震前几年间不断加固校舍，并用一分五十九秒成功疏散两千多名学生，大震之中创造了零死亡的奇迹。这是“生命第一”理念的胜利，也为这位平凡校长的人生添写了亮丽的一笔。“最牛校长”已经逝去，而进行过逃生训练幸免于灾难的师生们还活着，生命将延续，“生命第一”的理念将越来越深入人心。但是据我观察，不少人安全意识还是太薄弱了，像频繁发生的校车事故等，其中的危险显而易见却视而不见。

有一次第四节课天色骤变，暴雨突降，我所在的学校当即通过喇叭一遍遍提醒，教师不要放学，让孩子待雨势稍减。冰雪天学校、教师反复强调注意安全，并提早放学。我经常对学生说要早睡早起，一旦晚了不要着急，安全到达最要紧。一日暴雨，道路积水，一学生迟到，边进边哭。问及何故，他说：“书包被冲走。”全班大笑。原来路遇低洼，水势太大，他的自行车筐倾斜，书包被卷走。我当即劝慰：“人在就好。”“老师帮你换新书。”哭声遂止。一般说来，我对于学生迟到不予追究，除非屡犯者。若遇任课老师不许迟到者进门，我就亲自送过去，告知：“请假了。”而此善举并未造成迟到现象的泛滥。这位学生换了新书，然后利用课间将所有笔记补了一遍。那个学期他考了全年级第二，我调侃他：“书包没白丢。”全班又笑，他也笑。有一次下午放学不久，学校周围某处发生了煤气爆炸，接到消息后学校领导第一时间跑到邻近几家医院，挨个寻访查找，第二天一早又挨班核查学生人数。后来知道全校仅有一两名学生受了轻微擦伤，去医院处理了一下就回家了，领导及时通报，全校上下这才松了口气。

做教育工作久了，你会明白摆在第一位的是些什么。学校和家庭本应成为孩子安全的港湾，大人们、家长们除了替孩子把好关，应教育、培养孩子从小开始自我保护，让其终生受益。树的根扎得深，才不怕狂风暴雨。

四、俺家的“玉石”有黑点

1.差异是一个客观存在

同类动物无论从外表看多么相差无几，就个体来说差异都是存在的。人也是如此，即使同为黑眼睛黑头发黄皮肤，即使为同卵双胞胎。

妈妈们凑一块闲聊就发现了“问题”。张家孩子六个月时一顿吃一个鸡蛋，李家的半个都吃不下；比女儿大五天的男孩儿三个月就长牙了，而她却一直到十个月才冒出牙来(那牙藏在牙床里没尽早拱出来罢了)；那男孩儿三个月能准确抓住母亲手垂吊的钥匙，女儿老是抓空；可是好多孩子不会爬她很早就会了。女儿说话不晚，但是两岁半之前只能说三个字的句子，后来突然有一天说出了“我找我的妈妈”，再后来她的语言能力发展很正常。那次我感冒发烧让她姨妈帮照看女儿，可没一会儿送回来了，说：“你这孩子俺看不了，老说‘我找我的妈妈’。”我惊讶了，领过来后女儿还一个劲儿地嘟哝：“我找我的妈妈……”那一天我永远忘不了，那句话犹在耳边；孩子回到妈妈身边释怀的表情，想忘也忘不了。

我想这跟孩子的个性有关。女儿小时候内向、贪玩，喜欢自己摸索着玩，她不是不会说，乃是没空说。开始我也着急，引诱她说，不管用，也就算了。到了非表达不可的时候，你看，她自然就开口了。生活的需要逼着孩子增长本领，仿佛在一天中长大。渐渐地这孩子接话可赶趟儿了，照她爸爸的话说“没有掉到地上的”。

有专家说大多数孩子两岁半之后才开始说话，有的还要更晚些。我教过的一个学生三岁才开始说话，他的智力并无异常，语言能力也与他人相差无几。不说，有时候不代表什么(自闭症、语言环境复杂例外)，可能仅仅在于“嘴懒”，只需耐心引导、等待。就像有的运动员成绩徘徊不被看好，可是奥运会一上场，能量瞬间爆发、技术瞬间提高，不仅一举夺冠，还打破了纪录。孩子成长、教育的事情，着急并不能解决问题。

善写不善说的人生活中的确存在。说到底他不是“不能”，而是“不肯”；还有一类人平时话不多，真说起来一套一套的。况且通过训练表达能力可以提高，这一点大家也会认可吧。我小时候话少，同学后来见到口若悬河、谈笑风生的我，嘴都张大了。生活和职业帮助你挖掘了潜力、提高了能力，当然这个过程是渐进的。同样，原来默默玩耍的女儿上了学摇身一变，变成一个特别喜欢举手发言的学生。而且决不放肘子在课桌上，都是高举着手臂，如一只向上的笋。现在我俩一起时，大多听她叨叨，一个人变化之大自己都莫名其妙吧。

生活有自己的轨道，时间将改变一切。上天眷顾着每一个忠实而心平气和地生活着的人。接受生活给予我们的一切，就像接受月亮的阴晴圆缺，那么，我们将品尝到各种各样的滋味，得到很多意想不到的收获。

电视片《婴儿日记》追踪记录了几个一般大孩子的成长，可以清楚看到个体的差异。甲孩子十五个月时仍不会（不愿意、不肯）行走，但攀爬能力堪称一流；乙孩子不到一岁开始行走，早就有了“占地盘”的行为；还不会行走就学会了游泳，丙孩子做到了；只有一个婴孩两岁时可以比较顺畅地进行语言交流。在不同家庭当中，根据本身的特质，婴孩按照自己的顺序完成其成长的过程。

差异是一个客观存在，差异构成了个性、构成了五彩缤纷的世界。从这个意义上讲，孩子与孩子之间、人与人之间没有可比性，这称作横向比较。而一个人前后的对比，我称之为纵向比较。

在学校里，我提倡学生“自己跟自己比”。注意，这个理念有些人只是说说，而我却根植于内心并在教育和教学中贯穿始终——我不倾向于培养竞争意识，如果有一点点那样的色彩，我强调自我竞争，对自己高标准严要求。柳笛儿曾抱怨：“都是你教育的，俺都没有竞争意识。”我并非没有一点茫然，但还是觉得“没有就对了”。对在哪里？对在纯粹，对在永保心灵的“静”与“净”。唯此才可以专心做事，清醒做人。

回想年轻时，我教的班成绩不算好。大家热衷攀比分数，害怕丢失脸面，影响升迁地位；而我“冷眼向洋看世界”，喜怒不形于色。我想的是总结经验教训、提高教育教学水平，不断学习（向各方面学习，包括不如自己的人）、研究、实践，在自然状态下，一天天一年年慢慢成长，进步水到渠成，自己也保持了身心的健康。

给自己施加压力，不适合我；给女儿或学生施加压力，不符合我的教育理念。作为教育者，我选择可掌控的、自己的道路。作为普通人，我选择“尽可能优化的”人生。我和女儿，遵从自然法则，一步一步走到了今天。若“墙头草，随风倒”，和别人较劲、满脑子名利思想，摆着一副“不成功，便成仁”的架势，哪会有今天写书的份儿？柳笛儿会怎么样，想也不敢想。

接受自己的孩子、坚持自我很重要，生活不断给予证明。即使育儿书也不可能为每一个家长、孩子量身定做一个细则，充其量给一个原则、一个方向或某些经验、技巧和数字，让我们参考，给我们启迪。我们则要按照孩子的特点，根据所处的境遇，有独特的做法并在实践中不断修正。如果人家孩子吃一个鸡蛋，非硬塞给自己孩子一个，人家吃高级配方奶粉，自己非打肿脸充胖子；别人孩子乖自家孩子爱哭闹，就气急败坏；别人孩子早早会说话或认字儿、数数，自家孩子晚了点就心急上火，都完全没有必要。

2.学会接受，不期望完美

女儿月子里就爱哭，天生如此还是奶水少没吃饱？半夜哭得特别凶。邻居们私下议论：“这孩子这么能哭呀。”后来一直爱哭，我们叫她“小咧咧妮”。另外还多动，决不在你怀里老实待一会儿，总是探身出去伸一只手臂扯东扯西，她姥姥带了一天说：“你这孩子俺看不了。”

长到一岁半，我们决定送她去丈夫单位的托儿所，可是遇到了意想不到的困难。凡孩子大都不喜欢上托儿所，可女儿这样的少见，进去大哭大闹整整一个月。最初的日子，只要院里人去托儿所，她就抱着人家腿叫人家带着找爸爸，她一喊“某某（她爸爸的名字）爸爸”，所有孩子就一起跟着喊，其场景滑稽而又壮观。我家窗子正冲着托儿所，距离很近，不仅她的哭声听得一清二楚，还能看到人影。中午人家都睡她不睡，耐心的阿姨陪着她玩滑梯，哭一阵玩一会或喝口水再接着哭，真的很揪心。撕心裂肺的哭声让我冲动地想把她弄回来，但回头一想那些时送时接、长时间稳定不下来的先例，就下了狠心不去管她，一个月后渐渐平复了。

随后几年每天都不清静，早上我得说破了嘴皮。我说：“爸爸妈妈上班，你一个人在家怎么行呢。”你猜她说什么，“我在家里自己玩呀”。有一次问她：“你到底为什么不愿意去托儿所？”她可有理儿了：“我想妈妈呀。”“你想妈妈的时候妈妈就在你心里。”我糊弄她。她若有所思，摸摸胸口笑笑走了，没过两天老毛病又犯了。我们担心以后她若不愿意上学，那可怎么办呀，可这种担心实在多余，她是个很好的学生，打从学前班开始。离开妈妈怀抱，对吃母乳的孩子来说更难些，但女儿一个个考验都安然度过了。

有一件事难以启齿，不知道是不是养育不当所致。女儿五岁之前晚间不能自觉起来小便，我得拖她到尿盆上，偶尔我睡过了就可能尿湿床。常听说人家孩子一夜不尿或自己起来，我也曾教育女儿，不管用，也习惯了，不知不觉年龄一大就好了。

还有掐花的事儿。起初没注意。她见花就想摘，我早防着呢：“手不要动。”她只好嘟哝：“不能摘花光能看。”然后走开了。后来好多年，站在花前她好问我：“妈妈，不能摘花是吧？”我说：“是呀。”我知道她手又痒痒了。

公交车来了，我叮嘱排队上，她听不见似的。不管场面多么混乱拥挤，这孩子都能扒拉开一条路率先上车，占好座位冲我喊：“妈妈坐这里。”其“机智神勇”让人哭笑不得，你都不知道该批评还是该表扬她。我嘟哝这样不安全也不文明，她嘿嘿一笑。我说：“妈妈上班坐车都是断后。”她说：“容易让门挤着。”你没话了。渐渐地，上高中之后就好多了。

生活中有一些事情不是人力能改变的，或改变需要时间。懂得这一点，你就会安然接受差异，静观其变。

女儿的个性曾令我失望。大块吃肉、大碗喝酒、风卷残云，自称“豪放派”；笑声过于洪亮，大步流星走路决不和娉婷婀娜沾边，我愁她缺乏淑女范。但是另一方面，我不拗着她的天性，一笑了之。好端端的手表从上铺一脚踹下来（当然是不小心啦），表蒙粉碎表针停摆，派克笔也无端丢失；取款机旁拿走钱把卡留下，乃至将钱包丢失（包括所有证件、卡）。我相信教训会使她反省、改变一些，我不生气，不拿她跟别的孩子比。想想，谁不是从丢三落四走过来的呢？

整形过的脸大眼一看挺标致，但大多数不经看，它丢失了太多自然的东西。教育并非强行按照人的意愿行事，相反它首先尊重天性，在此基础之上达成目标。同样做一件事例如写作文，有人轻松驾驭，有人半天憋不出几个字儿，差距不是一星半点儿，承认客观个别对待，才能各得其所。生活渐渐让我明白，无论谁，做自己就好，无需完美。白璧无瑕情结隐藏于一些人心中，可以理解，但实际上它仅是一个梦想，适度追求完美才能保有健康的身心，瑕不掩瑜最好。

接受自己的孩子，说着容易做起来难。每个妈妈都产生过纠结。例如孩子学习成绩一般或较差，和人家一比心里是不是酸酸的？家长会你是不是每每不愿意去？去了觉得尴尬、脸没处放，艳羡人家孩子，总问老师：“俺孩子学习怎么就上不去呢？”可能你的孩子非常懂事、有礼貌、乐于助人，或踢一脚好球、画一手好画（的确少见一无是处的孩子，就像少见干啥啥行的，那是神不是人），可是一想到学习成绩，你总是闹心。至于家长本身诸多毛病，却要求孩子完美的更是随时可见，在目前教育环境下极易发生这样的事情。所以第一，每个孩子都上大学或者念硕士博士、当白领并不现实，有时初中毕业送去中专或技校，培养他们有一技之长是“识时务者”，三百六十行，行行出状元。社会分工无高低贵贱，喜欢的、适合的才是最好的。第二，给成绩不理想的孩子一个发展的空间，多看优点，经常给予鼓励、激励，帮助他一点一点提高学业水平，也是“识时务者”，是真正的教育者、生活的智者。

我有一条和田玉手链，看上去洁白无瑕。某天通过一个纸筒用手电照耀，在放大镜下我“呀”地叫出来：“黑点！”零星的黑点——果然有黑点，每粒儿珠子里都有。但是我并未感到失望，真的，只为这一发现而惊喜。那嵌在白中的黑倔强地闪烁着光，珠子的光泽更为自然柔和了。我早就对它的并非纯白色感到奇怪呢。据说像钻石、红宝石或祖母绿这样的珍奇，瑕疵（如裂隙、包体）更是常见，但并不妨碍它被选中用于中高档饰品。

在一个陶瓷工作室里，我相中了一只仿宋冰裂陶质茶壶：壶肚圆润流畅、其质细腻温润、其形端庄耐看、手感滑柔舒适，暗淡的豆绿色反射着莹莹的光。细看壶肚上方有一颗略小于小米粒的砂眼，同行人劝我放弃。查看里面不会漏水我决定买下。主人随手画一只小葫芦在上面，又让刻瓷师傅敲刻好，那藤蔓正从砂眼生出，恰到好处地遮盖了这“瑕疵”。而原本玲珑古朴的陶壶更显得特别了。花三百元买个残品，傻吗？没准会这么想吧，当你年轻经事少的时候。

你真正身处生活当中，不仅不会太在意那些不完美，反而可能因为瑕疵而平添喜爱、怜爱之情。你看和健全孩子相比，妈妈们不是更疼爱自己残疾孩子嘛。“人不能踏入同一条河流。”渐渐地，随着年龄阅历的增长，对物对事、对人对己，你衡量的尺度、你要求达到的目标，都会一天比一天客观、宽松；遇事时举手投足之间也会透出一种随意从容，而少一些纠结犹豫。那时，你的心胸变得无比豁达，生活变得无比轻松，简直像破茧重生。

每个孩子都如一只陶壶，找不到完全相似的，几近完美者可遇不可求。他们是上天的赐予、生命的唯一，并将创造独一无二的人生。

女儿念高中在尖子班，成绩总排在后面（原因下文会谈到），家长会我因要面子思想作祟，开始有些别扭，最终也坦然面对了。我分析得出这样的结论：女儿基础好习惯好，做事情有计划、善于反思，不偏科、按部就班，从长远看不会有问题。学习生活是漫长的，不必计较一时一地的得失。每个人的情况不同，不具备横向比较的可能性。而真的，她的学习成绩呈稳步上升趋势，更从中得到许多经验教训，为日后的学习作了很好的铺垫。而高中学习成绩优异，后来渐渐退步的同学不是没有。

在学校里我都是教学生自己跟自己比，淡化竞争意识。学生一方面学会实事求是面对问题，减轻压力；一方面避免功利性、减少盲目性，将精力集中在学业上，给自己一个发展的空间。毕业时我对他们说，将来自食其力就好，如果能够成功、发达，我更高兴。

总之，做教师或妈妈久了，一些事情渐渐看明白了，耐心自然而然有了。悟性好的人眼光比较客观、长远，不会作无谓的比较，不会计较一时一地的得失，瞎着急乱比较是哺育、教育的一大忌。

柳笛儿不止一次愤愤地说："人家都说我和别人不一样。"我回应："不一样就对了。"她二十几年的人生确实与众不同。孩子常年在外，我最害怕她被社会同化，这是不可避免、不以人的意志为转移的，现在我俩的矛盾、分歧与隔阂大多源于此。然而一次次的迂回磨折之后仍可以回到正确的航道，因为一个人长时间形成的习惯、最早打下的基础，没那么容易动摇与改变。

我常觉得周围缺少弘扬个性的环境，也慨叹中国孩子缺乏个性。真的，从他们中找一个就像寻找一款独特的珠宝饰品，中国人求同观念根深蒂固。大家盲目追求昂贵的价格和表面的光鲜亮丽而非独特。人家孩子用 iphone 咱也买，人家孩子弹钢琴咱也弹；人家考 100 咱考 99 那可不行，这一分就像隔着千山万水。一方面盲目攀比随大流，另一方面遇事又不敢出头，不敢鹤立鸡群；对另类事物出格行为看不惯或拒绝接受。一句话，还是不太明白"一个孩子一个样，一个孩子一个养法"。

所以对于孩子的满意度、期望值等，永远是一个变数，参照物或标杆并不存在。我写这本书归根结底，也不是想要表明赞成或反对什么，想要你认同我的理念、复制我的做法。那不是我的理想。问题不在于“我说对了什么”，而在于“我说了什么”。它不能给予更多，它能够给予更多。

珠宝店里，面对审视、挑剔的目光，营业员总会提醒你：“天然的不会没有瑕疵，喜欢的就是好的。”玉石上面的黑点或黑斑一旦长对了地方，那就从瑕疵摇身一变成为亮点、卖点，其价值便随之打着滚地往上翻。从这个意义上讲，完美是相对的，瑕疵即个性。即使伟人也是有缺点的，我们崇拜偶像的时候大都明白这个道理，所以一旦发现瑕疵也不会惊讶、遗憾，反而表示容忍与理解，对其忽略不计，同时又不会因为顶礼膜拜而失去自我或裹足不前。坦然接受瑕疵，就是学习接受个性，学习与我们共生的世界和平相处，从而采用最自然的方法来培育我们的后代，使每一个教育者充分发挥个人的聪明才智，其教育的结果也才越发值得期待。

每颗星，沿着自己的轨道滑行。科学的理念、良好的心态，是教育成功的保障。

五、洗澡盆里学算数，唐诗不用妈妈教

1.背唐诗——自我学习的课堂

的确我没有刻意做什么，也没正经读过几本育儿书，就是按自己的想法做并接受各方面的经验教训，不过有时候真的和育儿专家不谋而合，听我慢慢道来。先说智力。

有个同事说他儿子上课一点也不听讲，我问为什么呀。他说上学前他妈（小学教师）都教给他儿子了，告诫我：“上学前千万别教孩子东西。”日后除了在托儿所或学前班老师教点东西，我没教过女儿。我喜欢生活中点滴渗透不着痕迹：和她说说话，一起看看小画书、动画片，过过家家、

唱唱歌儿……没有想教会她什么、让她记住什么，无非就是变着花地玩儿。大概四岁之后买过故事磁带一盘，我们一起听，她学会了讲给我听。她最喜欢的一个故事叫做《聪明的法蒂玛》，讲非洲小姑娘法蒂玛智斗巫婆。“她的牙齿像珍珠一样洁白……”“当太阳升起的时候，她们走出了森林，回到了自己的村庄。”多少年后，她叙述的声调犹在耳旁，晶亮多变的眼神如在眼前。

大概我早就意识到了，教育不是刻意的实验，也不是儿戏，它是生活的一部分。就如人类的发展，是在生产劳动中虚心向自然学习，一代一代不断提高能力、智慧，才变成今天这样的。一般说所谓“教育”，主要指智力的开发和思想品德、情感意志的启迪。只管吃喝的甩手掌柜，做父母自然不够格，而如果太煞有介事，也容易脱离自然的轨道违背合理的教育法则。“生硬”一方面让教育的过程变得复杂或扭曲，另一方面也让教育的效果打折扣，即使短期不容易发现问题，日后一定有所显现。而“柔和”教育的长处不仅不会被埋没，反而随时间推进而愈发闪烁耀眼的光彩。

先说认字儿。最初看到国庆街头松枝扎的牌坊，女儿问上面什么字，我告诉她那是“欢度国庆”。以后她经常指着招牌问，我看报纸她问标题大字，时间一长就积累了一些。后来买了一副认字积木，一面为图画，比如画一只羊，反过来是“羊”字。我看她只是当积木玩，也不去管。一次无心抓了几块字面朝上的积木问她，全说对了，我有点惊讶，后来一直也没再教过她。现在教一两岁小孩识字儿的不少，我不以为然。我见过有个四五岁的小孩儿会念报纸，任何文章毫无障碍，令人称奇。我考问某个词或句子啥意思，他嘿嘿一笑：“不知道。”小小年纪认好多字儿被认为聪明、记忆力超群或许有点道理，但仍觉这样的教法值得探讨。热切喜欢是一回事儿，其他原因又是另一回事儿。学龄前孩子非得认字儿吗？他自己有学习能力吗？怎样的识字儿更水到渠成？

托儿所和学前班教了一点拼音，女儿可以读带拼音的小书，至于写字上学前没人教过。四五岁时买过一本《妈妈教我学唐诗》,带插图、诗文配有拼音并附简明解说和注释。我问:"用不用妈妈教呀?"回答:"我自己行,不用。"那时便发现她喜欢自己学东西,不喜欢别人教。开始有过迟疑、怀疑,结果不长时间她就把上面的诗全背过了,现在上学学的诗都忘得差不多了,《妈妈教我学唐诗》上的却张口就来。她偶尔问过注释或解说中的陌生字,诗意我从未讲解过。只记得让我听她背诗,她最喜欢的有:

"日暮苍山远,天寒白屋贫。
柴门闻犬吠,风雪夜归人。"(刘长卿《逢雪夜宿芙蓉山主人》)

"鹅湖山下稻粱肥,豚栅鸡栖半掩扉。
桑柘影斜春社散,家家扶得醉人归。"(王驾《社日》)

"洛阳城里见秋风,欲作家书意万重。
复恐匆匆说不尽,行人临发又开封。"(张籍《秋思》)

"官仓老鼠大如斗,见人开仓亦不走。
健儿无粮百姓饥,谁遣朝朝入君口。"(曹邺《官仓鼠》)
……

现在还时不常蹦出一两句。我刚出门即折回取这取那,她就说我:"行人临发又开封。"巧的是她那年高考古诗赏析的竟是《妈妈教我学唐诗》里的一首,张籍的《秋思》。出考场即告诉我此诗拿手可得满分。原题如下:"王安石评论张籍诗歌的风格是'看似寻常最奇崛,成如容易却艰辛'。试析张籍此诗写了生活中哪个寻常的细节?表达了他什么样的情感?"她预算整张试卷将扣除 18 分,分数下来果然 132 分。正应了那句话:“自己学会的东西记得牢。”长大后的学习生活中，她一直算一个自学能力比较强的孩子，即使遇到教师水平稍低她也不怕，会说:“我就全当自学成才啦。”现在有人考研考博其他功课能过关，唯独英语拖后腿，为什么？语言主要靠自学。在学校里，大凡学习好的都是具备自我开拓能力的，社会成才之人更是如此。我常对学生说，想成为佼佼者只完成作业远远不够了(教师布置作业应适量)。各门功课选择一些书读等很有必要，这不是指看辅导材料或做题。

“妈妈教我学唐诗。”女儿长大后偶尔翻书念叨着，还缀一句:“妈妈哪教过我呀。”“该叫孩子自己学唐诗。”我接上一句，骄傲庆幸之情溢于言表。

看三步走一步的弈者胜算更多。我始终认为孩子的自学能力远远超出我们的想象。唐诗会背多少、有没有人教甚至理解多少都不重要，关键是把背的过程当成自我学习的课堂(有能力的家长稍加引导当然好，现在的情况是教太多或要求太高，成了变相的上学念书)，刚刚起步就习惯自学这种模式。潜意识里感到自身强大、学习快乐，主动出击不等不靠，孩子最终会尝到甜头并获得成就感，成为学习的主人。

2.算术——干中学

再说识数。人家三岁的孩子能“一、二、三……”数到一百，女儿不行，因为没教过嘛。往床上撒七八块糖她竟能数出十二三来，典型的心口不一。开始我也有点着急:“完了，将来数学学不好了。”可这种事并没有发生，她学习数学的能力一点不比别人差。对小孩儿来说数的概念很抽象，必须随阅历增长、智力发展一点一点认识它，初学时老师不都让人手一把小棍棍吗？所以我不急着教她数数、算数，只在生活中有一搭无一搭渗透一点。

女儿洗澡爱哭闹，我急中生智发问:“茄子六分钱一斤，买两斤多少钱？”她注意力一转移就安静了许多。逐渐提高难度，顺水推舟:“付两毛钱找多少呀?”再如“一筐橘子三十元,两筐多少钱? 四筐呢?”就是哄孩子,没有一点刻意之心。我带她去菜市场,买完菜随口问一声:“我们付多少钱呀?”或“阿姨找多少钱呀?”多数情况下她思考却不回答,无所谓。天知道怎么回事儿,反正人家学会了。

从钱入手学识数是我的发明创造,不雅但不失自然,有点从干中学的味道,符合从具体到抽象的认识规律。如果没有这样的实践,小学低年级数学中关于钱那一部分的学习,可能会有点困难,就像应用题,对孩子来说式子题简单一些。

干中学的源头说出来吓人一跳:哲学。上中学时政治课专门学习《矛盾论》和《实践论》,前者让我知道了“矛盾无处不在”,后者则记住了“认识来源于实践”“理论不能照搬”。而且终生将其溶化在血液里,落实到行动上。近几年我又摸过苏格拉底、康德、黑格尔等,冯友兰的《中国哲学史》也读了几页,一头雾水之余宣布放弃。但是明白了不管谁、什么样的理论,各有各的体系也好、前后具备承袭也好,在并行不悖或自相矛盾中企图自圆其说,都谈不上完善却各有价值。结果并非谁说服谁、谁战胜谁,而是相互启迪、合理借鉴和自我修正,或在论辩、批判和反思中继承、坚持。写书也不是某些人的专利,虽然我的理念、思想或经验教训多来自教育的实践,但未必不及书本上的高贵,不必妄自菲薄,于是斗胆执笔写作。

接上文,我又想起了一件事。柳笛儿上二年级时得了肺炎,住进医院整整一个月,稍好一些她要求学习。记得语文该学《董存瑞炸碉堡》,数学正好学“钱”那一部分。我讲语文被她打断:“我自己学吧。”学完了说:“我知道写哪些作业。”搬个凳子在一张空病床前写起来,同病房儿童的家长表示惊讶。两个月后痊愈参加考试,数学 100 分语文 99 分。

反观她漫长的学习生涯,作为妈妈,除了小学五年级之前指导过作文,其他功课都没有亲自教过,一点也没有。不仅因为没有时间、精力或能力,最主要的是没有必要,看看孩子的今天我庆幸。实事求是讲我感谢学校教育，感谢所有教过她的老师，当然首先应该感谢的是生活，广阔的生活。

3.“教”和“育”，境界不同

柳笛儿从小到大对学习充满热情，有计划有目标讲方法，从来不要人催促，反倒是我拉她的后腿，经常调侃：“别充革命了，快收工吧。”

以前我总以为这是某些孩子的专利，现在想想，一个孩子如果能在自然宽松的环境中，用自己的眼睛、双手和心灵，在学习和实践中接触、了解和理解这个世界，获得知识，就能从中得到乐趣越走越远。而现实生活中，我看到有些孩子害怕学习、厌学，他们的教师也束手无策，可能从源头上就出了问题：从小什么都被别人教、被别人灌输，像奴隶；乐趣、功劳和成绩都跟自己无缘，那前路不成昏天黑地了？求知欲和学习热情是人人都有的，启迪、扶助它，让它开花结果，别用“好心”扼杀掉它，不是每一位家长和教师的责任吗？

“教”出来的孩子，可能会背一箩筐唐诗、讲几斗故事，那基本属于既定知识范畴。而感受周围事物需要眼睛、手、心灵等，这个调动各种感官协调活动的过程，可以使自我意识、创新意识觉醒萌芽，从根本上促进思维结构的完善并不断发展壮大。二者属于不同认知层次。所以我们发现，身边一些学历高的家长并没有把孩子培养得更为出色，“教”多了会出现很多问题。比如一位科学家的孩子从小被灌输了高深的数学知识，到学校净质疑和出难题为难老师，最终学无所成。

“教”惯了就像母乳吃多了，一旦断奶就不适应。经常听见抱怨：“这老师太差劲了，净让我们看书、讨论，他什么也不教。”“师傅什么也不教，我们全靠偷着学。”学问学问，老师和师傅固然可以不教，你却不可以不问。学校助学机制固然有问题，可都念大学、研究生了还一味等老师来教，就是你的错。

反过来，大家一致欢迎、赞扬手把手教的或灌输式的教师，说他们有爱心、耐心和责任心，对其感恩戴德。他们一旦劳累致病将会得到一致的同情，其事迹将大肆宣扬，表现突出者会受到嘉奖。其实这样的教师难，也不难。你想想，他们不用考虑学生的差异，不用研究发展学生思维的教育、教学方法，不用为学生终生的发展着想，当然也就不用不断学习、完善自我，提升境界和水平。他自己的能力、发展都受到限制却能把学生教得好，不用想便知不可能。他们只需盯着升学率，把知识一笼统灌下去、一大堆作业布置下去，再时不时拖个堂、加个班、考个试、请个家长……最后“榨”出分就大功告成。如果某次考试或升学再冒出个高分来，大功臣就当定了。其实在这个貌似水到渠成的、表面的繁华里面掩藏了许多问题，在这个“为他们好”的旗号下进行的“辛苦奋斗”的过程当中，省略了许多必不可少的教育环节，好心办了坏事而不觉，沾沾自喜于短期之效应、升学率箭头之上扬，双方都到了该反思、掉头的时候了。

中国科技界论文排山倒海般涌现，原创性不高却是不争的事实，人文科学也存在类似情况。扔块砖能砸到一个教授却难觅大师踪影。原因复杂，旧东西根深蒂固。在中国，大人教孩子、老师教学生被认为天经地义，唯独忽略了孩子自主学习能力的培养，剥夺了他们自我发展的机会，离开了书本离开了既定知识就没有了发明创造，在中国学校待久了，谁还能摆脱？说穿了，大人们太拿自己当回事，不把孩子当回事；太把传统意义的学习当回事，不把个人领悟与实践当回事了。形势严峻，大家却那么坦然。一张窗户纸，捅破有何难？柳笛儿的学习如果我插手，无非就是提醒她一定留出思考、实践的空间，遵循不断调整的原则，学会学习，掌握真本领。说到底，坚信、坚定科学的理念很重要，所以在当前大环境下提倡“放养”回归教育的本质，迫在眉睫。这一方向性的原则其涵盖很广，操作极其灵活。简单说就是解放孩子手脚，在成长过程中尽可能发挥他们的积极性、主观能动性。在教师和家长的帮助指导下，孩子完成一系列的自我成长，而且是开放的而非幽闭的，自然的而非扭曲的，积极主动的而非被逼无奈的，轻松快乐的而非压抑痛苦的。如此，在其必经的艰辛、挫折、失败与苦痛面前，他们必然有不俗的表现，永远立于不败之地。

“教”和“育”一字之差，境界、效果、前景和达到的高度完全不同。“教”的主体是大人，看重他们的学历、知识和才能；“育”着眼于孩子，看重孩子的自主意识和自我发现能力，更强调指导或引导。前者逼迫你进步，后者让你自我觉醒。就像以挣钱为目的同为实现人生价值去奋斗，的确有本质区别。所以今天，我首先要感谢生活。它给予我与孩子触摸、感知和探索的偌大空间，使人生具有了无限的可能性，因而可以最大限度地开发智慧、发展才能、尽情创造，让自我和社会价值实现最大化。

4.妈妈自己带(孩子)，孩子自己玩

再说玩。有些孩子由老人看管，一般会出现两种情况。一是老人身体不好，有的文化水平也不高，将孩子圈在狭小的范围，只能保证吃喝和安全。有一个例子：老人腿脚不方便，把孩子捆在小椅子上，后来孩子反应比较迟缓，一些能力逊他人一筹。这个例子有些极端，可类似情况有之。大多数可能这样：一家老少围着一个孩子转，一面在吃喝上竭尽细致周到之能事，一面因为“隔代疼”无意中骄纵孩子。比如孩子一个人玩儿，大人过去逗引或打断，后来非大人陪他自己不能玩了，这容易养成做事不专心和以我为中心的毛病。在学校里，感觉由老人抚养的孩子问题比较多，与父母感情不亲密或存在较大的隔阂。

一女孩六岁之前一直跟姥姥生活，回到北京上学后与母亲关系不融洽，经常闹不愉快。妈妈悔不当初：“没看到女儿的童年是终生遗憾，万不可让幼小孩子脱离妈妈的怀抱。”专家说零至六岁孩子生活在父母身边为最佳选择。

女儿一岁前公婆帮助照顾过几天，左思右想我觉得不妥，遂又放回身边。事实证明，这是继母乳喂养之后又一正确选择。学校教学工作很忙，有时当班主任，但我一手将其养大成人了。这样好像辛苦一些，可细

算一点都不亏。你看,孩子在身边,可以根据他的体力、智力发展情况及时调整抚育方法,使其更健康快乐地成长;更重要的,在共同生活中父母与孩子培养起的默契关系、亲密情感使彼此容易沟通、理解,成为终生可以信赖、依靠的朋友。教育学家说:"得到父母关爱和支持多的孩子更容易成功。"

孩子自己玩,大人尽量不掺和;有时静观或陪着玩,比如她生病的时候或玩打针、卖东西、公交售票等。这里插一句,女儿小时候几乎没有买过一件正儿八经的玩具,娃娃、积木等都是人家玩过送给我们的,女儿的玩具主要是家里的物品,除了电视机都玩过了。衣服也大都是人家穿小了旧了的。现在见一些孩子玩昂贵的玩具觉得大可不必,倒不是吃不着葡萄说葡萄酸,买不起只是原因之一。后来知道法国作家卢梭也提倡"朴素的玩具",一方面没有必要,一方面更顺应自然(也是我的理念),防止染上奢侈的习惯(我没有想过)。一岁多玩积木,她不像我们搭房子而是一块一块摞起来,我不管,让她摞。一块,加一块,再一块……轻而易举地,摞到很高却不倒塌。我们以为不难办到,轮番上阵小心翼翼甚至屏住呼吸,可是没用,从未比她摞得高过,哪怕一次都没有。摞好叫我们看,我们一边称赞一边心里酸溜溜地,于是轻拍桌子或碰触桌角,可那摇摇欲坠的积木愣是不倒塌,孩子更得意了:"耶,耶,耶……"

在日后的学习生活中,她特别专心。像楼里楼外的高音喇叭、大声争吵,自习课嘈杂的声音、楼外工地的噪音、我看电视的声音等,都不会对她的学习产生影响。就算她考研我仍然天天看电视,一方面不影响家人的正常生活,一方面暗示她考研也没什么了不起,以减轻她的压力。偶尔也问她:"影响到你了吗?"她总是说:"没有呀。"听说有一个学生学习的时候楼上出一点动静,她妈妈就砸水管管道警告人家。须知一个人"耳朵根子软"不该一味埋怨环境。

有一阵女儿往墙上乱画,开始我有点恼火,丈夫则说:"别管她,让她画。"于是一块块白墙布满了不规则的铅笔道道,串门人都惊讶了。后来改地上画，用彩色粉笔，水泥地面成了她新的画布。一直画到上中学我们搬了新家，铺上了木地板，她不无失落地说："我没法在地板上作画了。"值得一提的是，女儿埋头作画静静地，我们从不插言。在她跟前走来走去拿这干那，孩子沉浸其中的快乐都能触摸得到。画完叫我看，满口夸奖："真漂亮呀！太棒了！"

除了买几本教绘画的小书、几盒彩笔，我没花过大钱，就提升了孩子绘画方面的能力。女儿小学参加过很多竞赛，也得过很多奖状（当然有美术老师的功劳）。她就这样一直没有正经拜师学过画，但美术素养有了一些，有空就画上几笔。小学、初中她一直负责画墙报，高中时她画的素描在学校展览，上了医学院她画人的颅骨解剖图精准漂亮，PPT 作业从构图到色彩等令人称道。对绘画的热爱保持到现在。

一所中西合璧的建筑前，一位女教师带一群四五岁小孩写生，旁边围一堆家长。孩子画作稚拙可爱：楼房大小高低、线条曲直粗细等各个不同。一位奶奶看不下去了："这俩窗户中间空太大，再画上个……"一位妈妈也着急啦："画那么多窗户干啥……"一孩子画毕欲着色被老师制止："别忙着涂颜色……"这到底谁在作画呀，爱咋画咋画不行吗？

西方人演奏钢琴、提琴等，于游戏似的自然灵动中流露一种闲情逸致；我们则往往追求速度、音量（一般教师或伴奏者常以为弹得快、音量大者技术水平高），透着刻板拘谨而少了自由潇洒。前者让人感觉内在与自我，更多回味；后者灌进你耳朵里的不过几个断断续续的音符，即使连贯也苍白无趣，称不上音乐。既然如此，那就距离美和打动人心较远了。什么原因？除了文化背景的因素外，教育环境跟理念是不是暗地有关联呢？

"别拾掇，一拾掇俺就不敢玩了。"女儿小时候见我拾掇房间常说。她不喜欢去姥姥家，说："姥姥家太干净了。"奶奶家住平房，奶奶疼孙女儿，床、沙发等随她蹦跳闹。自己家她更是不客气，将小饭桌担到沙发扶手上，扯过小被子、毛巾被等蒙盖其上，美其名曰："盖小黑屋。"进去一呆好半天，喊都喊不出来，真不知道她在里面干什么，也不嫌憋屈。她绞尽脑汁全身投入时的自言自语、各种表情和动作，如在眼前。玩儿，是她在描绘自己的人生蓝图吗？

现在她结婚有了自己的家，毫不掩饰内心的满足与喜悦，对我说："俺家虽然有点小有点黑，但是我很爱它。"建设、完善、拾掇等，乐此不疲。常常令我们想起"盖小黑屋"的事情，感慨万端。

放手让孩子"自己玩"，无论从人性上还是智力开发上都有极大的意义。当然，可能为此女儿一直不太爱整洁，她乱摆放东西的习惯我也有些不满，每次回家我都不无夸张地操着济南话大呼小叫："咱家还能插进脚来吗？祖宗！"但毕竟没有超出正常范围，而且以此换取孩子天性的保护和欢乐美好的童年还是值得的。生活不是一种取舍的艺术吗？

4.美感来自生活

玩儿不仅是一个智力开发的过程，也是情感美感熏陶的过程。

有一次，我在地摊上买来几块漂亮的化纤布头，准备做丝巾或蒙盖物品，她饶有兴味地摆弄开了。先穿上妈妈的六分高跟鞋，然后左一条右一条打扮起来，围在脖间、扎在头上、披挂在腰间身上……一时间变化多端让人目不暇接，每一造型无不恰到好处，一颦一笑、举手投足无不彰显模特风范，我和丈夫都看傻眼了。后来发现，走模特步是许多女孩儿的共同爱好，不过有一点不同，她们中许多由别人教过，柳笛儿则完全无师自通。也许专业性不足，却因其浓烈的游戏色彩而焕发出创造的精神。注意，游戏和上课完全两码事儿，和寓教于乐也不同。看上去相似的事物，有时并非同宗同族。一种纯属自然、自发的个人行为，另一种则有不可摆脱的、人为与被动的成分在里面。

春节我家窗子贴着窗花，房顶上蛛网似的挂满彩条，这样装扮虽然喜庆但也不免"乡气"。可听说为孩子亲手所剪，串门人都夸："柳笛儿，你家可真漂亮呀！"窗花贴上容易弄下来难，我陪女儿一起慢慢擦。不错，当妈妈的不能怕麻烦，你做的每一件事情、付出的每一点辛劳都会得到回报。

女儿四五岁时我买了一本《幼儿趣味折纸》（日本高滨利惠著，罗秋裕等编译），照图文和女儿一起学折纸。小盒子、笔袋子、船和土耳其帽等不难折，拖鞋和钢琴折法稍复杂。折钢琴难住了我，女儿三弄两弄成功了。后来大扫除女儿便拿报纸折两个土耳其帽，我俩一人戴一个；出门旅行带上折好的拖鞋，她书桌对面墙上挂着笔袋子，其上有图画。上学后手工劳动、美术课她都很喜欢，蛋壳画、石膏刻画等都得“优秀”。

这些玩法因为和生活息息相关，自然而然让孩子从小就感受到生活的无限丰富和趣味性，对塑造完美的人格有潜在的影响。所以，让孩子自己玩儿，大人在一旁为其创造条件就行了。

那时候，我们美她之所美。比如冬天她非要穿裙子，我就把连衣裙给她套在棉袄外面，再戴上她指定的红色大盖帽，另类却不乏创意。大人们看见无不夸赞“柳笛儿真漂亮呀”，她则美得不行。至今阿姨们说起柳笛儿还记得这档子事儿呢。现在北方城市里冬天穿裙子已经不稀奇了，柳笛儿真算鼻祖或先锋派了。

仔细想想，冬天怎么就不能穿裙子呢？生活太多条条框框。以前说的红配蓝讨人嫌、牛仔不能配西服、厚重不可配轻薄等，现在不都混搭了吗？现代人着装何谓时髦？不就是个性嘛。我常给人提建议“出位一点，朝着惊鸿一瞥努力”。大家惊讶说我意识过于超前。女儿长大之后，对于穿衣打扮、家庭装饰等都表现出良好的审美素养。结婚时她一手操持买家具、选窗帘、安排房间装饰，待一切停当我去上海一看，还真像那么回事儿。心里说：“柳笛儿真长大了。”嘴上说：“俺家的孩子真能干！”

生活中就是有些东西，不是一天两天一节课两节课教出来的。很多别人眼里不能做的事情我觉得没什么，这对于孩子的影响怕是潜移默化的，对其形成开放的胸怀、自由的意志和与众不同的气质，其作用不能小觑。所以人常说，有什么家长就有什么孩子。

五〇后就是这样。他们经历了动荡的年代，阅历丰富，读书少框框也少。他们的孩子多为八〇后，率性而为、个性鲜明像极了父辈。很多人年轻有为，像郭敬明、蒋方舟、张悦然，范冰冰、李宇春，刘翔、李娜……这大概属于社会学的范畴，让专家们研究吧，我须言归正传。

5.培育自然之子

领孩子玩的处所须选择。安全、干净、相对安静和环境优美之处最好，天气好就到室外去。值得一提的是，婴幼儿避免去人群密集或车来人往处，晚间绝对不外出；尽量不乘车或坐飞机远途旅行，即使在轿车、飞机和高铁普及的今天也应当有所控制。女儿五岁才随我去过外地。

我家住师范大学附近，其校园之美堪称一流，我们称之“不要钱的公园”。它避免了高大建筑，保持了楼宇间距离，绿化地毫不局促。窗前大片草坪阳光普照，法桐挺立于主干道两旁绿荫浓郁；南北副道旁栽有榆叶李，国槐枝叶间斑斑日影洒在东西小径上。细数树种繁多：常见的、珍稀的，热带的、寒带的，高大的乔木、低矮的灌木，长叶的、开花的、结果的……一应俱全。初春迎春花开放，接着各种花次第开放。杏花桃花梨花樱花、牡丹月季蔷薇、夹竹桃石楠紫薇睡莲、白丁香紫丁香、槐花桂花菊花……一年四季都不寂寞。广场操场凉亭喷水池、藤架花圃小桥假山，无一欠缺。校园建筑中西合璧，灰墙灰瓦飞檐斗拱平添东方园林之美。女儿最喜假山凉亭和喷水池，爬上爬下。人家戏水小心翼翼唯恐弄湿衣服，女儿可是拉开架式玩真的，不搞到浑身湿透不算完。我们现在还常去，每每溜达到一处假山石边，我会说：“看，柳笛儿的坐骑。”

某天我见黑虎泉畔一对母女，两岁大小孩一屁股坐在一处，晒着太阳满脸喜悦。谁想妈妈一个箭步上前，不由分说将其提溜起来，“多脏呀”。啪啪啪，朝女孩屁股左拍右拍，孩子闹将起来，却硬生生给妈妈拉走了。干净诚可贵，自由价更高。遇类似情形总想说点什么，可欲言又止。接着来到泉城广场，看见一个混血小男孩，两三岁的样子，在花坛边攀爬，摔下来爬上去。如此反复，爸妈在一旁只顾观景。看来东西方育儿之道有异。

女儿的着装，活动方便在前，美观在其次。我从不给她穿紧身衣、牛仔裤、皮鞋等。孩子扮成洋娃娃中看不实用。小学到初中，女儿只穿“练功鞋”——脚面带宽松紧带的白球鞋。裙子后来也不穿了，说是没法跑。谁不喜欢女孩花枝招展，但我还是随她去了。

去青岛，我们入住地处八大关的武胜关宾馆。那里欧式建筑林立，林木茂密树种繁多，距离海边不远。白天我们参观建筑、洗海水浴，傍晚在树下小路散步。至于济南城边缘的植物园、森林公园、黄河大桥当然不会放过，偶尔还会乘火车去不远的乡间玩。不知何时，我家就有了一名激进的环保主义者。小学时女儿参加了自发的环保小组去街上记车号，专记冒黑烟的，声称要举报。那时看这种做法是幼稚的，现在看来是超前。见没人的屋里亮着灯，她一边过去灭掉一边告诫我们：“不许开双灯。”现在我偶尔忘记关灯了，丈夫就调侃：“你闺女说了不让开双灯。”

我们乘车去郊外，她一路欢呼：“妈妈看，小村庄！”“妈妈看，小学校！”工作后医院很忙，还不忘发短信：“妈妈，这里出太阳了，我要出去晒晒了。”“妈妈，上海又下大雪了，可漂亮啦。”

“我们去爬大佛头（济南城中的一座山）玩了。”我在QQ说。问：“大佛头还是原来那样吗？”我告诉她从前的高粱地荒芜了。她的一句“那就不好玩了”将落寞传给了我。她曾经蹲在一块收割后的高粱地里玩呀玩呀，小孩子和泥土的那股亲近劲儿真是一幅和谐完美的画图。我们一遍一遍催促，然后一人拄一根高粱秆踏着夕阳下山。“还记得逮兔子的事吗？”我问。“怎么不记得，那只兔子的样子我还清楚记得呢，”女儿兴致陡然高涨，“唉，就差一点。”那一次，她的小手都触到了兔子的尾巴。“等你回来我们一起去爬。”“好呀好呀，找那只兔子去。”她说。

童年的记忆真那么清晰吗？会伴随他们一生吗？假如生命可以重来，我们还会多多带孩子走进自然，那是一个人幸福的源泉呀！女儿嵊泗岛游玩当晚给我发来短信:“海边山上,观景平台,一把椅子,听海风观渔火看星星,太有感觉了。”

对动植物的热爱超乎寻常,《动物世界》《探索发现》之类是她的最爱,我家动植物类书最多。她也是动物园的常客,喜爱生物课。女儿研究生复试一完毕,我们直奔陆家嘴上海海洋水族馆。

小时候养过鸡、荷兰猪,鱼(热带鱼、金鱼和小草鱼)、龟,蚕、蝈蝈等。那天养了一年的可爱的荷兰猪死了,她哭得撼天动地,我不得不想办法又弄来了两只;养了好几年的地图鱼死了,她不让埋也不吃,我只好放冰箱里冻起来。阳台养鸡长到一定大小不能养了,只好送到姥姥家(住一楼带小院)。姥姥天天剁白菜喂鸡厌烦了:“可不能再养鸡了。”大一时买回一对小龟,每死亡一只她爸爸就再配全它,现在仅存的一只大小是原先的两三倍了。每次她回来都惊呼“小龟又长了”。客人看见都会惊诧:“呀,你家还养着小龟呢!”我就痛说一番小龟的“家史”,那是柳笛儿的龟呀。有一阵天天在我耳边嘟哝人家谁谁养狗了,我知道她心思,不松口,不过心里总觉对不住孩子。

有一件蹊跷事。柳笛儿儿时喝中药必用酒盅,关上门一个人顷刻饮毕。她爸爸从宜兴带回一套茶具,说是紫砂也许就是泥制品,被丢在角落里。不想叫她发现了,如获至宝,从此只用它来喝水。亲戚串门瞅见她用小壶喝水都偷着乐。平常窥视她一小碗一小碗喝或对着壶嘴直饮,别提多惬意了。“你以为她喝水呀,玩呗。”她爸爸说。一段时间如影随形,直到有一天茶壶摔碎了。现在想想,酒盅泥壶乃朴拙之物,取自天然工艺原始,孩子心灵纯真不似大人为柴米油盐所困、为工作所累,不懂得实用之外还有把玩赏鉴的乐趣,真是惭愧呀。

能够敞开心扉接受和拥抱自然,说明女儿有着健全的人格,这是不是人生最可宝贵的东西?假如一个孩子仅仅学习好,而对身外的世界及其变化无动于衷或缺乏敏感,那肯定不是我们看到的这样。她的微博以动物命名,头像为一只可爱的小猫咪。日本发生强烈地震,核电站一开始告急她就在微博中说："对海啸造成灾难的后续影响深表忧虑。"女儿作为血液病研究者，如此快的反应和真诚的关注值得赞赏。

与自然的亲密接触，也是一个人成长、创造的源泉呀。我和女儿共同喜爱的舞蹈家杨丽萍回忆说："从故乡生活的体验观察中、从走乡串寨演出的十年中，汲取了太多太多的精华。"家乡的风土人情滋养了舞蹈家的灵魂，使得与生俱来的对于美的信仰、对于舞蹈的热爱发展壮大，最终以摄人心魄的作品表现至美的境界。上有蓝天白云，下有小河潺潺、悬崖峻峭、梯田蜿蜒，绿树藏着竹楼、五色花香送来鸾凤阵阵和鸣，这样依赖、躁动于土地之上的起舞，首先让舞者本人感到战栗。在这里每个人都是天生的舞者，看不见利欲、猥琐、病态与浮躁，只有自由、健康、奔放、静谧与狂欢。静而不滞、狂而不躁乃舞蹈。由心而发，应景生情，不自觉起舞，竟成传统；由舞蹈家淘净、升华，创造出无与伦比的崭新艺术，这才以不可抵挡之魅力闯入现代人隔绝、麻木、自私、贪婪之心灵，吹开纯真与爱的花儿，并学习用新的眼光审视、体察周围事物，追求、崇尚真正的美和艺术，找到灵魂之归宿，摇身一变成舞者。

当我们从《月光》《两棵树》，《雀之灵》《雀之恋》，一直看到《云南映象》《云南的响声》都会慨叹万端："哦，所有的激情与灵感，离开云南这片沃土的话，绝对无法想象。"所以，一位普通的习舞者与舞蹈家之间的距离，可以说很近也可以说很遥远，甚至可以说他们完全不同。

然后轻轻回转头，把你的目光投向这里：一把全手工制作的紫砂壶，不起眼，古朴至极。面对它端详一段时间，有了收获——温润、圆滑，散发出的柔和自然之光泽隐约之中让你感触了制作者的指形与手温，无论它属不属于名家；他全神贯注的表情、细致入微的动作甚至屏住的呼吸，都融入壶身之上并在其周遭形成一种氛围，达成某种和谐——静谧、安闲，气定、内敛。它是有生命的东西，在意的人与之交流、默契，直达隐秘着的内心深处。

所以，看上去相似的事物或许完全不同。手工紫砂壶像天然美女一样——经看。

大概是女儿上小学之后，我从报纸上看到了一个“小豆腐块”，对M.S.斯特娜夫人的“自然教育法”做了介绍，这种教育法的主旨就是在不违背孩子天性的前提下，尽可能地把幼儿的教育融入生活当中，边玩边学习、提高技能、开发智力。虽然因为种种原因没有再对其细细研究，但是的确感觉遇到了一个知音、一个支持者，更加坚定了自己的教育理念。

六、眠歌让爱遗传

1.眠歌给孩子注入情感

“宝贝，你爸爸正在过着动荡的生活，他参加游击队打击敌人呀，我的宝贝，他参加游击队打击敌人呀，我的宝贝……”

这是印度尼西亚的一首摇篮曲——婉转凄美，安详平和。女儿的童年在这首眠歌中流逝。“……别难过别伤心啊亲爱的宝贝，你妈妈和你一起等待着他的消息，你妈妈和你一起等待着他的消息……”我的拍抚轻轻、歌声柔柔。

月明星稀我唱，春雨淅沥我唱，簌簌叶落、大雪纷扬我也唱……不知不觉中女儿就长大了，上学了，离家了，而且越走越远了。“还记得妈妈唱过的眠歌吗？”

我以为她早忘记了。“当然，那时候想爸爸为啥老参加游击队呀。”她笑呵呵地说。原来，她什么都记得。

摇篮曲，真是人类的伟大发明，和万有引力、相对论相比也毫不逊色。各国各民族、世界上每一个角落都有她的声音。舒伯特的“睡吧，睡吧，我亲爱的宝贝，妈妈的双手轻轻摇着你……”勃拉姆斯的“小宝宝，你睡吧，你看枕上的玫瑰，绣得多么美丽……”风靡世界。东北民歌“月儿明，风儿静，树叶儿遮窗棂啊……”也有相当的影响。但那时，前两首我没听过，后者则不能完整地唱下来。

据我所知，喜爱歌唱的人很多，而喜爱眠歌并身体力行的并不多见。就像摇篮，早被现代生活抛弃了。“皮之不存，毛将焉附？”在忙碌的人眼中，她和一般的歌儿没啥区别，或当是一件孤独的艺术品，并不真的用来催眠吧；没有心情或时间耗在孩子身边吧，以为学这学那、上这班那班更重要，玩高档玩具、穿名牌衣服更重要吧。

独我钟情于她？与生俱来的浪漫情怀加电影、小说的潜移默化吗？理所当然，每个孩子都该有个小摇篮，每个妈妈必会唱曲子，由原始的嗓音传达出无尽的柔情，一滴滴融化在温暖摇曳的烛光里——余烟袅袅、余音绕梁，穿透了所有的世纪。回想当年，我花很多时间哼唱，有时唱了许久，以为她睡了，拍抚刚停下哼唱刚止息，却听见“妈妈唱，妈妈唱……”的喃喃，只好窃笑着继续，却并不心烦反而受到激励：“唱对了，孩子爱听……”妈妈最大的快乐是孩子的需要。真的，当他们不再需要我们做这做那所产生的失落感证明了这一点。但是曾经的、和孩子亲密接触的一个个瞬间定格在心灵深处最柔软的所在，束成剪不断的亲情纽带。

假如你领悟了它的妙用，决不怕浪费时间，反而自觉自愿享受那奇特而温暖的时光，让哺育变得浪漫温馨；而孩子在甜美的睡梦中日复一日得到爱，深入骨髓之爱，享受爱的过程不是学习爱吗？一位中国作家说，人来到这个世上只是为了爱。我甚至想女儿因为太享受那歌声那时光才不让自己睡着的吧。摇篮曲，真的不只用来安眠的呀。

在我心里，这一天可以少洗一件衣服、少看一眼电视、少备一会课，唱眠歌可不能怠慢。我没有华宇罗帐也买不起高档童装和玩具，但我有更好的礼物奉献给孩子，于是每天都很欣慰。这礼物看不见摸不着，它不像眼珠的颜色、耳朵的形状等显性遗传，它像性格，妈妈爱人、爱世界的心通过它“遗传”给孩子。这么多年过去了，我的孩子能不能成才不敢说，但有爱心保得准。

我真庆幸，这千载难逢的机会把握住了。就像孩子黏在我腿边央“妈妈抱，妈妈抱……”被我拒绝时，同院阿姨说“快抱抱吧，以后想抱也抱不成了”，这时谁还会无动于衷呢？可不，如今只有她抱我的份儿，我哪里还抱得起、抱得着她呢。孤独莫过于孩子。我在厨房做事，她躺在卧室一声声地喊：“妈妈搂机(着)……”我跑过去安抚：“为什么搂机(着)?”一两岁的孩子回答相当雷人：“我急(寂)寞呀!”我惊讶、我笑她：“小孩子，哪儿学来的词儿?”却总是耐心陪伴她。

现在，减压消除疲劳、助眠类的光盘随处可买。而真人唱出的摇篮曲属于天籁之音吧，那源头以及宣泄的产物全都是爱。母子互为感染所抵达的自然和谐境界无法言说，所创造的幸福深不可测，所以不要给小孩子听音响，那同放弃母乳人工喂养没啥两样。摇篮曲简洁流畅、歌词易记，一学就会，唱得不够标准也没人笑话你，至于嗓音圆润还是沙哑、婉转还是稚拙并不重要。而且这不需要钱财，只需要一颗耐心、一点点古典的情怀，我称之“平民育儿法”。

民俗中有典雅与浪漫的成分，遥远的乡间将其保留下来，比如民歌(包括眠歌)、方言。我插队时经常听见“文言”从老农嘴里蹦出，其惊讶就像哥伦布发现新大陆。里面虽有原始的粗野和幼稚，却纯粹、新鲜、形象，贴近生活，躁动着生命力。

眠歌一类缥缈、朴拙，却最贴近自然，饱含着美、坚忍和人情味儿。比如妈妈或情人一针一线做的布鞋、没日没夜手织蜡染的布料、量体裁衣手工缝制的旗袍，简陋的风箱、紫砂的茶壶、藤编的家具；旧时小巷、木制的桥梁和古老的村落；羊毫笔、鹅毛笔以至手写的书信；还有火辣悲凉的山歌、庆祝丰收或祈雨的舞蹈……都是文化，都需要传承(当然需要剔除糟粕)。我喜爱拿砂锅熬汤煮饭，制作的过程和汤饭的味道不同寻常。妈妈用独一无二的声音、用心去贴近孩子，更直接、更人性化，从而更具心灵熏染的价值。爱心、爱美之心、善良之心、是非之心，被那些热爱生活的人们于细微生活之中沿袭下来。

善于营造孩子成长的氛围：纯净的、安宁平和的、美的……不放弃一切可能；舍得花时间，像该花的钱；珍惜每一个瞬间，像莲叶间那不经意的刻骨铭心的微颤……不放弃每一次机会。

先有情感，然后明是非善恶。漂亮、强壮、聪明之外，硕士、博士、名牌大学的光环之外，我总觉得有一个隐性的东西叫软实力，我确信它就像人的精神、灵魂一般存在，虽看不见摸不着，但在或漫长或短暂的人生中，它无时无刻不悄悄发酵，细细挥洒，芳香弥漫……读北大、哈佛又怎么样，都得有这东西支撑，否则总觉缺点什么，觉得无它不可抵达峰顶。

2."起跑线"是身心健康

神童宁铂有孩子之后，认为应该让其按照天性自由发展，哪怕将来成为一个普通人。他对孩子的唯一教化是不以自我为中心，要真正地去爱人、关心人。我们从中体味到的不仅是矫枉过正后的切肤之痛，更是对儿童教育要害的切中：做人第一。中国古代有《三字经》、孔融让梨的故事等，意大利亚米契斯有《爱的教育》，法国的卢梭有《爱弥儿》，著名教育家陶行知说："千教万教，教学生做人；千学万学，学做真人。"他创办的学校注重良好习惯的养成，强调向生活学习，重视音体美教育。

但是毋庸置疑，很久以来，升学教育导致的单纯智力教育在中国大行其道，家长、教师用学习成绩评判一个孩子再正常不过。素质教育喊得响实行起来难，每个高潮过后都给人换汤不换药的感觉。我长期工作在教育第一线，这样的情况自然了解，其弊病也看得更清楚。

比方说，孩子竟然训斥大人，动辄撂脸子、发脾气，而父母却不以为意；儿子人高马大却让体弱妈妈替其背书包，丝毫不觉心疼；明明家境贫寒却天天向家长要好吃好喝，不买就以不上学相威胁；和老师打照面装作看不见，迟到了也不喊报告，犯了错百般抵赖；撒谎、欺骗行为经常可见。以强凌弱、势利眼、搞阴谋诡计、不讲信用等，在一些孩子身上也有显现。家长们对这些方面的关心，远远小于学习成绩方面。你表扬孩子热情、助人、爱集体、爱劳动，他们不以为然，却在学习成绩上一分一分计较。成绩好一好百好，就像一白遮百丑。有的“好学生”自负到胁迫教师按照灌输式的方法上课，给教学改革造成了障碍。当然，孩子身上有这样那样缺点在所难免，人无完人，但这种忽视让人心痛和不安。所以轮到我养育孩子，对纯智力教育保持了自觉的抵制。

我一直认为身心健康是第一位的。孩子幼时我抓睡眠最紧，除了坚持不懈哼唱摇篮曲，小学阶段每晚八点半必保证其入眠，这一点其实很难做到，睡眠习惯的养成经历了一个漫长而艰难的过程。在托儿所和院里玩疯的孩子很难入睡，我就一个简单办法，和她一起躺下边拍抚边哼唱眠歌，等她睡着再起来干家务，一坚持就是很多年。待女儿上了初中，甚至高中，有时身体不舒服翻来翻去时，偶尔我还会拍抚哼唱。这一点同育儿专家不谋而合，他们认为充足的睡眠可以保障儿童少年脑部的良好发育，如果你的孩子日后学习能力不甚强，可能在源头上就出了问题。

母子之间无大事，于细微之中、天长地久之中塑造人。冲家长发脾气、撂脸子的孩子我们见得太多，柳笛儿从不这样，用济南话说“不拿翘”。一起去超市她大包大揽提着所有东西，我只好甩着空手。出门旅行也总是先将物品一一列出，接着忙前忙后拾掇，装包、打包，我当个小帮手。然后拖或背着最重的行李让妈妈一身轻。我也心疼跟她抢，但欣慰、骄傲更多些。她一边避开，一边调侃：“别闹，就你那小身板……”常见父母拎着重重的包包送行而孩子心安理得表情漠然的画面，总觉不甚和谐，心头掠过一丝凉意、怜意。家长对孩子的学习成绩孜孜以求，却对以上画面全然不觉，哪里出了问题，答案很清楚吧。

最近几年，由于生活不规律或过劳导致的疾病和死亡，已经引起社会广泛关注，一个人应该从儿童期就培养科学的理念和良好的习惯。孩子感冒发烧时我绝对不让她上学，这时读书位居第二，休息比吃药打针来得重要。小学二年级她得肺炎住院一个月，出院又休息了一段时间，待痊愈才复学。初二有一次发烧，她在家休息了一个星期。一般家长不会这样，他们怕孩子耽误学业，带病上课被视为严格要求。及时休息很快会好的病，一坚持就往往延长了病程，我经常发现咳嗽症状拖延很久的学生。有一女生双腿浮肿仍坚持上课，亏得被我发现，及时治疗才没造成严重后果。邻近一所学校一位品貌俱佳、学习优异的初二女生，因感冒导致心肌炎去世，让人惋惜心痛不已。我想，如果她及早得到休息和医治，或许悲剧不会发生。

在动辄打吊瓶的时代，我对抗生素保持了高度的警惕，决不轻易让女儿使用。她从初二到大学四年级，偶尔口服磺胺类药物，一直没有打过针。女儿上高中时在三十里之外的小镇上住校，有一次晚自习她发烧一人躺在宿舍里，用他人手机向我报告体温，一点一点，由 38℃升到了39℃以上，此时辅导员说带她去最近的市立医院看病。我害怕医院给她挂吊瓶（当然一般还是应该信任医生），告之我去接她回市里，然后火速出门打的，乘着夜色把她接了回来，一去一回花掉七十多元。进一家省级医院挂了急诊，医生检查并无大碍，说家有感冒冲剂喝上便可。这样，在家休息一天便回了学校。

在大学里有一次女儿咳嗽，病程较长。她来电话问打打针可以吗，我说你得看医生，先吃吃药、休息，堂堂一名医学生难道滥用抗生素吗？当时她还不大高兴，结果看了医生吃点药很快好了。从先天角度看女儿体质不算好，但因为极少使用抗生素，保证了其自身免疫系统的相对平衡，并不经常生病。考研期间，女儿白天去医院实习，晚上复习功课，终因劳累感冒导致气管炎，病情较严重。但遵医嘱打了三天吊瓶，很快好了。从高中到现在的十多年，女儿一直只身在外，却较好地保持了身体的健康。身体健康才谈得上心理的健康。如果没有这一点，我们做父母的会成天担着心，她自己的学习生活也不会顺利，很可能不会有今天的成绩。

从小我告诉她“凡事让着人家，不管大的小的（指年龄大小）”“多看别人优点”“对同学春天般的温暖”“不与坏人坏事同流合污”“平等待人，知道感恩”“勇于克服困难，敢于承担责任”……下文会直接或间接谈到。

所以说，孩子的人生是一个漫长的过程，如果真正为他们的长远打算，应该从最基本的地方做起，使他们拥有健全人最起码的素质，这样孩子才能健康成长起来。一掷千金报这班那班，让孩子到处穿梭、疲于奔命；不遗余力给他们吃大鱼大肉，吃肯德基、麦当劳，拿着饮料当水喝甚至吃补药，一旦积了食发了烧马上挂吊瓶……学习好就高兴、奖励，甚至以为养了个神童；学习不好就着急上火，甚至恶语相向、拳脚相加，逼迫他们延长学习时间，加重学习负担……谁能对如此“爱心”点头称许呢。

七、钢琴，弹还是不弹

1.我有一个梦想

很奇怪，小时候物质生活贫乏，而我们有许多梦想。

我从小爱唱歌，一支歌听一两遍差不多能唱下来。篡改歌曲我也拿手，加个附点或装饰音啦，缩短或延长节拍啦等等，怎么舒服怎么唱。对我来说，音乐既不像天才们视其为生命而需不停创造、彻底沉溺，也绝非人生的点缀仅为娱乐，而是出自心灵的需要。

那时候一位邻居家境好，有一架钢琴。当人家开门之际，我往往会偷着瞄上一眼：漆黑的琴身默默靠在墙边，圣物一般。如果大着胆子央求靠近、触碰，也许不会遭到拒绝，可我从来没有，一次也没有。谁会赐予卑微的小孩以勇气呢？距离产生了美，它永远只停留在我的想象当中，可我仍止不住地做梦，有一天坐在自己的钢琴前弹奏。我知道路有多遥远，并不奢望它真的变成现实，仅仅沉浸于对不可企及、朦胧缥缈事物的憧憬，独自享受那个梦。真美呀，那个时候的梦！虽然带着淡淡的忧伤。

有一只口琴就够奢侈了，为此我感激母亲。生活那么拮据，当我提出想要一把口琴时，她立即带我去乐器店买了下来。几十年过去，马路无数次拓宽改造，可我依然能准确指出那家店的位置，依然清楚记得它的价格是三元七角。后来我一直没能吹得很好，但是琴一直用手绢包好，视若珍宝。直到现在也不清楚，我是真的想吹，还是只想拥有它：淡金色的身体、金色的镶边，真美呀，手感真好呀。无论我下乡还是当工人、上大学，都随身带着。

钢琴我依然不敢想，进商店却不由自主往琴边蹭。记得二十世纪七八十年代一架营口产的立式钢琴只要一千五百元，但没有几个人能买得起。我不知看过多少次，漆黑的琴身亮得照出人影，白亮的琴键真比那一排洁白的牙齿还漂亮。儿时的梦想也许很难消失，九十年代初我攒了一点钱，又向大伯哥借了点，花六千八百元买下了一架珠江牌立式钢琴。六岁起让女儿开始弹钢琴，梦想将在女儿身上变成现实，我心里涌起一种复杂的情感：每个人一生都在不断追求梦想，可当真开始实现的时候呢？而且，我想要的生活是女儿想要的吗？纠结，始于开端。

从开始学琴，我就发觉她远不像我那么热爱音乐，不像热爱绘画那样发自她的心底。可我只能往前走，似乎别无选择，在那时。说心里话，我无意将她培养成钢琴家，我很清楚她的自然条件不好，手小、手指短，也知道若非世家，成功的机会几乎为零。我只想她有一点音乐的素养，训练一下左右脑，使其发展平衡。虽然她不太情愿，演奏水平上升梯度也比较缓慢，贝多芬、李斯特蜻蜓点水，德彪西等连边还没沾，肖邦只弹过一首《一分钟圆舞曲》，但一直弹得不错，在一起学琴的孩子中属于接受能力强的，在业余八级的考核中得了优秀。十年后以业余九级告终。

钢琴也许是乐器中最难学习的一种，人称“乐器王子”，想达到一般水平也得十年工夫。真正称得上大师级别的演奏家没有几十年潜心钻研、磨炼，确切说不付出毕生精力，绝对是天方夜谭。何况艺术需要天赋，艺术家的成长取决于多方面因素，一首曲子很多人只是弹下来而已，能弹出音乐感觉的没几人。好多琴童处于盲目学习、练习状态，以为多练习便可成才；赶鸭子上架的有一批，具备天赋的可能没几个。一位大师演奏李斯特超级练习曲，就有学生慨叹一首比一首“变态”，自己永远弹不成。就我看来，中国的钢琴教育及演奏还有很长的路要走。

2.童年的快乐金不换

和许多琴童相比，柳笛儿练习不算“魔鬼训练”。但在她十年的弹琴生涯中，我要求还是有些严格了。面对一个懂事、自觉的孩子，其他事我没发过火，唯独弹琴。一方面骑虎难下，一旦弹上想达到一般水平也得下功夫，别说弹得好一点了。纵深必须不断下力气，而钢琴教师们都挺认真，这不是琴童个人的事了。再说弹琴多年，一旦放弃挺可惜。不过主要还是追求完美的情结作怪。这样，在长期的矛盾纠结中，在不太情愿的状态中，女儿的钢琴学习坚持了十年。随着弹奏水平的提高，女儿的兴趣增长了一些，但仍达不到自觉自愿的程度。十年间，几乎每次上课我都陪着她，记录做了厚厚两本。这样的日子到女儿上高中才戛然而止(此时过了业余九级)。

听女儿弹了十年钢琴之后，很多年我不听任何钢琴曲。重拾之后非大师演奏不听。从积极方面看，我的音乐鉴赏能力提高与此有关，但原本可用更和缓更顺其自然的方式获得的。

为了学习钢琴女儿恨过我，她说。可是我也问过她：“弹琴生活对你一点好处也没有吗?”“还是有一定益处的。”她说。音乐素养、审美层次肯定比一般人高一些，不算只看热闹的门外汉了，她日记里说要把十多盘贝多芬听一遍。声乐比赛的乐理题也可以做得不错，至于进音乐厅绝对坐得住了。上了复旦，见老年娱乐室有钢琴，她忍不住说：“有空来弹弹。”虽然“空”总不见有，也许等牙掉了头发白了……应该不会白学了吧。

心理学研究显示，智商不是与生俱来的，六年的音乐课程可使儿童智商提高 7.5 点(到了上大学年龄,得分增幅会减为 2 点),这种训练对智商的促进是贯穿终生的。有十年以上乐器演奏史的人,在六十岁之后智商得分仍然较高。

我也知道,一个人能够经历弹钢琴的过程,再难的事都会变得简单。可还是想如果有来生,决不让孩子弹钢琴。同事或朋友征求意见,我一般持反对态度,告之对他们和孩子来说可能成为一件痛苦的事情。若要学习乐器,学学古筝、琵琶等,可能相对简单一点,中途辍学损失也不大。钢琴弹了没几天成了摆设的,我知道好几个。如果非要弹,那就不要带一丝功利色彩而多一些游戏的色彩,要求放低一点,顺其自然一点,千万不要逼孩子。最好培养成一种终生的爱好,仅此而已。

确实,儿童音乐教育不是一个简单的命题,搞得好当然应该大力提倡。但是在我国在当前,它既没有形成良好的传统(功利色彩较重),也没有良好的条件和环境(研究不到位,校内平淡化、校外商业化),还是慎重为好。

西方音乐教育有着良好的传统,乐器演奏成为许多人必修,却较少功利色彩,由业余演奏家组成的乐队活跃在各地。我们解决温饱之后,应该提高对于精神生活的要求,逐步地拓宽音乐的大门,主动地与世界接轨,更深层地去理解音乐,自觉视其为个人必修之课,生活当中须臾不可分离的密友,而不是仅仅当作可供利用之“敲门砖”,或者成就天才梦想之途径。在中国当务之急,成才的幻想应当让位,音乐教育应当逐步走向理性和成熟。小孩子学乐器,与其不痛快,还不如放弃,让他们干自己喜欢的事。快乐的童年金不换。

当然,有天赋、爱好音乐的孩子另当别论。我有一个学生从小学习萨克斯,现为山东省高等艺术院校教师。他的演奏安静、干净,声音通透、圆润,过渡自然,感情细腻,富于感染力。二十九岁如此水平,勤奋自不必说,但才华、热爱才是关键。当初在学校,他仅是一个学习平平、极不起眼的孩子,只因家长尊重其爱好、发掘其才能,据此培育才一举成功。傅聪成为钢琴家，也是经过父亲傅雷先生的观察，发现他喜爱音乐并具备艺术潜质，让他先走进“园地”，尔后才一步一步进入艺术殿堂。

上大学后女儿不再弹琴，我也不再过问。似乎听她说过“下次回家弹弹琴”，惊喜之余没了下文。儿时痴恋钢琴的我，如今天天守着钢琴却从来不碰，也一点不会弹。学习的念头动过，但想想有更值得、更喜欢的事要做，于是作罢。喜欢倾听音乐和动手弹乐器毕竟不是一回事。在教师生涯和养育孩子的过程中，也慢慢体会出“己所不欲，勿施于人”的道理。提高智商的渠道不止一个，终生不放弃学习、不断接受刺激是为根本。

梦想毕竟是梦想。

八、穿阿迪达斯太奢侈吗

1.合理要求应该得到满足

家长严控孩子看电视、玩电脑这类事，作为教师常遇到。教师布置的看电视节目或上网查资料的作业，学生常常没法完成。我对家长说，不必把电视、电脑当成洪水猛兽，可让孩子在规定时间内看和玩，他们说孩子缺乏自制力，这个口子绝对不能开。其结果如何呢？孩子并未就此热爱学习而是跑去网吧，后果可知。很多教师为此费过无数神，也做过大量工作。女儿上的高中实行封闭式管理，微机课也上不了网，于是夜间翻墙泡网吧的事情发生了。这种切断学生与外界联系的管理模式，让人忧虑。

看电视玩电脑，像吃饭睡觉一样属于合理要求，在一定限度内可以满足。我经常布置看电视或上网查资料的作业，向学生推荐电视台和好的节目。上课抽点空让学生说新闻，谈看法，他们热情甚为高涨；查资料的作业孩子争先恐后举手。某天路遇一位家长，上来便感谢：“跟着你上学，孩子视野开阔了，遇事有自己看法了。”碰到作业有难度或有问题需解决，我好问：“有办法吗？”下边齐声答道：“上网呀！”

有些事越限制心里越痒痒，憋得难受。打着“作业”的旗号名正言顺，像上网查找作家、作品相关资料和扩展阅读等，家长无法反对。孩子自己摸着电脑上了网，再偷瞄一眼游戏，不仅其乐无穷，而且知道游戏、网聊之外有更广阔的天地、更值得探索的东西。凡是学习好的，哪个不是学习玩耍两不误？一个人聪明与否，看他会不会玩儿就知道了，关键在引导。的确见过不会玩儿的人，而大人通常不太在意。所以我认为从小开始，只要合理的要求都可以满足。

什么是合理的要求？

女儿跟我上街见什么都想买，我当然不能全满足，可又不忍心孩子失望，就规定二元为上限。街上有一元五角选两件的摊子，她常往那儿凑。钱没花多少，却满足了她要求，孩子学会节约，学会买东西的本领，一举三得。一次她相中了一串深蓝色项链，珠子大大的亮晶晶的，两元钱买下来，天天戴着美得不行。孩子没有价值观，两元钱能买到什么？新鲜感和乐趣伴随，他们参与了生活。我们的孩子，就这样走出家庭融入了社会。

有一次，一位同事说看见柳笛儿买冰糕了。我吃了一惊，柳笛儿还在上学前班，没给钱让她买过东西呀。回去一问，她就哭了。原来之前丈夫弄到一沓五毛面值的崭新纸币，她要求保管并表示不会花，我就答应了，买冰糕用的就是这钱。我一听笑了，说：“挺有本事呀，会自己买东西了。”之后告诉她冰糕最好大人买，若自己买要吱一声，找钱要看好。

孩子偶尔自己买点东西不过分。我小时候极少自己买东西。生活拮据，钱都在妈手里攥着，问爸爸要两毛一分钱买豆腐（一斤豆票、两毛一分钱买三斤豆腐），他竟然拿不出。多少次艳羡邻居小孩，眼睁睁看着叫卖豆腐的走了。后来自己上班挣钱了，也不会花，常在买不买、买的对错上面纠结。女儿不这样。她非常节约，偶尔买贵一点的东西，一旦买来决不后悔。

她儿时买书花钱最多，蔡志忠漫画我家摆了一大排，长谷川町子的漫画二十多元、央视国际部出版的《动物世界》四十元，都买下了。她不喜欢逛商店，我得买吃的哄着她，唯独逛书店免了。我家附近有个三联书店，她是常客。大多她自己选中，年龄稍大了，我的话才多听一些。我俩青睐图文并茂的，买过叶君健翻译的《彩绘安徒生童话》，薄薄一本十一元，二十多年前算奢侈了。她自己包上书皮，现在大多保存完好。有人说富养女孩穷养儿，我觉得男女都一样。

直到现在，只要确实需要、经济条件允许，我都会满足她的要求。例如偶尔穿双阿迪达斯跑鞋、买件韩版的吊带裙、用上 iPod、上一次好点的饭店等。享受现代文明的成果过分吗？况且名牌产品品质优良，买着贵用着便宜。柳笛儿读研赴沪之前说要手提电脑，当时我手头紧且不了解学校情况，没答应。后来得知确实需要才寄钱让她在上海买了。学习成绩好也不可满足孩子所有要求，考试不及格他们也有看电视玩电脑的权利。

2.为孩子的生活学习营造良好环境

该买的不给买，该吃的不给吃，美其名曰“攒钱给儿子娶媳妇”；拿学习成绩当诱饵，“你考高分才给你买电脑”，这是真节约吗？穿双名牌鞋、拥有一件好玩具或一辆心仪的自行车、吃顿肯德基，是生存的需要，不算奢侈，更和学习好坏无关。满足合理要求与溺爱孩子不是一回事儿。自己不吃不喝砸锅卖铁、举债借钱满足其不现实的要求或虚荣心，或因家庭条件好就将其变成物质男女，那才不可取。

事实确实如此。女儿并未因此养成胡花乱买的恶习，反而很有计划性。上大学从分校转本校，一些物品就地处理，被子她卖了二十元，不保暖的暖壶卖了五元。我说她还挺会过，也批评她其中有欺骗之嫌。

几乎每一分钱她都用在刀刃上：某超市牛奶一元一包，闻风而动一通抢购。和同学一起砍价到小贩求饶“俺不卖了，行吧”。在上海两人共花二十元剪了头发，省了钱乐开花，微博调侃“打劫去啦”。

一个人工作，单位得发相应的工资、创造良好的工作环境，即要满足起码的生存及工作要求，他才能创造应有的价值。成天被关在家里练书法、弹钢琴，见人家玩心里什么滋味？孩子虽小他也是个人，他活着就有要求，玩是最合理的要求之一。在获得满足感的同时，孩子也获得了尊重，他们会用良好的心态和表现作回报。若明此理，决不会随意剥夺孩子玩耍的权利。

“狼爸”“虎妈”们显然忽略了这一层，把它和课本学习对立起来了。从长远看从本质看玩儿也是学习，从中启迪、发现或创造的知识一点不比书本的或别人的低贱，有时更接近其本来面目。虽然不一定马上应验，但我们无法否认过程之美，无法否认经验的意义。再者，像梦中解开难题、散步突发灵感等也说明问题。知识来源的丰富性与能力的发展、潜力的开掘显然有密切关系。没有放假无所谓开学，凡事同理。所以，年休制度日渐时兴、“发呆”不再仅仅作为笑料、玩物未必丧志，放慢节奏享受生活为越来越多人所认可。人生有无限的丰富性和无限的可能性，家长为什么要无情地限制、剥夺孩子追求和享受的权利呢？何况“我的人生我做主”，孩子凭什么听命于他人呢？管得了身管得了心吗？在教育中，管得太严同娇生惯养一样都会损害孩子的身心。

从小到大，女儿考试成绩再好也不要这要那，我们也从未向她许过愿，一次也没有。在教育中，有些原则坚持并不困难。经常许愿的家长不明白，这会使孩子目光短浅，学习缺乏持久的动力和自觉性。出现考前突击学、玩命学，考后大松懈、厌恶学现象也就不奇怪了。也许他们知道此害处，可是图省事儿、置后果于不顾，一天天下来就形成了恶性循环。

有位熟人孩子挺瘦，她说孩子食欲不太好，我劝她试着照孩子口味来。她说：“可不行，我做什么他吃什么，不能惯坏他。”小孩子味蕾不够发达,而且喜欢吃什么可能意味着他缺乏某方面营养,故幼儿的饭更须考虑个体需求。这有利于健康,不算惯孩子。小孩子挑食,对饮食的苛刻要求,往往与溺爱有关。有孩子嫌妈妈做的饭不好吃闹情绪,其原因较复杂,不见得真不好吃。一般说来,有饥饿感的孩子吃什么什么香。漂泊在外一朝回家的孩子,妈妈的饭从嘴里甜到心里。

女儿从托儿所回来,我先问中午吃的什么,再问她想吃什么。挺奇怪,她很会点,还自己"造菜",什么萝卜炒茄子、西红柿炒芹菜等。我说没那种炒法,她就问"为什么呀"。这不,现代人讲究营养搭配,奇怪的菜也"造"出来了,比如某托儿所西兰花炒鸡蛋、西红柿炒豆腐……她最喜欢"米饭和鱼""米饭和茄子""西红柿面条"。由于满足了她的要求,她吃得好吃得饱,因此一旦吃过饭,再给什么她都不吃了。她基本不吃零食不喝饮料,也从不吃地摊,现在我俩逛街我劝她吃这吃那,她总是一口回绝。我就调侃:"我的钱花不掉,怎么办呀……"

家常便饭是我们永恒的最爱。女儿一年回家两次,首选炸酱面,次选炖排骨和炸黄花鱼,再加上白菜炖粉皮。对美食她保持了天然的爱好,"三句话不离本行"。吃饭不用操心,坐到宴席上不用让,拣着喜欢的大大方方吃,保准填饱。高中和大学吃食堂她也不抱怨,你问伙食怎样,她总说"可以呀"或"很好呀"。

有一位明星,刚出道我就预言他会红,后来果然跻身一线。他是"富二代",记者问他他承认:家庭条件不错,从小没吃过苦。看来他不靠演戏挣钱也能生活得很好。仔细一点你能发现,他既有热爱又有天赋,做演员认真,演戏用功,演技得到认可,参演的剧目受到追捧。良好的家境,让他不太在乎金钱(不用在乎金钱),尽可以全身心投入演艺事业,专心磨炼演技、提升人生价值。和一般为金钱而奋斗的同行相比,压力自然小一些,成功当然水到渠成。

我们回到看电视玩电脑上来。此方面我从未限制过,而孩子从来不会毫无节制。不奇怪,因为从小学会了自我掌控、调节生活。考试完毕或刚从学校回来，她也有看电视或玩电脑时间长一点的时候，但终究不会影响休息和学习。她玩电脑主要是学习或查资料，看电视以科学文教、新闻娱乐等节目多，上高中住校就买报纸看。在外地上医学院，我支持她抽空上网吧。刚上研究生她就在老师指导下写成一篇综述，随后发表，导师认可她收集利用资料的能力。

满足孩子的合理要求，等于为他们的生活学习营造了良好的环境，“自古逆境出雄才”没错，不过顺境也可以出人才呀。时代不同了，具体情况须具体分析。

九、“三岁看大，七岁看老”新解

1.和现在孩子比童年

M.S.斯特纳夫人推崇卡尔威特的教育理论，在养育子女过程中创立了“自然教育法”。她的孩子三四岁能写诗会说外语，有力支撑了自己的理论。

整个社会的教育，与几十年前不能同日而语。家长们极其重视早期教育，舍得投入精力财力。尤其是高智商高学历家长，更具优势。从古至今，大家津津乐道或热衷培养早慧儿童。孔融七岁让梨后成文学家；田晓菲十三岁出版诗集并进入北大，尔后成为学者；科技大学少年班张亚勤、姚新、谢旻等在高科技领域成就斐然。

俗话说：“三岁看大，七岁看老。”有研究者认为：零至三岁为大脑发育黄金期，三至七岁性格初步形成。于是家长争先恐后挤乘“早期教育”这班车，唯恐孩子输在“起跑线”上。观察我们周围，孩子很小便学这学那、参加各种培训。我朋友的孙女不到四岁，上架子鼓、轮滑和游泳班；一个学生的孩子打乒乓球、弹电子琴。我们学校附近有个私立幼儿园，有的老师把孩子送到那里。园里开办了培训班一大堆，简笔画、舞蹈、电子琴、英语等。“有卖的就有买的。”一般价格不菲，孩子互相攀比至少得上一个。家长不明白，花钱学东西开发智力，有何不妥？

可这么小就忙活，哪天是个头呢？真正意义的玩耍呢？从小学到高中，穿梭于这班那班的，也真替他们累得慌。孩子不明白为什么要上培训班，只是走过场。就此牺牲儿童少年时期诸多宝贵时光难道不可惜吗？再者，因“吃伤”或者缺乏自学能力影响后续的学习，怎么办呢？

家长们不着急。他们喜欢攀比，决不给孩子一点自我成长的空闲。某家长花一万元让孩子上夏令营，明明手头紧却“害怕不去落在人家孩子后头”，有这么严重吗？让孩子自主安排轻松愉快度过假期不好吗？一旦开学，孩子干劲十足攻克难关，何愁没有好成绩呢？有个熟人的孩子换了几个工作，考研英语又过不了关。这位熟人说不考了，孩子不爱学习。我问他孩子喜欢什么，他答曰“除了正事”，即孩子喜欢玩儿。原来孩子从小学习绘画颇有成绩，学习上妈妈要求也很高。如今大学毕业了，孩子要把玩的时间补回来。像这样“反季节”成长的我们周围并不少见。按说他们这时心智开始成熟并应该回报社会了。早知今日，何必当初呢？长久以来，人们似乎忘记了“强扭的瓜不甜”。

有些教师也不明理。海量作业压下去，该做的不该做的。学生是魔法师吗？他们只管应付作业，何来自觉愉快和发挥创造？这些教师还反过来责怪课堂气氛沉闷，学生学习缺乏自觉性。

从小上这班那班学这学那，玩儿这个最正当的权利被剥夺了，同时被剥夺的还有自主接触生活和学习的乐趣。后果是孩子也许终生不能把学习、工作和生活安排好。而工作好学习好，玩得也好，才算健全的人生吧。

除了学习钢琴（去老师家一对一）、中考前上过几堂数学辅导、后来上了几天考研班之外，女儿没上过其他班。而她的学习成绩一直优异。我们排除干扰坚持不让女儿上过多培训班其实挺冒险，周围这样的很少，即使他们的孩子是优秀生。有个男孩大女儿一岁，从小到大没有过休息日，一个班赶着一个班上，念完研究生，博士他说什么也不上了。是的，再上准得疯了。最重要的是，据我观察，女儿综合素质较高，随着年龄增长、学业加深，优势愈发凸显。这不奇怪，人家"上班"她休息、自学或拓展知识等。

二〇一一年济南市儿童近视的普查结果"骇人听闻"：某小学一年级新生近视率竟达30%以上。幼儿园时期他们就开始近视了。专家说："近视的低龄化与早期教育有关，两三岁孩子弹钢琴、学画画，练字、看书，长时间近距离地用眼。""小孩手部肌肉发育完成之前，握笔姿势往往不正确，上学后很难纠正。"临床案例中最小的近视患者仅两岁，右眼为175度，左眼为300度。虽然有心理准备，我还是惊出一身冷汗。

常庆幸自己早生了几十年，有一个自由自在的童年；也庆幸不像现在孩子写那么多作业考那么多试。到了假期，母亲单位把我们组织起来，写一点作业，但主要是玩，打乒乓球、游泳、看小说等。平日里，酸枣树、麦田地瓜地，小山、水库大坝、满天星辉都是我们的玩伴。踢盒子、打棒球、过家家、串门聊大天、养鸡、喂蚕、编玻璃丝、织毛线、钩花边、刻剪纸、游泳、看露天电影……都是绝好的游戏。拾子儿、跳皮筋、踢房子、打乒乓……我样样在行。踢毽子我最拿手，课间一到便拉开课桌踢起来，有时也在木制讲台上踢，弄得砰砰作响，尘土飞扬。四五十岁我参加学校比赛，随便踢两下就得了一等奖。

七岁我没考上小学，考官问图片上事物，我知道却不开口，托熟人才上了学。小学数学我有时考七十多分，搁现在简直算差等生。可中学一次大考我总成绩在年级名列前茅。一九七八年高考数学我仅得22.5分，可还是当了教师，并且当得还可以，称得上"桃李满天下"。当然，并非文化课、数理化不重要，反以为是必需的。数理学习中思维的训练对一个人整体素质的提升意义重大。假如我理科学得深入一点，这本书会更好看吧。

我也庆幸女儿早生了二十年，如今当家长越来越难了。小学一年级学生家长要加老师的QQ群下载打印作业，从前老师教孩子用符号记作业，挺好的呀。此外，还要给孩子听写，听其念、背课文，检查作业和签字，怎么看家长都像教师的傀儡。再说，一年级的学习任务本应放在课内完成呀。

一方面教师的课堂效率值得怀疑，另一方面，学校总给人一口吃个大胖子的感觉，不把人折腾够不算完。家长一般敢怒不敢言，逼急了就砸锅卖铁出洋留学。其实学习最适合细水长流，其中教师的统筹安排很重要，而合理的教学计划来自科学的理念。有一位熟人告诉我她上初一的孙女，周末需赶制四篇作文，学校、班主任各一篇，语文教师周记、作文各一篇，真的非写不可吗，非集中在一周写吗？教师们不通通气儿吗？其中一篇为《寒假你打算怎么过》，当时离放寒假尚有两三个月呢，世界末日到了吗？教育到了今天越发让人看不懂了。

辩证地看，我所经历的时代落后，学校学到的知识远不及现在孩子，但较少受到学习的重压，成长慢却顺其自然，因而保证了终生学习的热情和空间。有一位颇有建树的同学问我："在家干什么呢？"我告诉他看书来着。他说："看书好呀，我都不怎么看书了。"我想人家是早看下了，光剩"创造"了吧。我年轻时看书少，等于细水长流，所以至今热情不减，求知欲像个孩子。现代人看小说的越来越少（网络小说除外），上了年纪就更缺少兴趣，可是我一直喜欢，常暗自庆幸。诗歌阅读者恐怕更是凤毛麟角，而我也能读一点。一些二三十岁、三四十岁的人，说起学习总慨叹晚了，挺奇怪。学习仅仅指学校学习吗？仅仅是孩子的专利吗？以为一个人从小就该没完没了地学这学那长大就完成任务的观念，到底怎么形成的呢？我并不欢迎回到从前，历史也不可能倒退，"颂古"是因为"疑今"，更是为了推进改变和革新。

并非"三岁看大，七岁看老"，如果你肯学习，什么年龄都可以奏效并带来人生的进步或变革。以"少壮不努力，老大徒伤悲"为口号逼人读书，催人老成，磨蚀真性，循序渐进岂不更符合认知的规律？

杨绛先生四十七岁学习西班牙文，随后翻译了七卷本的《堂吉诃德》。多丽丝·莱辛八十八岁获诺贝尔文学奖。五十岁之后我开始文学创作，虽然仅发表十首小诗。

我朋友的孩子在美国念书，她说美国大学生其实很用功，和国内初高中教师抓得极紧、课业负担极重，一旦上了大学便放任自流的情况很不同。他们凭爱好选修一些课，每周写论文。不仅有助学人员帮助修改，导师还面批。

2.早期教育的内涵

时代发展了，教育理念先进了，且多数家庭为独生子女，大家更加重视早期教育是必然的。关键要理解早期教育的内涵，而非一窝蜂地揠苗助长。重量不重质、肤浅、曲解以及从众思想等，使其在许多家庭中变了味。

媒体曾爆出《对不出诗句，亲生母失手打死三岁女儿》的恶性事件。三岁孩子就要对诗，对不出就被打脑袋，结果脑部大出血导致死亡。如此看来，早期教育的代价未免高了点，即使私塾也不过打打手心，况且那时三岁孩子还没背诗吧。这样极端的例子不多，但“伪智力开发”“伪母爱”却并不少见。一九岁女童被逼上钢琴等五个特长班，致其呕吐不止。专家诊断为精神压力引起的植物神经功能紊乱，多方寻医花去六十万元才康复。家长初衷很好，表面上、暂时地会有成功迹象，然而也埋下了祸根。早期教育固然重要、智力发展固然重要，但是违反教育规律的后果是过犹不及。

早期教育的变味有个人的，也有社会的原因。鲁迅早就发现了中国教育的弊端，在《风筝》一文中他对泯灭儿童天性的心理、行为作过剖析、忏悔，认为玩是孩子的天性，“玩具是儿童的天使”。我觉得社会越发展越应该摆脱愚昧，而不是相反。社会应该承担应有的责任，而永远摆在第一位的是家庭的责任。父母，特别是对孩子影响更多一些的母亲，应努力提高自身素质。

注意,我说的是教育中所具备的素质,与高智商或高学历不能画等号。有一件事登在报上:某对父母高学历,六岁之前孩子学会了使用六种语言,可是突然一天孩子“哑巴了”,汉语都说不出了。医生说“信息爆炸”造成了“系统紊乱”,必减其重负给予治疗、调养,方可恢复。

况且将早期教育理解为单纯智力的开发、技能的培训也有失偏颇。从这个意义上讲,教育被简单化了。爱心、是非善恶之心、责任心和感恩之心,不怕困难自强自立的品质及创新精神,对于美和自然的热爱、想象能力的培养等又该放在什么位置呢?现在大家不是认同情商比智商更重要了嘛。

3.早期教育的作用

退一万步讲,早期教育毕竟只是早期教育,它的重要性没有大到“三岁看大,七岁看老”的地步。M.S.斯特纳夫人的子女成人后如何不得而知,但我知道爱因斯坦儿时被认为很愚钝,霍金也被认定将来不会有出息,而无数的“神童”最终成为普通人,有的做普通人都不成。

最突出的例子,是有中国超常教育第一人之称的中国科技大学少年班的“神童”宁铂。他儿时记忆、领悟能力超常,在当时震惊全国,家喻户晓。两岁半能背诵三十首毛泽东诗词,稍后听过讲解能向人传授;四岁认得四百多个汉字,六岁看过《中医学概论》便能号脉开药方;看了围棋书能与高手对弈,读过唐诗宋词能吟诗作对;十九岁成为当时最年轻的大学教师。但三十岁后却皈依佛门隐遁深山。其中原因不止一个,像“神童”的帽子太压人、校方不许其从事自己喜爱的专业等。

这说明早期教育不是一个简单的命题。“神童”做普通人而不得足以令人心酸,我们应庆幸自己的孩子不是神童。与宁铂同期的早慧少年或“神童”们,日后在社会上表现突出的只一两人罢了。而后来的少年班校友们,据统计有成才的有辍学的,有在工作中“没有表现出比其他人特别优越之处”的。更多对科大的效法都以失败告终。在国家“百废待兴”之时超常教育自有其意义，却也为我们留下了深深的伤痛和思索。

在学校里常遇到家长抱怨：孩子从小聪明、小学成绩好，怎么一上中学就不行了呢？好像在说老师无能。固然有可能是中学教育有问题，但之前没问题吗？家长一方面没有想到源头上已经出了问题，一方面以为儿时的状况可以维持终生。其实教育是一个长期的任务，非一蹴而就，很多家长忽视了这一点。古代的方仲永，不也因家庭教育的不连贯而“泯然众人”了？莫扎特或泰格·伍兹那样的“神童”另当别论，我们要问：世上到底有几个？

毕竟只是“早期”教育，其作用没大到决定孩子终生命运的地步，即使从小到大智力超群、学习成绩优异，也不见得说明什么。教育的作用不是快速升温式的显性的，它是“随风潜入夜，润物细无声”般的。花儿催着开得早，败得也早，不如自然而然享受成长的过程，花当开时自灿烂。梅花开在最后，也可以说它开在最前，自有别样风骨。齐白石三十岁开始学画，所达的峰巅无人可攀。我们喜爱一切天然的东西，它们具有一种内在的魔力。散养鸡、山鸡蛋、本地蔬菜等生长周期长，个小，却因保持了天然营养口感好受到大力追捧。一块石头当宝贝供奉着，为什么？独一无二，品质永恒呗。

保护孩子天性应该像这样。巴伦博姆二十二岁才开始正规的钢琴学习。面对这位天才的时候，教师断然放弃一般方法，而循其天然禀赋给予相应的教育，于是成功了。

柳笛儿——从取这个名字起，也许我已经有意无意地最大限度地考虑到了一个人的天性，不去生生改变它。直到现在，我最担心的还是她受到委屈或遭遇人为的扭曲，即使很多人视某些天性为“缺点”。你想，假如一个爽快大方之人忽然扭捏作态起来，可怕不？或者搞怪风趣之人变得中规中矩，可惜吧？按照自己的意志把孩子的棱角打磨掉，实在是干了一件吃力不讨好的事情。“江山易改，禀性难移”，在我看来，很多情况下不必移。

博物学家《自然史》的作者布封，二百年前就注意到了这一点。他认为："我们无法确定对儿童进行早期启蒙教育是否真的有用，我们有很多早期启蒙教育失败的例子，许多四岁、八岁、十二岁、十六岁的神童到了二十五岁或三十岁却是些傻瓜或平常人。因此，我们倾向于最好的教育方法也是最普通的、顺着自然天性的、最不严厉的、最相称的教育方法，这相称不是针对儿童的力量，而是针对他的弱点而言的。"(《自然史·精华版》湖南科学技术出版社出版，何敬业、徐岚译）随后又有一些教育家持类似的态度。以现在的眼光看，他们不仅独具慧眼，而且观念仍然超前。人文主义的光辉依然灿烂。

有专家认为，聪明的头脑并非关键，如何运用才华才最重要。不管孩子能不能成为这家那家或社会名流，关键是激发、涵养孩子内在的潜力，比如爱因斯坦最推崇的想象力；比如教育孩子正确对待挫折和失败，教他们学会克服困难从中受益；对孩子付出的努力取得的进步表示赞赏，不只看表面的成绩或一时的结果；将一些能力和技艺在生活中融会贯通……在这样的沃土之上才能催生出智慧之花。我相信这才是教育的本源。

4."成人"，教育的出发点

关于早期教育，国外的观念与我们差异较大。美国发生过这么一件事：一个孩子指着英文字母"O"说这念"O"，妈妈立即警醒，问他是谁教的，孩子回答幼儿园某老师，妈妈证实后将老师告上法庭。妈妈当庭讲述一个故事：某公园里，一只断翅的天鹅在偌大水域中徜徉。问为什么，管理员说有翅怕飞跑，断翅则无忧。教孩子学东西，是将其发现、想象的翅膀折断了。最终幼儿园败诉，做了道歉和赔偿。想一想，对一个孩子来说，还有比自己看世界、自己开动脑筋更重要的吗？爱因斯坦说："想象力比知识本身更重要。"

知识、技能本身不是目的，不会背诗不会弹钢琴的孩子一样可以健康成长，一样可以成为好公民为社会造福。我们学校一位老师的丈夫出身于农民家庭，兄弟三人皆学有所成，以“乔氏三博士”远近闻名。以上名校、成名成家、挣大钱为目的的“早期教育”是“成才教育”，让孩子过早进入成人世界，而有些东西一旦丢失无可挽回，像童年的欢乐、健全的人格。少年班在培育过程中，没有违反人的“成长生物钟”的嫌疑吗？我认识的“天才少年”中，就有出现人格缺陷、丢失人生目标的，做普通人尚且不能，就不要说服务于社会了。

北大某“数学天才”，初中看微积分，高中接触泛函数，大学成绩优异，毕业后却步宁铂后尘遁入空门。有人称其“天才”，说他看破红尘，其实不过早学习了几天；与其说看破红尘，不如说因为年龄太小接触艰深学问妨碍了他对广阔生活的接触，出了象牙之塔不能融于社会了。一个人世界观、价值观形成之初（十二三岁起的整个年轻时代），缺少了作为“社会的人”应该参与的教育和实践，再回首为时已晚。谁输在了起跑线上，怎样才不会输在起跑线上，实在值得思考。当然人各有志，只要不危害社会或他人，走什么路做什么人应该得到尊重，外人不好评判。但是培养多年之后，谁不希望自己的孩子学有所用，为国效力，有一个丰富多彩的人生？谁又希望自己的孩子做僧人？

有留美学者撰文指出：在美国，中国（包括一些亚裔）家庭特别重视数学的学习，额外辅导（家长亲自教或进小班辅导）较普遍，所以表面看他们成绩好于其他美国儿童不少，容易将其当作“数学天才”，但是等到了高级阶段——做数学研究的，却大多为白种人。这说明什么？国内孩子在数学上下的功夫也远远大于其他功课。其“老大”的地位稳如泰山，热衷数学辅导的远远多于语文（此二门为公认的文理基础课）。长期以来我都在思考，以此来挤掉其他方面的学习值不值得。

数学家陈省身先生告诫：“不要考一百分！”他认为，原生态的孩子一般考试能得七八十分，要想得一百分要下好几倍的努力，训练得非常熟练才能不出小错。要争一百分，就需要浪费很多时间和资源，相当于土地要施十遍化肥，最后孩子的创造力都被磨灭了。这番话是对中科大少年班说的，但适用范围绝不止于此，很显然。它透露出大师的一个理念——提倡原生态的教育，注重保护孩子天性，反对一刀切和揠苗助长。哪天我们的家庭、学校、民族，真正认识这一点并付诸实现的时候，“大师”和“诺贝尔奖”就不稀罕了。很多情况都会两样了。至少配眼镜和开刀治近视的行业不会像现在这么挣钱了，早教班、辅导班门前不再车水马龙……每个孩子都高高兴兴上学去，欢欢喜喜回家来，一到双休日天地间阳光下，到处都闪耀着他们的身影。

从前布封说儿童教育应当“针对他的弱点”，数学大师又说培养“原生态的孩子”，其理念一脉相承。而总考第一或高分的孩子，弱点常常被掩盖，从而极易造成发展不均衡；当儿童呈自然状态成长的时候，他各方面的偏差、不足可以一点一点得到纠正、弥补。这样日后就产生了综合素质上面的差别，这就可以解释为什么最终成才的或顶尖的人才，往往不是在校期间学习成绩名列前茅的。所以，注意发现和培养兴趣，塑造完善的人格，造就合格的公民，才应该成为教育的出发点。说到底，不止儿童，每个人在成长中在不断发展长处的同时，都包含着这样的原理。

教育的成功来自优良的环境和均衡的培养。成天忙于让孩子上这班那班，单纯着眼于智力开发的早期教育，究竟能对孩子的成长产生多少益处，真值得好好衡量一番呢。

有一阵社会上热议两个少年，一个十岁，一个十三岁，都未曾接受完整的学校教育就成为大学生。但我认为他们是特例，我们更应该关注这样的教育有没有缺陷？比如，其中一位在接受某大学面试时被发现人文知识欠缺。

教育是一个系统工程，而不仅仅是某种模式。我和女儿都喜欢波兰钢琴家阿图尔·鲁宾斯坦（也译作“亚瑟·鲁宾斯坦”）的演奏，我对大师的成才之路充满了好奇。四岁之前他的音乐天才便显露无遗，但是他父母接受音乐教育家的建议，年龄稍大一些才让他学习弹钢琴，这期间只给他听一些优秀歌曲。待学琴生活开始后，他所受到的是个性化的、完整的教育，父母聘请的家庭教师为他教授包括文学、历史、哲学、数学等在内的课程。他边弹琴边学习，掌握了所有中学课程。他还获得了听取当时一些著名学者的辩论及演讲的机会，并有幸结识艺术修养深厚或艺术造诣精湛的前辈。在学习钢琴的同时，他没有脱离丰富多彩的生活，没有磨蚀一个人的独立见解，既受到针对天才儿童的个性化音乐教育，也保留了作为普通人的天性。八九岁起登台演出，从此不间断地演奏实践，其演奏生涯长达八十七年。逝世前不久举行的告别演出堪称传世经典。评价阿图尔·鲁宾斯坦，首先是一个接受过良好教育的普通人，一个终生快乐并将快乐赠予世界的人，这是第一位的，然后才是一位空前绝后的大师。

想一想，早期教育的妖魔化，把成才放在第一位的教育观念，实在太落后了，由此引发了一系列的问题，很多社会问题往往直接或间接与其有关，但我们似乎并未觉察或毫不在意。我们有很长的路要走，但是我觉得，把目前中国教育当成一个有缺点的“战士”比较合适，请把希望给予中国教育，大家努力来改革和完善它。现在社会上、学校里抨击的人多，从我做起的人少。中国并不缺少“愤青”“愤老”，也不缺乏目光犀利思想深刻的评论家，我们耳朵里塞满了批判、议论和真知灼见，唯独寻不到实干家的踪影。因为那不仅需要能力、毅力等，更需要勇气、披荆斩棘的锐气和脚踏实地自甘寂寞的胸怀。

“空谈误国，实干兴邦。”无论家长或学校都应意识这一点。比如在学校里，一个老师你把课备好，精讲精练，阶梯式布置作业，尽量照顾到个体；而校长每周抽出点时间听上几节课，发现问题马上责令整改，遇上家长反映作业太多太滥时，立即找到责任人批评教育甚至惩罚。家长发现孩子“吃不饱”时，和孩子一起研究制订拓宽、加深自学的计划，选择课外辅导书，而不是一股脑将责任推给学校，一味盲目地要求教师加大作业量——在中国目前教育状况下，作业个性化到每个学生是不现实的，而且也没有必要，学生应该学会调控自己的学习生活。这些很难吗？举手之劳的事情偏偏没人干，只管忙活提高升学率，请家教上辅导、攒钱送孩子留洋，或其他八竿子打不到的事儿。

学校与家长身为教育者，担子肯定不轻，关键得研究它实践它，忙到点子上，破除一切迷信。反思一下，你我做得怎么样。山东茌平杜郎口中学因地制宜改革教育模式，轰动一时，难吗？无非就是去掉讲台，放手让学生互教互学，教师适当点拨。于是就有人说了，这哪是上课，简直是赶集。而该校的校长不管这些，痛定思痛颠覆传统，在一个师资力量薄弱的农村中学以“赶集”出奇制胜，而不是坐以待毙。“杜郎口模式不适合我们学校。”该校的创新精神，踏实办教育、一心为学生的责任感，至今是看的多，真正学习借鉴的少。

随大流瞎忙活的情况，应该得到扭转了。我前面提到的一位学生她孩子从小弹电子琴、打乒乓球，在我的建议下将前者停掉了；而后又做出了一个大胆的决定，将孩子从普通小学转入业余体校，而初衷并非让其将来走体育成才的路，仅仅以为从前的学校不适合自己孩子。教育教学上面的一刀切，大量单调重复的作业，对于分数的过分注重和计较，不仅与该学生自己的教育理念相冲突，而且本来接受能力强、依照天性可以顺利成长的孩子，受到来自各方面的阻力和压力，搞得成天不痛快，于是她萌生了让孩子转学的念头。起初拿不定主意纠结很久，终于有一天她在 QQ 上给我留了言。我立即回复：值得一试。我考虑，要去的业余体校是一所传统名校，夫妻俩又具备大专以上学历，即使体校文化课教学有点问题也是容易弥补的，万一去了觉得不行再转回来呀。很快孩子转了学，这一转不要紧，效果出奇的好。该学生高兴地告诉我，孩子在学校里就可以完成所有作业，经过不长时间，思想、学习和训练都有明显的进步。想一想，这完全是在意料之中的。一般学校，一二年级的小学生，回家后都背着一身作业，考不了一百分不算好学生。为提高班级成绩进行的魔鬼训练，为门门一百分而抹杀差异、放弃人生快乐扭曲人性的学习，哪个孩子会欢迎？而学习、训练安排合理，作业量适当又照顾个体差异的学习环境，哪个孩子会不喜欢，会品尝不到成功的喜悦？我为我这个学生感到骄傲，为这个孩子感到庆幸。

综上所述，早期教育不能简单理解为纯智力开发、技能培训或知识的积累。神童可遇而不可求，天才少年不值得羡慕，妈妈们应该对形形色色的早教班保持理性，创造属于自己的早教模式、早教方法，解除枷锁，还孩子一个快乐的童年。

第二部分　学习生活

一、学习，重在过程
二、博士的忠告：习惯，习惯，还是习惯
三、制订学习计划：独家秘籍
四、住校，还是圈在家里
五、日记，写还是不写
六、莎士比亚是哪国人：以文学为伴与世界相通
七、小孩子读不懂鲁迅吗
八、语文老师，帮孩子解决难题
九、哈佛博士成才了吗

一、学习，重在过程

1.重结果，掩盖问题

七岁半才上学的孩子，其体力和心智方面的长处显而易见。从一年级开始，柳笛儿就表现出较为强大的自制、适应与学习能力，一句话，学习不费力不让人操心，可是问题依然存在。

女儿上四年级了，我说："你念课文我听听。"她一念，坏事儿了。固然流畅，但语气造作，和文章内容并不吻合。我马上意识到，因为她学习成绩一直不错，问题被掩盖了。我稍加指点，很简单，按个人理解配以适当的语气即可，立竿见影，上初中她念课文已经比较自然了。家长可能觉得这不重要，课文念再好，成绩才是硬道理。

学习生活是一个完整的过程，从长远看哪方面出了问题都不会有好的结果。课文念不好往往影响对它的理解，学习任何语言都得从说、念开始。在学校里，语文真正学得好的往往是听说读写俱佳的，而我们的学校教育，往往忽视"说"这个能力的培养。中文如此，英语也差不多。媒体曾爆料，雅思考试中国学生口语倒数第一。念课文如念经，发言嘟嘟哝哝说不成句(段)的，在初中课堂上并不少见，我上课特别强调"大声说，说清楚"。但以前的习惯似乎很难改，我不得不反复说"请大点声"或"不要嘟囔"；朗读或口语表达，我注意及时点评和表扬。由于长期以来不考"说"，在学习过程中这个环节被忽略了。我们考虑过没有，两张同为八十五分的卷子，其含金量可能不同。有些孩子语文成绩看上去不错，实际上存在硬伤，即使日后仍有治愈的机会。而且，在一定时期内谁能说课文念不好对学业等没有影响呢？

正是因为眼睛只盯着分数，所以有些人的成绩没有建立在坚实的基础之上，成绩会忽高忽低，学习中存在的问题则被掩盖。

物理考试完毕，有个学生一脸沮丧，说题目太难。我问："是不是没看懂题目呀?”他说:“是呀,您怎么知道?”我监考看见了,一个个题干那么长,而且与生活息息相关。光看成绩能看出什么,还以为他上课不听讲,没下功夫。其实这和物理之外的语文学习有关,和只重视课本学习有关。如果及时找到病根,还有药可治,就是注意各门学科的平衡推进,课外知识的扩展和运用。《趣味数学》《生活的物理》女儿书架上有,《时间简史》《双螺旋探秘》以及成套的科普读物有,《超前思维》《绿灯人生》也有,还订阅《科学画报》、借阅《科学中国人》《科学美国人》等,光看成绩还以为谁天生是块学习的材料呢。

表面看家长对孩子要求很严格,名次都有规定,可是如何达成目标,没有下文了。反正玩命学就对了,家长只需站在一旁监督或指手画脚就行了。实在不行,不是还有辅导班和家教吗,咱又不差钱儿。有一位妈妈花掉两万五千元让孩子上金牌辅导班,换来的却是成绩不升反降,原本考七十分的英语只剩三十分了。中考过后,这些妈妈把自己关在屋里痛哭一场。这样的事情肯定不是第一件,但我们真希望它是最后一件。搭上钱和时间就能获得好成绩,有这么简单吗?

可也并不如想象的那么难呀。过去、现在和未来,孩子的学习习惯以及学习的诸环节中,到底哪些方面值得发扬光大,哪些还需要改进,具体措施是什么,家长思考、商讨、研究过吗?在学校里常见此种情况:孩子考试成绩不好,家长火急火燎找到学校,似乎天要塌下来,似乎他的孩子一无是处了,唯一的办法就剩请家教了;还有的明明孩子考试成绩不错甚至很有进步,家长却在卷子上写“考得不好,希望老师严加管教”。家长对学习成绩的高要求无可厚非,但他们对于学习过程的轻视又往往让教师很无奈。每到此时,好的教师就会就卷子并结合平日表现,帮助孩子分析得失,做出客观的评价,一起商讨下一步做法。而自我分析、评价,孩子本应从小就学会。平日里,好的家长会和教师保持良好的沟通,及时了解孩子情况,决不会等到积重难返。我们的家长都非常关心孩子的成长,有的甚至事无巨细,可是有没有把劲用到点子上值得拷问。在学校里，孩子考得好就盲目地沾沾自喜，考得不好情绪就一落千丈的事情，比比皆是；因学习成绩一时或长期得不到提高而出现的恶性事件，更让人心有余悸。

辅导班、家教并非自然的必需的。前者针对全体而且占用孩子大量自我学习的空间，一对一式的家教如果方法不当也会流于形式。退休之后我上过家教，一般让学生自己制订补习计划，指导的同时发现他们思维、学习方法等方面的问题，帮助他们改进。但是最终效果因人而异，并且效果的显现有一个过程，所以，对于成绩的期待家长应该保持理性。我遇到过一位特别开明的妈妈，说她孩子喜欢我。她觉得孩子每周来我这儿一次可以从一些方面受到启发，成绩不成绩的无所谓。我则对她说，诸方面是可以兼顾的。补习应该最大限度人性化，有个初一的学生成绩中等，我了解他的问题主要在学习方法，于是从语文的预习、自学、听讲记录、作业完成、朗读背诵乃至扩展阅读诸方面给予指导。一个假期下来，那孩子有了领悟和较大进步，走后再没来过。总的说来，补习应该有强烈的针对性，阶段性补习、学科选择性补习较实际，来我这儿的大多为初三学生。也就是说，补习终归是补习，不能代替自我学习能力的提高，以为傍上它就等于进了保险箱，那就太糊涂了。一般说来，家长对于家教或辅导班的利弊应该有一个全面的衡量。利——花上一把钱就可以提高几分，让升学多几分把握，值。也要看到弊——辅导依赖症、盲目追求分数、迷信押题期待短期效应等，造成一种功利主义的虚胖。有点像乱吃补药，真正为孩子的长远打算的话，还是应该从“日常膳食”中汲取“营养”，这将更全面、均衡，利于培养他们自身的免疫力。

想一想，在学校里数理化学习只注重算对题，不注重思维的训练、不注重知识在生活中的运用，是不是普遍存在呢？单纯追求高分，卷子满天飞，只见树木不见森林，真让人忧虑。这一点国外不一样，我小侄子在英国念高二，他们学习数理化不搞题海战术，重在概念的理解和思维的训练。本来他在国内上高一时成绩不算好，学习兴趣也不高，到了英国经过一段时间适应、努力，数理化都能考到前几名，最重要的是学习兴趣大大提高，而且人变得活泼开朗、善于和人沟通了。浓厚的学习兴趣，积极的人生态度，将会让孩子的未来变得一片光明。中国的“熟能生巧”当然不是完全没有道理，根据国情，教育一国有一国的特点或长处，相互学习借鉴是上策。

2.可持续的学习盯着过程

女儿刚上学时常写错字、算错题，作业发下来情绪不高。我就让她写完作业自我检查，坚持下来效果明显，错误逐渐销声匿迹。而我们常见的是父母代劳，一旦查出问题便如临大敌。他们不明白，小孩子观察能力差、思维欠周密，写错字做错题并不奇怪。家长代劳检查，他无法经历观察能力逐步提高、思维逐步细密化的过程，这次的错揪出了，还有下次呀。所以我们发现，上了初一的孩子仍错别字连篇，得下大功夫帮其纠正。可笑的是，家长签字女儿都代劳了，我只偶尔问问出错率是不是下来了，抽查一下算完。上了初中，想从她作业中找一个错别字出来很难，真的。现在我写了东西让她看，往往能揪出错来。每次考试完毕，女儿自己分析试卷得失，然后我写评语客观地给予评价，这样的习惯一直坚持。

学习发现问题，改进学习寻求突破，这样孩子就会品尝到成功的喜悦。明白学习生活是一个可以通过不断努力和改进逐渐上升到新高度的过程，他们也就能够正确面对学习中存在的问题，不会盲目沾沾自喜，也不会轻易气馁。从心理学上讲，找出问题等于找到了努力的方向，焦虑情绪自然也降了下来。学习过程的通畅使孩子的心理保持健康状态，为他们下一步的学习生活展开了广阔的前景。

所以在学校里，作为教师的我特别重视优化教学环境。对内合理安排课堂程序，及时批改讲评作业，拓展阅读领域等；对外通过各种渠道采用各种方法与学生和家长保持良好的沟通。如果只做表面文章，例如仅仅备一下教材到了课堂上随意而为，或批改作业走过场等，一时或表面上也许难以察觉，天长日久实际的效果必有天壤之别。在这个优化了的学习过程中允许并欢迎出错，是我与许多教师不同点之一。无论作业还是发言，我始终视出错为常态，因为它暴露出学习中的问题，能引起教学双方的反思、研究的推进和深入；况且就语文课来讲，有些发言或作业，不能简单拿对错来判断，让学生了解事物的多面性、复杂性是必要的。他们独立思考的习惯、细密的思维由此得以培养。我批改作业一般不打叉，只打对号问号或半对符号；有些作业要求学生自己批改、订正、写反思。校长、教研员检查作业批改我都受过表扬，也许别人觉得没什么，我却感到无上荣光。

正是日复一日对过程完美的追求，学生明白了为什么写作业，从根本上杜绝了怕出错而抄袭或拘泥于中规中矩，最终换来作业质量的提高，创新思维的发展，并进一步促进学习兴趣大增，为稳步提高成绩、全面提升语文素质打下了坚实的基础。打开一本本作业，学生看到自己一个个进步的脚印。所以，让孩子喜欢上学习不是一两句话的事儿，教师、家长须坐下来研究并做细致的工作。在现行教育制度下，素质与分数，两全的方法也还是有的，我有很多发明创造都是注重过程的产物，本书中到处有体现。

我常对女儿，也常常对学生说，眼睛不要只盯着分数，不要只看到一时一地的得失；只要不断纠正偏向，改善学习方法，分数自然会有的。这里值得一提的是，学习不是一日之功，人和人之间有差异，给孩子充分的空间，家长、教师特别要有耐心。特别是我们的教师，如果你能在备课和课堂环节的设计，作业的布置及评改上下足功夫，而不是满堂灌或满堂问，单纯压作业，学生就不仅可以得到分数，而且能得到实实在在的好处。到那时，我可以负责任地说："你忙到了点子上。"

懂得了这一点你会明白，作为妈妈，你不懂数理化或外语、不会写文章，自己辅导不了孩子，不是什么大问题，至少不是最要紧的。不断学习提高综合素养，促进自己教育水平的提高，才是关键。

女儿上小学的一天，拿一道关于时间速度的应用题回家，说自己不会，让我教。一看，我也不会呀。第二天找一个学生动用了方程总算做出来了。虽然我上过师专中文系，但是数理化全都辅导不了，那以后她也知道了，凡是她不会做的算术题妈妈也不会，于是养成了自我钻研虚心求教的习惯。现在的情况是有能力的家长亲自教，没能力的请家教，我办公室里一位老师数学特别棒，她辅导孩子多难的题都不怕，真叫人服气。孩子上学前我曾想把数理化一点点拾起来，现在想想挺可笑。第一，即使你有能力也没有时间。第二，你根本不用事必躬亲，更不必忙着报辅导班或请家教。只要你把眼光从分数上挪开来，和孩子一起坐下来，心平气和地看一看孩子的学习环节，诸如预习、听讲和笔记，作业、反思及总结评价，改进措施与落实，突破点与目标，复习与计划，自学与扩展，理论与联系实际等，到底哪里出了问题，你就等于拿到了开锁的钥匙。

回望柳笛儿的学习生涯，我从来没有给她定过目标，提过要求。我们总是处在发现和一起商量解决一个个具体问题的过程当中，而注重过程的人生，才是实在的、有趣的、高品质和值得回味的。过程产生快乐，结果只让你感到一时高兴；过程制造美，让你自信、崇高，结果让你变得功利、世俗。

没有背包袱的旅人，轻轻松松走在路上。什么风景都见着了，想走多远走多远。

二、博士的忠告：习惯，习惯，还是习惯

1.学习，以提高家庭教育水平

有一种流行的说法："如果孩子出生第三天开始教育，就已经比别人

晚两天了。”于是，一宝宝出生五十二天，父母就跑去早教班报了名，忍痛花掉一万元。家长的想法很好，但是对于早教的迷信是不是愈演愈烈，叫人哭笑不得了？这种做法自然也引出一个疑问：家庭教育的任务就这么拱手交出去了，家长只需掏钱，真这么简单吗？教育专家表示忧虑：早教首要的是培养兴趣和习惯，让孩子体会爱，学会爱。

须知，各级各类学校教育的效果均有局限。家庭教育为第一位，家长是孩子第一任也是最好的老师。所以，提高个人素质和家庭教育水平为当务之急，虽然不可能人人成为梁启超或傅雷，但落下的功课总该补一补吧？而只要学习就会进步，对吧？

与迷信早教、家教或辅导班类似的是，舍得花钱择校的家长也不少。一些家长错以为把孩子交给学校就算完成任务。殊不知学校不是万能的，该家长做的一样也不能少，即使在学习资源和环境好的学校。国内的学校一般为大班制，班主任、教师的精力有限，上课多针对全体，照顾个体差异不太现实；而教育者的水平参差不齐，优秀的教师少而又少。况且我国正处于素质教育转型期，学校重视智力教育的倾向短时间难以扭转。而最了解孩子、最能贴心进行教育的还是家长，所以在学校里好学生大都是家庭教育跟得上的，越往上发展这点越明显。如前所说，有些孩子上小学不错，到中学就落后了，也常听说上名牌大学后不尽如人意的例子。

一位单亲妈妈要求苛刻，女儿经两次高考进入北大，孰料两年后辍学，后来精神分裂。究其原因非常复杂，其中一条，可能家庭教育没有与时俱进，而前期的教育又存在漏洞。很多家庭教育水平不高却急功近利，没有坚持可持续发展的原则是事实。

北大曾“会商”如何帮助学业困难者。乍一听奇怪：能上北大说明不是一般人，怎么还会学业困难？想一想：有的学生以上名牌为目的，一旦实现，“革命就到头”；有的则是因为好的习惯没养成，学业的根基不牢固，到一定高度必垮塌；更有一些学生意志品质、思想情感教育缺失，好逸恶劳……学业如何不困难？没听说大学生吃喝玩乐"挂红灯"的事吗？干坏事儿被抓或傍大款的也有。网上一次调查显示，60%的女大学生希望嫁给富二代，声称可以减少奋斗的辛苦。"会商"乃亡羊补牢，如果能从源头上抓起呢？向前追溯，谁来教育开导那些学业困难者？我们担负起教育的责任了吗？我常说自己：向来路看比较满意，向前路看任重道远。

所以，学校设有"家长课堂"。班主任、教师有一项重要的工作是帮助家长提高家庭教育水平。家长的教育素质、眼光、能力，往往也制约了学校教育的成果。开家长会的日子，有认真、体力好的教师从下午五点开始。到最后一位家长离去，已经是晚十点钟。我体力不济，最长一次到晚九点。说老实话，班主任都害怕开家长会，大家调侃说"得掉几斤肉"。作为任课教师，只要不是健康原因，家长会我都出席。事实上，家长会不单纯耗体力、耗时间这么简单，开得好事半功倍；若只是泛泛介绍情况，象征性提些要求，它能起到的实际作用就不好说了。所以每次说什么怎么说，给家长提哪些建议和要求，我都精心准备，追求一点实际的效果。在实际的工作中，我们发现家长对于培训工作大都持欢迎态度，也收到了一些效果，但是仍存在很大的提升空间，特别是家长的自我学习和进步。我个人的经历后面章节会谈到。

家长们首先要明白，孩子幼年时期积累知识、训练思维以及接受各级各类学校教育很重要，但行为方式及学习习惯的养成、思想情感的熏陶、意志品质的磨炼这些教育往往需要贴心，并且更重要。这一节重在说习惯。

2.良好习惯保证可持续发展

首先是睡眠。前面我说过，女儿从小养成了良好的睡眠习惯，初中之前每晚八点半入眠。当时我家住房只有三十平方米，电视离床铺很近，我们一般避免晚间看电视，只看播放时间早的动画片。像《一休》《希瑞公主》《铁臂阿童木》《葫芦兄弟》以及《樱桃小丸子》等，我俩一起饶有兴味地看，其内容成为娘俩永远的谈资。上初中女儿学业负担重了起来，但是一直到中考，写作业最晚至十点半钟。

上了高中住校，起初有的孩子学习至半夜一两点，为躲避检查还到厕所里学。学校恐此情此景泛滥，实行十一点熄灯制，于是被窝里点应急灯又盛行。女儿也随大流买了应急灯，但没用几次，因为她没有熬夜习惯，到点就困。我倒觉得这并非坏事。你想呀，十六七岁搁得住这么个熬法吗，又不是一天两天，用透支行为换取学业的成绩很不值。对此情形，据我所知许多家长并不担忧，这让人大为不解。女儿上的实验班齐聚了本省众多尖子生，整个高中阶段虽然她的学习成绩看上去很一般，但在保证身体健康的前提下，她一步一步学得比较扎实。和一些学生比她缺少了拼命三郎的精神，但也有效地防止了“吃伤”——对学习兴趣和积极性的挫伤。学习经验得以积累，各学科思维方法在潜移默化中演变推进，发现和解决问题的能力一天天提高。

食用某食物过多容易“吃伤”，日后我们有可能永远不再碰这东西，学习也是如此。幼儿时期学东西过“狠”稍大容易厌学，此为“小学不错，一上中学就不行了”原因之一。我们小时候得点零食，总舍不得一气儿吃完，藏着掖着细水长流，比比谁剩得多让吃得快的眼馋。出门旅游，好的景点有人选择保留一部分不去，这样就能在期待中憧憬，让生命不断获得新的喜悦、抵达新的高度；有人却想一口吃个大胖子，往往落个走马观花蜻蜓点水一无所获的结果。我有一个学生，小学就过了钢琴十级，学习基础也还可以，到了初中上课一点也不听讲，思想教育对他不起丝毫作用，整个三年基本上荒废了。更让人忧虑的是整个人的精神状态萎靡，很有些异样。初高中学习过猛上大学发生厌学状况，与之同理。

女儿从小到大，就这么按部就班一路读下来，一步一个脚印，杜绝了急功近利的色彩，留下了一些进步的空间，保持了一种后劲。我相信继续这么走下去不怕没有好的发展。用知识武装自己，使自己一天天变得强大,有为社会做贡献的力又有为人民服务的心,这些都需要一个慢慢累积慢慢悟的过程。其中,良好的思维习惯、学习和行为习惯,乃至整个世界观的形成,必然要摆在最重要的位置。厌学表面上看是单纯学习问题,其实不然。

有人说生活在赢不在快,齐白石五十五岁还是个无名小卒呢。常识告诉我们,文章、图画或歌唱等,缺少了适当的"留白",都不可能有艺术的产生。生活应该像坐在窗下从容不迫地弹奏钢琴,跳跃精灵般的乐音;像一池泉水,闪耀碧玉般新鲜晶莹的波纹。

妈妈们懂得这一点就会有一颗平常心,就不会只见成绩不见人,只见树木不见森林,只见眼前不见未来。很多人不明白这个道理,逼一下、拼一下见了点效果,就将此发扬光大;或者以为自己孩子天生不如人家,临渊羡鱼却并不退而结网,不全面衡量深刻反思。如果肯学习、有耐心,我相信妈妈们会不拘一格为社会培养出人才。

第二,时间观念。女儿从小就有。每天我需叫她早起,有时晚了一点她就不太高兴,上学迟到对她来说简直"大逆不道"。我们邻居孩子是个慢性子,每天早上都能听见那家妈妈催促"快一点",我则喊"慢一点"。女儿上小学时,我六点多下班回来,她作业写完了,琴也弹完了,正在院子里热火朝天地玩呢。从小到大,学习、弹琴从来不用催促,她自己比谁都抓得紧;干事不只图快,而是真正的高效率。因为学习、做事讲效率的好习惯她很早就养成了,所以作业干净整洁,成绩好,琴也比一般孩子弹得好。边学习边玩或靠点才完成,永远不会发生在她身上。从小到大无论平时或放假,她都按部就班,从不突击写作业。平时老老实实地学,考试自然不用抱佛脚,而且知识学得扎实成绩也稳定。

其实这不单纯是时间观念问题,当你的学业加重、工作千头万绪之时,时间观念强表现出的是一种生活的智慧,表明你具有统筹安排处理事务的能力。比如回到家先写哪些作业,后写哪些?如果累了可以先写简单的,吃过晚饭细细啃有难度的;如果不太累可以趁热打铁先写有难度的，实在不会做的先放一放，待所有作业完成后可能就想出来了。还可以采用文理搭配或集中攻克等方法，如此种种灵活机动。至于当天学到何时、何种程度算是可以了，心中一定得有数，因为还有第二天。学习或工作不靠一日之功，务必细水长流。警惕大水冲了龙王庙。以旱涝不均换来好成绩的突击行为应视为愚蠢，它会为日后的学习和长远的发展埋下无穷的隐患，这就更涉及一个人和他的学业能否可持续发展的大问题了。

懂得这些，就给自己的生活留下了无限的空间，就会在日复一日的努力当中看到进步，取得成绩，形成一个良性的循环。好的习惯也在天长日久的坚持中稳固下来。我上网和女儿聊天，问她："干啥来？"她说："看书来。"医院工作再忙，她还是每天抽空读书。督促她早点睡觉，答曰："十点半。"看看，还是初中时那个点儿，没变。

所以，有时候孩子的成绩暂时不够突出或不及他人，妈妈们要具体情况具体分析，只要孩子按部就班学了，且善于发现问题并及时解决，就不必杞人忧天。各个孩子情况不同，不存在可比性。如果硬要比，就比学习态度、学习习惯和学习能力，从长远看这些是事情的关键。柳笛儿由"三流"医学院考入复旦，就是一个很好的例子。

有头脑、耐心、顺其自然，对一个妈妈来说太重要了。

第三，书写习惯。有一件小事也许值得一提。女儿喜欢五彩缤纷的橡皮，我给她买过一些，她用得却不多。我曾告诫她："争取一次写对，尽量不要擦。"后来兴起用修正液，女儿也想买，我没同意。我家从未买过修正液。写错怕什么，划掉就是了，王羲之的《兰亭序》还有写错划过的痕迹呢。考试的时候女儿写得又快又整洁，她漂亮的卷面让老师们啧啧称赞。可能有人觉得这是小事，无关紧要，但是随着学业的加深、书写量的增加，它直接关系到孩子的学习效率，孩子的进步、成绩乃至孩子未来的发展。在学校里我们发现，一些学生因为没有良好的书写习惯，一旦各级各类作业、考试题量加大，他们手上的写往往跟不上脑子的想，一定程度上影响了学习效率和成绩的提高。

生活中没有大事,同样也没有小事。比如说,读书写字保持良好的姿势算是小事还是大事?近视算是小事还是大事?"一尺一寸一拳头"到底有多少孩子做到了,多少家长重视了?到了初中、高中乃至大学,还剩几个不近视的?在学校里上课我得不停地敦促"把头抬起来",因为学生写着写着就把脸贴到本子上了。放眼全班,握笔姿势正确的寥寥无几。不良坐姿到了初中已经很难纠正了,课业负担又重,不近视才怪呢。另外颈椎呢,脊柱呢,它们的发育不会受到影响吗?十几岁孩子得颈椎病不是没听说过,我患肩周炎去医院推拿,亲眼见到做颈椎牵引治疗的年轻患者。在初中的班级里,找几个不近视的大概还能找得到,一旦到了高中,就像找珍稀动物一样难了。女儿刚开始学习写字我便高度重视,让她读书写字保持正确姿势。柳笛儿上高中时班里只有两人不近视,她是其中之一。

现在每每看到获这奖那奖的眼镜孩儿双眼无神,满脸倦容,总感觉心痛,用健康的视力或体魄换来的奖项格外沉甸甸;戴眼镜踢足球的画面颇感不和谐,还为其安全担心;至于学习没搞好视力却下降的,我就更同情了。可是据我观察,青少年过度用眼,不讲究用眼卫生的现象,至今未引起大家高度重视,而从前人们是将近视当残疾看待的。过去找个近视的就像现在找个不近视的一样难,那时候,男孩找对象一般避开戴眼镜的。有一位作家说过:"不要跟戴眼镜的女孩谈情说爱。"可不,玻璃片挡着怎么眉目传情呀?现在有人发明了隐形眼镜,我办公室放眼看去,年轻女教师个个如花似玉堪比红楼十二钗,殊不知个个戴着隐形呢。她们自己不觉,有人替她们可惜着呢。

我上小学的时候,校方对预防近视相当重视。什么"一尺一寸一拳头"呀,不在强光或暗光下、不在晃动的车厢里读书写字呀,做眼保健操穴位按压是否准确呀,教育监督可到位了。回到家,母亲严禁躺着看书,我就坐个小板凳在床前读小说,视力可好了。五十五岁前未戴过任何眼镜。直至近几年，年纪大且看书打字多起来，我才稍有近视。如果没有好的基础，到了我这样的年纪别说写作，读书看报恐怕也困难了。我一定把保护视力坚持到底。女儿上了大学视力稍有下降，但不用戴眼镜。现在我还经常提醒她："用眼有度，将书的一头抬高以保护颈椎。"

一个孩子，不管他将来做什么工作，好的视力、健康的身体都是必需的。从这个意义上讲，我们确实不能让孩子输在起跑线上。

良好习惯当然不止这些。媒体多次报道称小学生书包过重，呼吁减轻负担。在我看来，如果按照课程表携带书本，基本可以避免过重现象。柳笛儿上学起就养成了这样的习惯：每天写完作业看着课表装好第二天所用物品，不少也不多，然后下楼玩儿。如果课程有变一般会提前通知，临时改变的情况毕竟少见，那时到其他班借借书，完全可以应付一下。我们学校一般这样处理。现在的情况是，该拿的不该拿的统统塞进书包，能不超重吗？哪怕这么简单的事，一旦开始没有养成习惯，日后纠正也会很难，以至向初中蔓延。所以解决小学生书包过重的问题，应该从学校、教师和个人同时抓起。

还有像讲卫生，不挑食、不吃零食、不吃地摊，课堂积极举手发言，制订学习计划，肯动脑、爱创造、善于反思，有礼貌、守纪律，助人为乐……

当然，这些都必须遵守自然的法则——从小、从小事情点滴抓起，通过因人而异的方法达成目标。一个人生病之后再去请医生百般医疗，当然不及防患于未然。在初感不适之时调整、纠正饮食起居，以调动自身免疫机制恢复身体机能，更为顺应自然。

观念改变了，孩子良好的习惯养成了，不仅他终生受益，作为妈妈你也解放了。你不用成天跑学校，不用天天盯着或偷窥他写作业，不用为他的学习成绩忽高忽低而担心，不用花钱托关系，你的人生也将随之而改变。从这个意义上讲，孩子的教育没有那么复杂，很单纯的一件事情。

3.于娟博士给我们的忠告

复旦大学优秀青年教师于娟是一位晚期乳腺癌患者，当生命徘徊于生死之间，她变得格外清醒。《我为什么得癌症》的反思，给健康人以深刻的警示。她认为熬夜、暴饮暴食、突击作业等不良习惯，肯定于健康不利。习惯，她也提到了习惯，不良的习惯竟然攸关生死。由此看来，教育关乎孩子的一生，又不是一件简单的事。痛惜之余，我们也由衷感谢她把人生的教训留给我们。

可是考试之前，仍有学生通宵上自习，这样用青春和健康来换成绩、赌明天的行为怎能不叫人心疼？和吊儿郎当一样让人忧虑。通宵学习精神固然可嘉，但关乎健康不宜提倡。竞争自然少不了，关键竞争些什么。

一系列"过劳死"事件，也一次次给我们敲响了警钟。如果那些逝者刚工作不久，很难断定系一时的工作强度或压力所致。我怀疑隐患在学生时代已经埋下，如不规律作息、营养不良、缺乏锻炼、随意使用药物或严重透支等。任务再紧迫再繁忙，也最好不要长时间、大强度地连续工作学习，熬夜的习惯必须得到纠正。如果确系工作强度超常，要勇于说"不"，这跟挑肥拣瘦怕苦怕累、不思进取，不是一回事。就算你理想远大非常人可比，也得一步一步来，乔布斯改变世界的理想不也经过了四十年的奋斗吗？而一个单位或部门，要想长治久安不能靠加班加点，高质量的培训加科学化的管理是根本，这被称为"科学思维"，想一想，于健康于事业它都头等重要。

"中国首届网络文学大奖赛"将"特别奖"颁给了于娟博士的《癌症日记》，我觉得实至名归，大奖赛评委们独具慧眼。颁奖词说：这是"超越疾病的生命书写……让我们每一个人从中看见自己的影子……她以真诚、热情和泰然写下超越焦虑、返璞归真的文字，只是为着不再让他人重新痛苦……"

4.亡羊补牢有妙法

"俺孩子毛病太多啦，虱子多了不痒痒……"家长们意识到孩子的教育存在漏洞，但着手纠正他们犯了难。我们当教师的其实也犯愁，不过天无绝人之路。

不能按时完成作业、忘记带这带那，迷恋网络、游戏、电视，这是缺乏时间观念、没有计划性。书写姿势不正确、书写不规范，写文章不分段、每段开头不空格、不能正确地使用标点、字迹潦草、错别字和病句多，做数学题随意省略步骤等，属于缺乏良好学习习惯。做事情慢慢腾腾，不敢举手发言、回答问题哼哼唧唧磕磕巴巴，常犯纪律，无理翻缠、爱撒个小谎，说脏话骂人、抬手打人，属于其他良好习惯缺失。以上种种，虽然都是些小毛病，也不是一个人都能占全，但是若不及时纠正，就算沾上一两条，也影响他日常生活学习或者给别人带来困扰。同时我们也发现，一个缺少良好习惯的人往往一身毛病。到了学校里具体到一个班形势就更加严峻，怎么办？

天无绝人之路，办法是人想出来的。十个手指一起按下去是乱弹琴，绝对不成调子。只能循序渐进，各个击破。家庭学校皆实用。

我当班主任，每周或某段时间内视具体情况设一个整改项目。比方说本周大家做好一件事情方可："写完作业整理书包，将第二天所需物品带齐。"若效果不错，下次上一条新的内容，但是强调上周成绩需继续巩固。具体到个人，我会针对主要问题将评语写在其作业本上，如"请注意每段前面空两个格"或"请不要将句号点成点"。这样纠正起来就不难。

一个人积以成习的东西，想想，一下子改掉不那么容易。例如酒驾、醉驾屡禁不止，一旦查住被查者找理由开脱或百般抵赖。还有行人闯红灯，说话带口头语、争抢上车互不相让、公共场合大声打手机旁若无人等。成人尚且如此，孩子更不用说了。遇上不良习惯一多，倘若眉毛胡子一把抓，不叫人破罐子破摔才怪，何谈效果。

像某次作文只要"写真事儿，说真心话"，大致做到了就可以得七十五分，稍稍生动点八十分就到手了。这还不容易，学生个个摩拳擦掌。教师要求太低了吧？其实对于有编瞎话说套话习惯的人来说，那可不是转一个小弯儿呢，它恰恰是一个高要求。等到下次提升一步，在真实的基础上辅以某种描写，例如外貌，一步一步来。如果一次提出许多要求，学生顾东不顾西，到头来没有一样干得好，好多无用功就是这么来的。

一段时间内某人或某班集中改正一个缺点，甲乙双方都轻松，矛盾冲突相对少些，和谐稳定多些。从心理学角度来看大概是孩子没觉得自己毛病太多太滥，教师的要求合理而具体，易理解好操作很快看到进步。所以，教师采用各个击破的方法纠正不仅彻底，同时速度并不慢，搞得好有些毛病学生初一阶段便纠正得差不多了，可谓一步一个脚印。

当然其中也辅以别的手段。比方制定相应规章制度、表扬和批评，或者还有少许惩罚在里面，例如迟到屡教不改者擦三天黑板，不许别人帮忙等。说到惩罚不能简单说行或不行、好或不好，度数、方法拿捏恰到好处不容易，像动辄停课，有时一停几节几天，或动辄请家长、当众念检查等，有点过了。特别值得一说的是，当众念检查的方法在学校较风行，易伤孩子自尊心，一般不可用。

若想孩子健康成长，必须考虑其接受及承受能力；若想取得好的效果，那就循序渐进，把眼光放长远些吧。因没有及时起床孩子被妈妈活活掐死，本来难以置信，但是在当前教育环境下，又不太令人惊讶。对于久旱的庄稼来说，润物细无声的小雨多下两天，比一阵子瓢泼大雨更受用。老话说得好：不怕慢就怕站，欲速则不达。

生活处处是教育的课堂，完全不必刻意去怎样怎样。将孩子抚养成人既不是什么了不起的任务，也不是一天两天的事情，在尽情感受生活的时候，顺便就把孩子带大了。

三、制订学习计划，独家秘籍

1.提倡科学思维

据我观察，教育问题上“头疼医头脚疼医脚”的现象普遍存在，这就使教育的效果背离初衷太遥远了。想来想去，改进的办法倒是有一个，那就是先要改变教育者的思维方式，而生活中的事例常常给人一些启发。

我去医院推拿医治肩周炎有几个医生经过手，只有一位顺口说过“你脖子有问题”，我没往心里去。针对肩周炎的治疗短期有一些效果，但是根本问题没有解决，多年来深受其苦。后来偶然读到一篇文章说台湾专家发现：脖子问题能导致一种颈源性头痛，从而累及肩、颈、上臂、前额、眼窝，并可能伴随恶心、吞咽困难、头晕、怕光等症状。颈部问题还会影响身体的平衡感，引发肩膀、上臂与肩胛骨等区域的酸痛，殃及整个后背甚至造成腰痛。想想自己的遭遇，遂恍然大悟。

有位朋友患偏头痛，吃了药效用不大，医生说不出所以然。偶尔聊起来，我发现她吃素多，蛋白质摄入不足，一个营养不良的人头疼应该不奇怪，建议她将加强营养放在首位。而这一点医生却不曾问及。不久报上刊登一条消息：美国媒体最新载文说“30％的头痛和饮食有关”，其中第一条说“热量摄入不足会导致饥饿性头痛”。不错，寻找病源以求根治有时的确很困难。一叶障目、舍本逐末或顾此失彼的僵化思维，很容易牵着我们鼻子走。

教育的问题虽然也存在，而且更复杂，但解决起来不见得更困难，关键在于你为孩子打算得是不是长远。触龙让赵太后为长安君“计深远”的故事让人印象深刻，而在现实生活中，由于风险不那么明显，我们的危机感就降低了，教育的理性、智慧之地位随之也降低了。

所以应该提倡科学思维。它不仅讲求推论的合理性，更讲求实际、注重最终而不是一时的效果，说到底，是一种最不僵化也最个性化的思维。前面的章节中已经暗含了此意，现将其明确起来。有人心如明镜却被生活牵着鼻子走了，而有些人则依然蒙在鼓里。

2.“心中有数”靠督促

遇到无节制看电视玩电脑的孩子，家长甚为头痛。他们一般不能保质保量完成作业，成绩也不理想。于是，盲目禁止的法子大行其道，却并不能从根本上解决问题。表面看无非是不爱学习，或因逼得太紧导致逆反，加上自制力较差。我们说他们做事情“心里没数”，或者说他们散漫缺乏时间观念。挖挖根源，是他们没有养成“有计划性”这样的习惯，纠正是一个大难题。怎样造就“心中有数”的孩子？

比方说，要求孩子写完作业再玩（一般情况下），玩的时间规定好，睡眠的时间规定好；类似事情不必和孩子商量，丁是丁，卯是卯。开始实施可能会遇到阻力，但是一定得坚持下去，原则不能轻易改变。孩子说“我玩一会儿再写，就一会儿”，因为拗不过央求，妈妈就心软了；看孩子玩得痛快刹不住闸，思想就松懈了，“晚点就晚点吧，反正明天是休息日”。结果往往是小孩把大人“治”住了，于是误以为自家孩子难管，人家孩子听话。其实习惯好的孩子最初也是需要敦促的。

培养孩子良好的睡眠习惯，我下过相当大的功夫，简直到了连哄带吓唬的地步。育儿书上有各年龄阶段睡眠时间规定，越小的孩子睡眠时间越长。初中之前入眠时间不应超过晚八点半钟。我明白事关重大，即使遇到困难也不放弃。吓唬不足取，最终还得靠执着和智慧。在学校里，我不相信堂堂一人民教师管不好学生；在家里，我也不相信一个大人会让孩子牵着鼻子走，当然不是以威严取胜。前面说过，我陪她躺下来，唱催眠曲，有时糊弄她：“和你爸爸比赛，看谁先睡着……闭上美丽的大眼睛。”过一会儿说：“你爸爸还睁着眼呢，他输了。”当然，女儿每次都会赢。她也和我斗智，刚上床就叫唤“我饿了，吃炸鸡蛋”，以此拖延时间。但是最终胜利属于我——她养成了良好的睡眠习惯。

早睡早起这个原则务必坚持。如果没有一些硬性的规定，一切就会乱套。玩完就不早了，吃饱也累了，这时写作业不仅精力跟不上，作业质量没法保证，而且入眠时间自然而然向后推迟，第二天早晨当然叫不起来了。遇到经常迟到的学生，教师不下狠劲他就改不过来。我一方面教育，一方面惩罚：“擦三天黑板，谁也不许帮忙。”他不愿意干活，课间也不能玩了，戳到痛处“治”过来了。作文课上，为了防止磨蹭半天写不出几个字有时就限时作文，大考前也训练定时定量完成题目；周末或节假日布置多项作业，往往细致到每天做哪些、每项使用多长时间。就是帮助孩子做到“心中有数”，学会计划行事。

对于看电视玩电脑无节制的孩子，很简单：讲明道理，给予时间限制并严格管理，只要坚持就会收到好的效果。说到底，对于某事物上瘾，大人孩子都不可避免，不超过一定限度就好。例如迷恋踢足球、游泳等并非坏事儿，若非迷恋很难干得好。打乒乓球、游泳，刻剪纸、织毛活、踢毽子、拾子儿等，我都曾迷恋过。学生把球搁课桌底下，铃一响抱上球不管不顾向外冲，给他们让道儿我也乐意。学生做周杰伦或郭德钢的粉丝也挺好。现在有一种除了学习其他都不算正经事儿的观念，打着学习或考学的旗号画地为牢，严禁红杏出墙。而拼命三郎可能患有心理疾病，专家制定的“卑尔根工作上瘾标尺”可以评判。打开生活之门多一些情趣爱好，往往能让孩子学业常青，身心一直保持健康，也才能从根本上纠正一些他们的不良嗜好。当然，教师的引导也有意义，比如我说过“好多东西不可以泡，像泡网吧、泡……有一样泡泡无妨”，学生竖起耳朵，“那就是图书馆”。我去山东省图书馆经常遇见我的学生，有的借书有的上自习。

所以说，一般情况下应该坚持原则，孩子毕竟是孩子，你得动用自己的智慧，该下狠心时不要手软。要将眼光放长远，好的习惯一旦养成，孩子上了正道你就省心了解放了。家长失败的原因还有怕麻烦，提醒几次不管用就败下阵来；或者没有把道理说明白，只一味絮叨导致其厌烦逆反，好的规矩自行退出。但是根据我的经验，先入为主，开始就立下规矩并适时敦促，一般不用费太大劲，习惯便成自然。

3.制订学习计划的必要性

我一直认为，养成制订学习计划的习惯很重要，实为促进学业之根本。所以给女儿提出此要求，也经常给学生布置这样的作业。有人接受起来比较顺畅，有人的确需要严格敦促。在学校里，这方面我抓得格外紧，总觉抓到了根本。

女儿上小学功课门数少，课业负担不重，没怎么要求过她。上了初中功课门数陡增，课业负担重了起来，如果还跟小学一样很容易胸中无全局，东一榔头西一棒子，或者丢了西瓜捡芝麻。我记得，最早是让她制定了一个数学补习计划。初中代数中绝对值那一部分她考得不太好，有些焦虑，我告诉她集中补习一下必可过关，她说作业多没空。我就让她订一个计划，抽时间一周自习补习一两次，要形成书面计划并贴到墙上。她试着做，果然这一部分掌握得非常好了。尝到甜头女儿就经常制订计划了，平常定考前定，常规化自觉化了。周末或假期头件事就是坐在桌前写好计划贴到墙上，每完成一项用笔打个钩，全部完成后撕下来。这样该玩的都玩了，而作业、预习或加码的任务一样也没落下，称得上充实而愉快。而在学校里，每到周一或假期结束完不成作业的孩子总有那么一批，作业多的情况可能存在，但不能合理安排、计划行事仍为主要原因。好多年之后女儿书桌对面的墙上还留有贴计划的痕迹呢，那也是她成长的印记。这个习惯她一直保持了下来，从初中到高中再到大学和读研。某次考前我和她 QQ 聊天："干啥来？"回答："订计划。"

说到底，制订学习计划是"逼"出来的，不是"教"出来的。问题摆在面前要求解决，就必须想办法，此时学会解决问题，比学习特定的知识更重要。像上面提到的数学补习，有的家长可能亲自教或请家教，这就完全两样了。如果家长文化水平低或家庭经济条件差，那就更不好办了。

制订计划的作用主要是把握全局，从容面对繁重艰深驳杂的学业，提高学习效率；让多门功课齐头并进，并对疑难或薄弱环节各个击破。善于制订计划的人，遇事往往胸有成竹，做起来有板有眼，一步一个脚印；在规定时间内能把任务完成好，容易看到成绩；省时省力，学习生活两不误。不然，孩子的学习生活很可能成为一种"杯具"。他可能成为拼命三郎学到半夜两三点，或者突击作业、考试抱佛脚；他的成绩很可能忽高忽低或有偏科现象，却身心俱疲。而一种好的习惯如果起初家长不注意培养，没有人给他讲道理和督促他，他就很难再养成。有一个初三学生找我辅导，因为他以前没有订计划的习惯，所以无论我怎样强调，都不能引起他的重视，不仅学习成绩不够稳定，而且大考前的焦虑和学习的压力也总让他无法释然。我很想帮他，却不可说得过分，也不能时时敦促，所以颇感无奈。

4.计划的指导与落实

在学校里，作为班主任或任课教师，我都要求学生制订学习计划。初一起就提出一些硬性的要求，并适时强调和树立好的榜样。所有计划均要求学生落实到纸上，有的须贴到墙上，家长联系簿经常可见家长写的“计划已上墙”字样。检查发现笼统的或不合实际的退回学生重新写。计划多种多样，有针对薄弱学科、环节制订的补习计划，有复习计划，有考试过后的总结提高计划，有假期学习计划等，我要求具体、符合实际容易落实，应具有一定弹性，留有迂回的余地，如设“机动”一栏。而其落实程度不必达到百分之百，实施过程中仍可修改。“计划不如变化”，我们需要计划行事，同时要学会随机应变。考试复习计划须制定分数目标，标准要稍高一点，抬抬脚就能够着，实际水平为七十分，可定八十分或八十五分，过低或过高都不好。为达此分数，你必须制定相应的具体措施。

有一个学生爱搞些与学习无关的事，学习不扎实，中考却非要报考一所市属重点高中，作为班主任我不看好他。结果分数出来，他过线考上了。我挺奇怪，问他的好友怎么回事，好友说“他订计划”。平时他做得怎么样我没太在意，关键时刻计划起作用了。这是百分之百真实的例子，说计划能创造奇迹应该不算过分。

开始的时候，教师、大人可以教给孩子方法，不久后孩子就能掌握了。每次大考一进入复习阶段，我就把复习内容、进度列给学生。学生统揽全局，就如吃了定心丸，然后据此制订自己的计划，使复习进入正确轨道。我常提醒学生注意学习或复习计划要和老师的进度、计划基本一致，不要完全冲突。学校生活中教师的作用还是非常重要的，学生还是应以课堂学习为主。一般说来，自学应建立在学校学习基础之上，上课自行其是不是好现象。制订计划的习惯一旦养成，将来孩子工作了，也容易在千头万绪中分清主次，掌握轻重缓急，从容不迫地完成任务。

家长和教师的任务，就是时时提醒并鼓励他们，这个“独家秘籍”需要终生保藏。而且，到了一定时候，计划的思想就可能水到渠成变成规划的思想，于事业的开拓、研究的纵深，都会起到高瞻远瞩和“千里之行始于足下”的效果。

我们常拿“人在江湖，身不由己”来调侃、安慰或原谅自己。其实，科学思维的武器在手，好多看似人力所不能及的或千头万绪的事情，一样可以游刃有余；进而步乔布斯后尘实现远大的人生理想，成为“神一样的人”，这个时候应该“勿以善小而不为”。

四、住校，还是圈在家里

1.高中住校最当时

生活中遇到两种截然不同的做法。一种是小学就送去住校，在城市里这样的学校叫“贵族学校”。另一种情况是初、高中住校，在城市里高中住校比较多见。有的学校是全寄宿制，有的是部分寄宿制，个人有选择的余地，女儿上的山东省实验中学属于后者。根据我的观察和经验，如果不是确实分不开身，小学和初中最好不要住校。因为孩子良好习惯的养成，思想情感等的教育需要贴心，需要随时随地进行，这个时期双方的交流、沟通会为日后奠定良好的基础。错过就可能产生麻烦，这同将孩子丢给老人抚养相类似。但如果是迫不得已，就只能通过注意与校方的沟通来弥补欠缺了。

高中不一样，我赞成凡是有条件的家长都让孩子住校。他们已经十六七岁，生活及学习习惯已经基本成形，世界观也初步成形，从体力能力情志等方面看都可以锻炼自立了。而这个时期正是踏向社会的准备期，高中是大学预科班，相当于军队预备役。有了高中住校的过渡上大学会水到渠成。孩子与家长的交流顺畅，其世界观稳固、生活自理能力具备，对孩子、家庭乃至社会都是件好事，缺失此过渡会带来麻烦。媒体报道过一云南籍学生在杭州读大学，其母每周包好馄饨乘飞机送去，将换洗的衣物带回。上大学生活还不能自理，这让人不免为他的学习担忧。

据我观察，更多情况是孩子进入寄宿制高中，家长却在周边租房子照顾孩子起居，住校流于形式，学校也默认了。若非特殊原因大可不必。一个人早晚要离开父母，“孩子不离家就永远长不大”。古人遵从“父母在不远游”，现代人为了孩子的成长和未来，当改为“父母在可远游”。柳笛儿就是一个例子，住校三年对她是个很好的锻炼。无论何时，我都认为那是一个正确的选择。当然其中遇到了很多难题，家长不一定比孩子在身边更轻松。

“妈妈，你快来吧。”这是女儿上高中后打来的第一个电话。说是军训完洗澡排队，打开水排队，一天都没怎么喝到水……澡可以不洗，大热天不喝水行吗？我急得团团转，打算送矿泉水过去。第二天又来电话说学校安排好了，喝水问题解决了。其实她刚离家我便坐立不安，担心这担心那，又好像不知道该担心什么。后来想想，这一关早晚要过的。现在想来，早过胜过晚过。无论孩子习惯自理自立，还是家长习惯遥控、放飞，都得有一个漫长的过程，一个学习和实践的过程，一个心理和生理转换的过程。这当中，由于没有了父母这个依靠，孩子就得时时处处严格要求自己，凡事就得自己想办法处理，而依靠老师或同学毕竟有差别，坚强的内心、顽强的性格有助于自力更生能力及早形成。同时家长也得与时俱进及早改变教育方法，提高教育水平，等到孩子大学或工作之后有些问题解决起来可能更难一些，自己年龄大了，体力精力跟不上了；孩子二十多年对家长的依赖积已成习。而且他们离家后，从某种意义上说双方都解放了：孩子有更多自主空间，家长有更多时间考虑教育问题，将更多精力关注于自己的事业。

中国家长对孩子教育倾注的力气有目共睹，但是劲儿有没有用到点子上需要思考，像租房照顾住校高中生。或许你有钱有精力，或许你想让孩子专心学习考个好大学，但我总觉像画蛇添足，没有真正为孩子的长远打算，不算明智之举。

每年各省的高考状元很多来自农村，那些孩子初中住校很普遍。住校生已经学会了安排生活和学习，适应环境能力强。女儿最初遇到的困难真的不在学习本身，主要来自生活方面，一打电话就诉苦。住校第一个月我去过好几次，有的事情需要帮助，有的自己能解决却推到父母身上。我一方面给她一个适应时间，一方面告诫她要摆脱依赖，学习自己解决问题。果然，自理能力没用很长时间就训练出来了。

还有人际关系方面遇到的困惑和麻烦。独生子女，学习又顶尖的城市孩子，尤其是女孩子，凑到一起关系很微妙，相处不容易。比方说，用功的室友下晚自习点应急灯学习，女儿睡眠受到干扰，不乐意又不好说。太任性的看不下去，嫉妒心强、净找别人茬或搅弄是非的难以容忍。学习固然有压力，但这些事情才真正是一种挑战一种磨炼。可是翻开女儿高中的日记（我以前从未看过，因为写这本书才大略翻了一下），单纯的记事抒情倒不多，大概由于一方面对诸多烦恼没有时间细想，一方面想将这些不良情绪踩在脚下。经验教训和学习计划所记较多，总结分析很及时，条条框框很细致，而喜怒哀乐就掺杂其中，平凡琐事、人际关系的反省时露时隐，对于未来的畅想也见诸笔端。这些都说明生活能力、思想的磨炼等和学习能力相辅相成。

2.临行给女儿的要求

女儿住校之初，从思想、生活和学习三个方面我给她提出了要求，亲笔写在她日记本的扉页上，算是最早的遥控吧。

思想：

1.凡事靠自己。学会为别人着想。

2.凡事让着别人。

3.有意见当面讲，不背后议论。

4.懂得互助，对同学春天般的温暖。

5.尊老爱幼，讲礼貌。

6.生活上低要求，学习、思想高要求。

生活：

1.安全第一。

2.讲究卫生（包括用眼卫生）。

3.保证营养。

4.保证睡眠。

5.保证大便通畅。

6.保证天天锻炼。

7.有病按时吃药。

8.勤理内务（东西保证手到擒来）。

9.有节约意识。

10.统筹安排：省时、省钱、省力。

学习：

1.沉住气，有计划。

2.抓好预习、听讲等各环节。

3.勤思勤问。

4.不断总结经验教训。

后来了解到人际关系方面的一些事情，口头追加一条："多看别人优点。"为保持良好的学习和生活状态，又加了一条："遵循不断调整的原则。"

总而言之,三年高中在“做人”上经历的烦恼与成长,完全不比在“高压”下顽强学习寻求突破来得轻松。它们如乱麻纠结不分你我,让一个独立起步的孩子艰难地迈出脚来。这时,每一位家长尤其是当妈妈的,心灵都要经受严峻的考验,内心都会产生无数的纠结,但是我们必须迈出这一步。十六七岁已经不算小了,刘胡兰十五岁为革命牺牲,董存瑞十九岁炸敌人碉堡……在西方,十八岁已经完全自立。事实也证明我的决定是正确的。只要翻翻女儿的日记,看看由她自己所主宰的三年高中生活,就什么都明白了。

当有些孩子饭来张口衣来伸手时,有些却能安排好自己的生活了;当有些孩子尚未正面接触和学习处理人际关系的种种烦恼时,有的却在经历许多痛苦之后开始释然,并展开笑脸迎接未来了。

五、日记,写还是不写

1.日记助女儿成长,妈妈的好帮手

女儿上初中,我作为语文教师要求她写周记。可以视为日记,每周最少一篇,意在训练她观察生活能力,增加其写作数量。我对于日记内容、形式没有硬性的要求。但是这种记录生活的习惯最终是养成了。她初中日记多写人叙事,那时学习压力相对较轻,日记又是写给老师看的,所以内容都比较轻松,天南海北、道听途说、幽默风趣占主导地位。上了高中要求她写日记,目的是让她独立生活时经常反思,加强自我约束和管理,再就是调节心情。

高中三年她写了一本半,不很多,其中个人反思和学习计划居多。有几次写道:“没有听妈妈的话,日记坚持得不好。”但磕磕绊绊、字迹不很工整地,总算坚持了下来。直到现在我还是觉得,在生活的一些非常时期写写日记是应该的。她离家三年的高中生活,没有日记的陪伴很难

想象会是什么样。日记，让一个人在痛苦挣扎中反思，在逆境中找到光明和出路，在进步中获得快乐与幸福；让一个人走向冷静与理性，学会辩证地看待个人和周围事物，欣然地接受生活给予我们的一切。父母如果想撒手让孩子自由飞翔，我觉得可以从住校入手，从训练他们写日记入手。因为孩子早晚要离家，遥控又毕竟有限，让他们自立是最终目的，而日记则是家长们最好的帮手。

我经女儿同意，将其高中的日记摘录一些，尽可能保留原始状态，人名有改动，内容有删节。

2.女儿高中日记摘抄

2001.8.24 星期五 阴有雨

10点半紧急集合。因为脚扭了，一切都不方便。一瘸一拐，边跑边扎腰带，最后一个入队，大家都看着我笑。回到宿舍才知道，那时教官刚报完“应到47人，实到47人”。

（作者注：军训前外出游玩左脚面严重扭伤。）

2001.8.25 星期六 晴

我和董雪躲过打饭高峰，吃着舒服，吃得饱。总结：以后菜买两种，各半份，米饭最好也半份。脚伤好转，不太疼了，与揉脚有关。宿舍有同学不舒服，希望大家尽快好起来……我要讲卫生，争取不生病。

2001.9.4 星期二 晴—阴—小阵雨

……独自生活关键是要明辨是非，凡事有主意，该做什么，不该做什么。学习方面要心静，对我来说有点困难，心里空空的……再学会儿数学。

2002.2.27 星期三

今天读了《变形记》。人或许只有在孤独时才能静下心来，反省反省。在这喧嚣的环境里,我渴望 alone,不能失去自我。但很难。本周要考试,新概念英语单词要背……一想起来气就不太顺。但最终我决定蔑视它,沉醉于 interesting 去,轻松又快乐……希望天天能这样。

2002.3.4 星期一

今晚做三角函数,36 个公式颇为不熟,咬着牙也要记熟。不要看得那么高不可攀。

有时觉得很孤独,尤其是在这风雨凄凄的雨夜。没有最知心的朋友,没有至真至纯的关心,没有……没有的太多,以致我都不知道自己失去了什么。但我高兴有雨天。

2002.3.11

昨天过了生日,但我一点感觉也没有。收到曲娴的钥匙链,鲁丽的棒棒糖,田惠的电话,张晓雅的电子贺卡,郑义的问候……很感动,不过……

2002.4.2

接连的打击弄得我不成样子。数学、历史、英语和化学,都没考好。物理还错些弱智题。我觉得我的学习简直没救了……不过我总得摆脱阴影,改变现状。妈妈说了,向谁求救也没用,只能靠自己。

数学,做题不少,其实还说得过去……

化学,题没看透,加粗心……

物理,要培养自信……

总之,要善于联系所学知识,不然就危险了。

2002.4.3 晴

语文试卷分析。

语文基础知识：1.认真审题，明确任务要求，弄清思维方向……2.找准筛选面……3.分析筛选……语法知识：要更熟，做题就更理性、有逻辑……

今日要干的事：

1.物理卷子弄懂，不要拖。

2.地理插小空复习好。

3.数学，做基训，看精编例题，并总结复习。

4.化学，将教训总结上本。预习第六章，做题。

5.英语，查缺补漏。

6.可考虑着手复习第一册。

7.看政治，以前内容。

插小空搞预习。

今天计划基本完成，心情好多了。以前怎样不管了。

（作者注：完成 4 项，打了钩；1 项完成一半，打了半钩。）

2002.4.5

《少年维特之烦恼》我正在读。妈妈说我也大了，得明白这种事是人之常情，不要一味排斥。我不知道是否有这样的烦恼，一方面很好奇，一方面又很抵制……下周语文考试，不可胡思乱想，要保 80 争 90。

2002.4.10 星期四

26 至 29 日期中考试，还有 16 天。我得好好列个计划。明天可以不用跑操，我可以思考思考计划问题，再静静地想点事，然后做个美梦。

（作者注：这篇日记很长，计划占去一页半，共 2 页 4 面。）

2002.4.25

语文考试注意事项：

1.要有信心,排除一切私心杂念,精力用在做题上。

2.审题要仔细:

a.诗歌赏析注意意境、中心、写作手法、修辞。要敏感,不可架空,胡乱引申。

b.基础知识要明确题目要求。

3.现代文阅读(可看看题,心中有数):

a.明确文体(议论? 科普说明? 散文?),再现文体常识。

b.整体把握文章内容,理清思路,标注时再看一遍,不急于做。

c.深入读原文,别以偏概全。

d.准确把握作者意图、倾向。

e.句与句、段与段逻辑地理解。

f.明确考点。

g.运用语法分析句子结构,增强理性。

h.不想当然,尽量扣原文答题。

4.文言文阅读:

读百遍,义自见。分析语言现象,联想,动脑。

5.作文:

审题仔细,选材恰当,构思巧妙。语言丰富,调动一切积累。

2002.5.10

自我反思:

生活上,总比别人困。没有按妈妈要求做,睡前稍事活动,导致心情不够放松,睡眠质量不高。与室友闲聊,动摇了午休,导致心情不够坦然。

锻炼身体落实不好。倘若能跑一跑楼梯,呼吸些新鲜空气,学习效果会更好。留点时间换来更高的学习效率,是很重要的。

早饭匆忙,影响上午四节课。中午卡点进教室,第一节课精神不好。

今后要早睡早起，不可随大流。

心态方面，受两次考试失败影响，缺乏直面困难的精神，有畏难情绪。我总看到事物不利的一面，缺乏自信……考试前三天，心态不好。最后一天调整了一下，不惧怕，心静，思路就清了，顺利发挥出了自己的水平，连连攻克了几道难题，增加了成功的经验……

（作者注：这篇反思很长，共2页半，5面）。

2002.7.6　**星期六　天气阴**

转眼间一年过去了……期末考试成绩还是不够好，数学、化学总结得不到位，但还是比以前进步了。客观原因是有的……

（作者注：如舍友学习到深夜对她睡眠有影响。张家长李家短，谁喜欢谁这样的谈话令她反感，没有知心朋友倍觉孤单。）

主观原因是没有很好接受教训……其实话又说回来了，这就是生活。傅雷说常在矛盾和痛苦中恰是年轻的表现。我以后要继续坚持自我，洁身自好，但也要学会宽容，和人家搞好关系，不让外界东西影响自己情绪，排除干扰，保持积极心态。

……至于平时的学习，最要紧的是时间的安排，和计划的制订。

时间的安排要科学。比如清醒的、大块的时间学习数理化。零碎时间学英语。有时也需要给语文安排大量时间，研究其中奥妙，深入去研究。多看书。

各科的漏洞随时发现随时堵，一定尽快。主动与同学讨论，针对弱势探索。

制订计划要早入手。另外不能只跟老师走，要有自己的复习计划，注意补老师的缺漏。各科建立起小本子，将知识学扎实。

不管风吹草动，坚持自己的计划。

优点：

1.比以前更坚强了，独立生活的能力提高了（洗衣服，收拾房间、课桌等)。

2.数学建立了基础知识本、解题思路归纳本。随时记下心得,基础知识比较牢固。

3.化学将每章的基础知识都作了总结。

4.语文平时课内知识及基础都不错,很扎实。

5.物理找公式运用的内在联系(虽然还不够好)。

6.热爱班集体,乐于助人,讲卫生。

7.认识事物的角度和深度有所提高,成熟一些了。

需改进……

考试问题……

(作者注:此篇日记很长,共5面。)

2002.7.18

我驾驶着单人宇宙飞船去火星。穿好宇航服,戴好头盔——当然是一种非常软的带有耳机的头盔,一摁电钮,飞了。可只飞了一会,就落下来了。这时妈妈在地面发来信号,说怎么这么慢,什么时候才能到火星!我说飞船加速起来就好了……到了一个类似学校的地方,洗了个澡。当我再次回到飞船上时,得知现在火星上非常冷,于是赶紧披上羽绒坎肩。可旁边突然出现一个小矮人,畸形样的,大概是个火星人,他说"你现在就穿这个会热死的",我于是又脱了下来……最终我也没有到了火星上去。

哎,再多睡一会就可以到了。

2002.8.3

……我真的很懊悔。对于别人的坦诚居然视为无聊,并且嘲笑;对于别人的帮助我居然连"谢谢"说得都不够大声。我很想说清楚,很想道歉,但是找不到机会。我不知道用letter是否可以解决,但还是有顾虑。别人会怎么想,而且众口铄金……只恐天长地久,对别人已经造成伤害,而又因年代久远懒得去弥补。但这将是我终生的遗憾，只能是睹物思人，希望不要与我一般见识。其实人人都会改变的，有些人可能让你一下接受不了，但是日子久了可能会发现并没有那么可怕，都是自己吓自己。可能别人已经成长，而自己却还在原地未动，我仍不可以鼓起勇气……

2002.8.21　星期三　雨

我的梦想：

1.读完《绿灯人生》，并不只停留在心灵上的感动，去实践。

2.读懂《双螺旋探秘》。

3.读完《百年孤独》。

4.学完 NEW CONCEPT ENGLISH，听熟磁带。

5.做好 23 章数学卷子，精编做完不等式。预习曲线方程。

6.在学高中电学之前，复习初中电学。复习氮族。

7.在高二第一次期中考试，进入班级前 20。

8.学会唱《忘了时间的钟》《幸福一万年》《我的好心情》《三里屯》《小指》《路边摊》《幸福号列车》。布兰妮……

9.2002—2003 年度第一学期，听完贝多芬 14 盘。

10.进入哈佛大学研究生物学，并当一名环保科学家。

11.去哈尼梯田玩。

12.去黄山、庐山、苏州园林、黄果树瀑布、布达拉宫、东北大森林、长白山天池、天山天池，去内蒙古大草原学会骑马，在青岛海边住别墅，感受石板小路、桂林山水……

13.去亚马逊丛林探险，游五大湖、密西西比河、英吉利海峡、法国巴黎埃菲尔铁塔、德国贝多芬故乡波恩；去看多瑙河、阿尔卑斯山，到瑞典度假去荷兰看风车、乳牛；去埃及看金字塔，航行尼罗河，再到意大利罗马看雕塑、喷泉……

14.每天都积极地生活,撒播快乐。

15.体谅别人,关心别人。

16.每天写日记,坚持。

2002.8.28　星期三　阴

今天把所有的作业都搓出来了,爽死了!但只能在家待两天了,这似乎太短了。可我也想学校了,新的生活总是令人向往的嘛。

今天看了霍金的片子,他太坚强了。他没法动,也没法说话,他表达自己的思想只能用常人十分之一的速度,却坚持科学研究。当人们让他用三个词来形容自己时,他说"坚定、乐观……我想不出第三个词来了。"

2002.11.10

我不知道如何下笔,我到底怎么了!

语文、政治、生物和数学,还算正常发挥。可化学、物理和英语……化学:客观,考完数学就没劲了;主观,平时学得不扎实,考时脑子不清楚。物理卷子未发,答案不知。英语,下功夫少些,态度不够认真。

我想痛哭,但却不能!也许,此时最需要的是沉静。我想,平时学习心态不够平和,不够精益求精……不要再为自己找借口,化学不及格是太不应该了。不行,我得好好利用时间想想,应该干些什么!别空想不做,赶快分析试卷吧!越尖锐越好!越彻底越好!快点!上高中以来,我一直缺乏自信,在这种心理状态下,是不会全心全意投入学习的。

我得尽快摆脱此次考试的阴影,我可以做得更好。

接受考验,还是逃避考验?

从来都没有什么救世主!

2002.11.11

今天各科试卷分析。妈妈给我写了信,目前最重要的是提高思想认识，接受挑战。毕老师（作者注：班主任）一番谈话，其实是让我清醒地认识现实的严重性，振作起来勇于接受挑战。并非对我没有信心。我要正确认识这一点。

2002.11.19

人与人之间只有爱的联系是永恒的。乐观才是生活的真谛，笑可以使魔鬼放下屠刀。有很多人关心我，爱我，我要高兴地过每一天。

2002.11.20

今天崔老师（作者注：副班主任）让我星期天听物理辅导，我不想去，这不是我求知欲不强，而是那太浪费时间。可是我不去老师会怎么想？不管了，我自信比老师更了解自己，所以我不去。

2002.11.25 **星期三**

妈妈生病了，吐了，我听了以后很担心。她这个人感情太炽烈，以至于有时难以控制，生起气来就真的生气，工作又太投入了。我一定要好好照顾自己，不让妈妈为我操心，不然太对不起她了。

2002.12.9

昨天看了《甘地》这部电影，执着、坚韧、乐观，这就是甘地。他奉行苦行主义，艰辛与挫折对他来说，是实现梦想的必经之路。也许伟大人物的特别之处，正来自于与众不同的执着。

2002.12.20

我突然觉得生活如此美好。我很赞同刘琦（作者注：同班同学）的话：有信心、有爱心、有希望。相信自己的能力，相信自己能做许多事情。比如今天鲁丽肚子疼，我陪她谈话，她说好多了。钱思思只把最隐秘的话告诉了我，说明很信任我。黎一男本来说要离开此地，我劝了他几句，他就决定不走了，而他宿舍好几个人都劝不住，我好伟大。

2003.2.21

转眼间我用这个本子写日记已有一年了，真快呀。今天刚下过雨，凉爽湿润，人也沉静。

距离产生美。某些人，有时偶尔碰到，虽然不会发生什么，但总会觉得快乐很多；若是有意寻觅，恐怕寻找不来，也会有失落感。但我的快乐绝不是建立在别人的身上，要充实，才能真正快乐，要从学习生活中找到乐趣。我发现微笑着对待别人有一种舒服的感觉。尤其当别人也真诚地看着你。虽然大家沟通不多，但环境如此相似，感觉也出奇地一致。同在郭店，同样的作息时间，同样的作业本，同样的饭菜，同样的碗筷，同样的水……纵然不相识，也依然成为同甘苦共患难的兄弟姐妹了。生活中虽然有那么多的不如意，但我们依然很快乐，毫不沮丧。

我得多想想光明的一面。

今天我很 happy。

2003.3.20　**星期四**

今天是美国轰炸 Iraq 的第一天，10:35 分左右。已死 10 人。我们的一天，虽然很忙碌，但也确实无忧无虑，而世界的某些地方却随时可能被炸成平地。有时候你可能很快乐，同时有人却正痛苦着；不是每个人都在笑，也不是每个人都经常笑，但世界总是有欢笑，就是 Iray 也不是每个人都绷着脸。战争或许能带走什么，但却带不走对和平的向往，相反会使人们对于生的渴望、和平生活的企盼更强烈，当然更带不走人们的微笑。

2003.5.1　**星期四**

今天看了《罗密欧与朱丽叶》，台词富有戏剧性，很夸张。爱情真是有很大动力，让人将生死置之度外；音乐最震撼，当他们双双死去时，悲壮的唱诗响起来，在教堂里回荡，余音绕梁……爱情多么纯洁、高尚、动人，多么让人不可思议。

2003.5.16 星期五

今天知道语文考了78分，不太好。但我认为卷子出得不好，太八股，考不出能力。

2003.5.30 星期五

这个星期都快累死了，每天都考试，有时甚至一天三四门，好在“六一”在家过，六点发车。好像已经一个月没在家睡觉了，唉！

2003.7.8 星期二

现在的心情说不出是什么样的。这次考试之后我得彻底反省一下了。想想上学期，有些精力没放在学习上，有太多消极因素，想回家，靠回家调整。害怕困难，厌恶考试，没有把每次考试认真对待，缺乏良好的思维训练过程，上考场自然底气不足。平日过多注意别人怎样，看不惯的人、事耿耿于怀，破坏了自己的好心情，多么愚蠢！一个理智、聪明的人怎么能这样。有些事情应该对朋友表示关心，但对一些与学习无关、甚至干扰学习的无聊事还是应少介入。周围人不理智的做法不该动摇自己的信念，不应受消极语言、态度影响，应当引以为戒。

有时可能会感到孤独，因为没有人关心、安慰自己，没有人说知心话，没有人理解赏识自己，甚至被人误会，就会感觉很痛苦。（作者注：女儿曾被老师以为“嚼舌”；她身上有很多优点，却因为学习成绩不在前面而不被赏识）但是毕竟不能靠别人抚慰，要知道孤独并不一定是坏事，这说明与众不同……我需要一个人静静地，像现在这样，一盏台灯，窗外漆黑的天空……我还是孤独得不够，缺少灵魂深处的思考与探索，浮在表面，不能深刻、理性地认识自我，更不用说同学、朋友、家人了。

同学都有缺点，但应主要看优点，况且别人怎样那是人家自己的事情。出现错误的想法，不能一味抑制自己情感，但也决不可以泛滥，抛弃那些不着边际的幻想还是很有必要的；而且可以通过读书写日记等调节，让我这样一个思想浅薄、灵魂卑微的小人得到升华。

而这些改变需要一个强大的动力。我要考上X大学，相对整个人生来说，这是阶段性目标。我人生的目标是什么呢？应该是一种境界，心中没有任何杂念，调动自身、周围一切积极因素，挖掘潜能投入到工作中去。怀着信心与希望，用极其严密、精确富有逻辑的思维解决一个又一个问题，搬走一个个困难。我的要求也会越来越高，逐步走向完美。从小到大父母从不向我提任何要求，而我最缺乏的就是目标，缺乏对自己潜能的挖掘，缺乏一种逼上梁山的紧迫感，缺乏竞争意识。

我从小到大只有过三个目标，小时候想当天文学家，后来想当医生，再后来想致力于环保事业。但这个目标在我心中却不像灯塔一样，巍然屹立，照我前进，而像风中之烛，时明时灭。这确实是我最想做的，但它目前还没有化作我的动力和勇气。要把它变作我学习的热情、解决困难的决心和勇气，克服逆境的信心，这只能靠我的信念，怀着强烈的渴望就一定能成功，为什么我不相信这条真理呢？

平常学习常常会有一些不好的暗示，比如这个题我没有能力理解出来呀，一件事还没有做就先打了退堂鼓，这是真正的我吗？数学、物理考得不好，不是学不好了，而是自认为学不好。有了这个心理障碍，聪明才智不能充分发挥，其实当我积极自信时，解题思路比班里拔尖同学还快。现在我是别无选择了，非胜即败，我应破茧而出，才能真正获得快乐与自由。

改变自己的情况确实很难。但我怎能安于现状，甘于落后呢？奇迹是人创造的。改过永远不晚。但是时间紧迫，不容回头。生活对于任何人都非易事，我们要做的，仍是相信自己，投入事业。

数学……

英语……

（作者注：各科反思略）

2003.7.12

昨天和今天都去山师打羽毛球。昨天跟妈妈，今天跟爸爸，今天我挺有进步，虽然还是和平球，但总算能对打几个回合了。运动让人心情很好。今天断断续续下了一天的雨，很凉爽，要是每天都这样就好了。今晚看了一个多小时CCTV-9，仔细听能听懂大概意思。空气湿润，纯净，心情也好，仔细想想，我是挺幸福的。

每一天都要激励自己，用理想鞭策自己。让自己的思想每时每刻都自由而高尚，经常看书，与伟大人物对话，荡涤灵魂，十分爽。总是以积极的心态对待每一件事，一切都会好。

2003.7.31

总结一下这个学期：

数学：集合、函数、不等式、解析几何、排列组合及概率已复习。一些基本思想方法、思路巩固得挺好，尤其是各部分知识的联系运用。今后进一步加强数学思想训练，克服自卑，攻克难题，力求彻底改变。有些章节复习少：平面向量、空间向量、三角函数、复数、概率统计、极限、导数，应加强。复习中不可留下疑点。

英语听力：听CCTV-9，国际新闻有些吃力，谈话类节目、生活综艺等基本听懂，并在一定程度上扩大了词汇量。听英语散文六篇，扩大词汇量，练听力，陶冶情操，净化心灵，开学后不畏困难坚持听，有些好句子还应当铭记。

基础：语法书已基本搞定。“情态动词”和“动名词”还应抽空看看，巩固，并做30套练习题。开学即应从高一复习，熟悉课本、基础知识，不要等老师。已经预习第三册前16单元。

能力：已读《大学英语》前四单元，开学后坚持，并做100练，走在老师前面。已做完型前五练，整体把握。同时深感词汇量不足，要通过大量阅读积累，固定习语知识也有待熟练，日记写了三篇。

物理：主要复习力学，因此电学开学要加强。力学中受力分析有进步，功能也有进步。今后要常做题，不在多，而在精，在思路，让物理思想常在，不要盲目。

化学：做完所有会考题，计算题应加强。还做完《综合优化》烃、烃衍生物、糖类三章题。有机挺好，但有盲点要克服。无机化学要好好复习，以前学过的要常看，别忘多问老师。

语文：看完《啼笑因缘》《琦君散文》等小说散文，《幸福散论》读完，预习了第五、六册，古文、现代文阅读也总结了。

抽小空看散文增强文学修养，看作家思维线索。读古文不断，常常处于良好状态，平时考试要提高速度。复习以前内容(开学即入手)。

生物：预习完第三册。做题。

基础要常温习，多思考做题思路，不断改变，一成不变危险。常与同学交流，多发问，关心一些尖端科技。

(作者注：八月三日开学进入高三。此篇日记很长，总结及计划用一页两面多，各科一一仔细列出。最后谈到其他方面。)

其他：打羽毛球有进步，开学插小空锻炼，时刻记住运动后大脑会更听话，全身活动更自如，情绪会变得更好。多给自己良性暗示，不畏一切不良环境。学习方法对“科”下药，灵活机动，忌一成不变，努力摆脱困境。目标要明确，意志力要坚强，努力要持久，心态要健康，内心要干净、平静。开学后可能会有许多不便，天热、考试、搬家(作者注：宿舍搬家)，不能回家见不到爸妈，与外界隔绝孤独，无人说知心话，老师找谈话将问题说得很恐怖，学习又遇困难等，还有许多预料不到的人、事，不良环境、不良舆论、各界压力、各种矛盾，都要面对，积极地解决。毕竟只剩不到一年时间了。

2003.8.7　星期四

这是高三开学的第四天，这几天过得特别慢，因为作业实在太多了。但让人觉得充实，只是时常会想想非洲自由自在的大河马。

2003.8.8　星期五

今天调位了，竞赛的都到后排，我换了新同位——柳玉妍，她人挺好的。原来的同位白思泉到了最后一位，离我很远。我们做了一年的同位，这段时间很快乐的。我很想把这事情好好回忆一下，但今天时间紧，恐怕不行了。

2003.8.17　星期日

本周虽座位不大好，但心情总体挺愉快。语文考了全班最高分，数学对题率很高，且只要沉下心来难题也可以做出。化学硫酸工业考得比较好，电解要更熟。物理仍不太理想，应加强，英语语法提高较快，完型提高，今日只错一空。生物考95，还有遗留问题解决。偶尔想起非洲自由自在的大河马，只能睡前想，其他任何时候都只能想学习。

语文互批我看二十七班邓潇荣卷子，感慨颇深。他思维的缜密与冷静值得我学习。通过这次语文考试我一定得让古诗鉴赏这一块有个质的飞跃。

2003.10.9　星期四　晴转阴

听说要搬家了，有个同学的要跟我们住一屋。据说她小事挺多且脾气怪异，大家都不喜欢她，于是好几个人去找老师，老师又找她谈话……其实我不太喜欢在背后搞这些手脚，毕竟我平时与她见面打招呼她挺和气的。今晚身体很不舒服，像是有些发烧，希望尽快好起来，别影响搬家。

最近挺忙，但昨天看完了《日出》。小白竞赛能否进入冬令营要看10月14日的考试了，希望同桌顺利实现自己的梦想。我觉得他真是一个天才，他有很多思想、言论还在影响我，激励着我。看到他送我的风铃，想起一起同桌的美好时光，我就很高兴。

2003.11.30

今天发了几张卷子。

数学第二卷满分90，我考52。

化学第二卷满分68，我考42。

语文第二卷105，我考76。

剩下的我也不指望了。数学给我少算46分。我有两个大题完全可以多得至少10分，可是因为没写上步骤……这是一个大教训。题目其实不难，我只需顺着思路写上七八十分就到手了，当时未想到这一点，哗哗地扣分。化学前面做得太慢，以致后面两大题看错，扔了20分。太可怕了！

一模呀，我觉得到了死的边缘了，对不起所有的人，连自己都对不起。真是一个白痴，超级白痴！应该让我去死，死得越惨越好！最好五雷轰顶，永不复活！

考试教训：

1.全盘统筹不好。

2.思维不严谨，低级错误多，平时习惯不好。

3.不宜太疲劳。

各科教训及努力方向：

1.找出弱科、弱点，计划解决。

2.多思考，留给自己一些时间思考，知识真正落实，熟练掌握。

3.心态不平静，不投入。应克服浮躁情绪，深入研究。

4.时间安排好,列出计划,管好自己,不管别人。

5.限时做题,以求熟练。

各科安排:(作者注:此内容我略去。)

2003.12.12

我发现一个人求学的道路真的很不容易,但是我坚信我将在这条路上探索下去,无论有多么痛苦,多少阻拦。总有一天我将会走到前面,超越很多人。我承认,在短时间内有困难,但我有坚强的性格,会勇往直前,无所畏惧。当然这不容易,正因为这样,才具挑战性。我不可以对自己的能力产生怀疑,现在我要做的不是这个,而是尽力奋发,别无出路,做最该做的事情。

2004.1.18

期末试卷分析(作者注:内容琐碎繁杂,我略去。)

2004.2.1

二模又砸在物理上了,居然还没有上次高。我觉得已作了充分的准备,可偏偏考试又碰上了 on duty,肚子疼了一中午,没睡着。为什么这么巧,如果上天要折磨我,也不用这么惨痛吧!但是又有什么办法呢,不是强调客观的时候,把这个事实承受下来,继续从主观上分析原因,解决问题……只剩四个月了,什么都不可以再想了,没有时间了。

……刚才我跟妈妈通了电话,我哭了。但妈妈说高考不相信眼泪。是的,没有时间做这些事情,只有透彻地分析。我就是太不自信,假如总这样的话,不可能进步的。妄自菲薄可置人于死地,这毫不夸张。每个人情况不同,不具可比性,那样会给自己过大压力,人是承受不了的。我相信我能做的只有不断给自己提出更高的要求,不断进步。

2004.2.2

数学：提高选择题速度（基础熟练）。函数综合、立体几何、解析几何、数列是弱点。

物理：力学思路天天强化，不要生疏，电学要精益求精。踏踏实实落实基础，要准确，因为错一点就会丢很多分，加强总结，抓住实质。

化学：有机推断、无机试验，最大弱点。提速，提准确率。

生物：试验、应用能力。基础，多做题。

英语：听力、阅读、完型，抓住这三大块。平时基础要扎实，要有自己计划，心中有数。

语文：插小空积累作文素材，平时尽量思考生活。文言文现代文阅读注意培养语感（见前页总结，不断完善）。

不要跟别人比，找自己不足。宠辱不惊，胸有大志。不要发牢骚，不要因小事影响情绪。自信——这是中国教育的缺陷。一切为了高考，去除一切私心杂念，冷静！只要心存改进的意愿，只要不局限于狭小的圈子，对成功充满渴望，并切实努力，胜利就不远了。

2004.2.10

今天班里因流感撂倒两个人，太恐怖了，应该小心，如果倒下，就有很多麻烦，得注意身体。

每天都要调整出一个最好心情。

2004.3.22

今天是我目前为止最不快乐的一天！老师（作者注：班主任）居然说，听说我“嚼舌”，我心里很难受。不知道他听谁说的。不错，我是个女孩，但我是女孩中最不爱叨叨的了，我受到了莫大的冤枉！但我必须承受下来。我突然觉得周围一切都充满敌意，眼睛，无数的眼睛……不了解别人，却还喜欢评论别人，我招谁惹谁了？我知道我不该想这些，不该。我只能缄默，总有证明自己的时候。我感到一种旷世的孤独，不被人理解，还被人误解……但这一切，都不能再对我的高考产生影响，前途是我的，我将不再被外物左右，走自己的路，不去管别人的看法，我不能失败，不能怯懦。爸爸妈妈，你们是最理解我的人，真正爱我的人，我不能让你们失望。将来面临的委屈还会更多，我都得承受。我感到孤独而伟大。勇气，勇气！

（作者注：女儿的日记摘引到此为止）

3.日记发挥潜在深远影响

女儿的日记截止到二○○四年九月四日。从中可以寻觅她这段人生历程中成长的轨迹。

最终她没有如愿考上向往的大学，但在自我反复的纠结中，在环境等方面的共同作用下，女儿经历了人生中第一次最艰难、最黑暗的时光，也是最能磨炼其意志塑造其品行的时光。写此书之前，一些情况我了解不深入，初看女儿日记我心酸得很，随即为她骄傲。她完成的仅仅是高中学业吗？一个人学习与困难斗争，与环境相处、与人交往，是不是一门更重要的学业呢？这时，我能不感激生活吗，能不感激这本日记吗？它们共同哺育了我的孩子，功不可没。

也许有人会说，写了这么多日记，高考没怎么见效呀，没写日记的比她还强呢。是呀，各人情况不同，日记也不是一定得写，但我承认，是日记伴随了我的孩子三年时光，她自己愿意写，把它当成倾诉的朋友，宣泄不良情绪、培养高尚情操的途径，作为这一个体来说，日记是需要的。

高考成绩取决于多种因素。比方说，女儿没上过辅导班，没请过家教；高中前夕没有进行高中课程预习、学习，这应为一个教训，当开始新的学习或工作之时，预习、熟悉新东西是应该的；又从不加班加点，而且除了学习方法上有一些来自我们父母的实际指导外，学习全靠她自己，全靠学校教育，只买点辅导书及课外拓展书。语文我可以辅导，但从初中起就完全放手了，一方面高中语文学习内容我不熟悉，一方面我信任高中的教学水平；最重要的，我认为孩子应尽早形成自己的学习策略、模式和方法，拐棍得及早丢掉，而我相信她有这个能力，这确实有些冒险。

真的，在教育中，你的一些决定绝不是来自书本，如教育学、心理学的理论（我不否定理论，相反我觉得懂一些理论是必要的），它往往来自直觉，尤其是妈妈或者说女人的直觉。女儿的日记和种种表现说明我不仅胆大，而且收到了很好的效果。当然，它不会立竿见影，由瘦弱到健壮营养一点一点累积，由量变到质变，就像你看了几篇好文章，却并不能马上下笔如有神。这一方面跟积累、写作基础关系颇大，另一方面也因为消化吸收需要时间，几个月、几年甚至更长时间。但终有一天回头看你的作品，会惊讶地发现：以前生活学习及写作实践的总合，无声无形中把你推向了新的高度。

教育也不是单纯智力、知识发展中量的堆积，从岩缝里一滴滴渗下去汇集，喷涌而出的山泉最丰沛有力，鬼斧神工的溶洞形成需要亿万年，断定教育的成功与否，道理与之类似。单凭一次或几次考试成绩，来判断教育的成败得失至少不够客观全面。我坚信能创造属于自己的学习模式与方法、善于不断调整与改革的学习者，从长远看更具总合的实力。登山者不靠一时的冲劲，而是耐力；健康者的评价也不只看外表或指标，而是身体实际的耐受力。

经过了十二年的学校生活，女儿最终考上了一所省内二流的医学院。她当然可以考得更好，小学至初中她都很优秀，高中即使在本班排名靠后，但一直以飞快的速度进步，高考因“理综”一门落后拉分，有些出乎意料。但是这样的结果我能接受，更重要的她自己能欣然接受。她的表现很平静，吃睡照常。我有些惊讶。也许高中三年受打击太多，她已经习以为常；也许经过三年磨难，她对自己已经充满信心，觉得上哪个学校并不重要，从中积累的经验教训，足以支撑目前的塌方和今后的重担；也许如愿报上心仪的医学院，部分抵消掉考试失利产生的挫败感……

我更愿意相信“只问耕耘，不问收获”的教育，使她对分数没有那么敏感和看重，她眼睛、心理的重心全部集中在正确认识自己、不断发现问题、改进学习寻求突破上，肯定是这样。

就像她在日记中所写“从小到大，父母在学习上从不给我提任何要求”，所以女儿不是一个有“远大理想”的孩子，我们也从未给她设计过什么人生目标，她只是正常地读书学习，正常地玩乐休息，正常地过着属于她自己的生活，标准的走一步算一步。所以及至高考报志愿，我们都有些茫然，因为从未认真考虑过。也许在我的潜意识里不喜欢将人生当成一场战斗，不喜欢奋斗；更愿意拿它当一场游戏，一个顺水行舟的过程，观察、体验、经历它，热爱和亲近它，无论快乐或痛苦，顺利或逆境，受宠或被排斥……统统欣然接受下来，直面它。而这些，都在无形中融进了我的教育，使她受到某种程度的影响，又加之她本人个性化的东西，所以我们看到一个大事面前平静面对的她。直面困难，已经习以为常，或者说逐渐渗透到她的骨髓里，未来接受更大挑战的根基已经扎好。

女儿考得不理想，我不可能高兴得起来，但是她很快向前看，着手考虑积极研究报志愿问题，让我很欣慰。如果不吃不喝，陷入痛苦深渊不能自拔，那才真麻烦呢。直到现在，我还常跟她说：“只要尽力了，结果随它去。”人生中的确太需要“谋事在人，成事在天”的豁达态度，过程认真没错，若对结果太较真的话，就会太累，就会改变生活本来的面貌了。

及至考研，究竟报考哪个学校，女儿也是最后关头才确定下来，之前只一门心思放在复习上。经过了整个复习过程之后，她才认真比较和考量，觉得自己有实力报考复旦，值得一搏，同时也做好了最坏的打算。所以，研究生考试的几天里，我感觉女儿心态特别稳定，本来心情紧张的我也放松了，心态好胜算必然多几成。后来经常有熟人说，让柳笛儿继续念博士吧，让她出国吧，让她留在上海吧，我都笑而不答。生活有它自己的轨迹，我有些想法但还是不去设计吧，让女儿先把研究生好好念下来。宏观的目标不能一点不想，但毕竟人生不同于建造房屋。为了远大理想抄捷径太拼命，不仅给自己太大压力，也极易染上功利色彩，而工作学习毕竟不是人生的全部。

高中三年，是孩子自觉人生的开端，以考上医学院作结。这三年，为日后女儿的成长壮大埋下了伏笔。医学院五年，我作为母亲，教育的担子感觉轻多了。所以，女儿的高考看来是“失败”的，但她的人生却从此一步步走向光明的未来。我经常想，如果她高考成功上了名牌大学，现在会是什么样？结论是不一定比现在强。你想，这样的失利正好是动力，在非名牌学校是不是让她有一种誓要证明自己实力的愿望？在这样学校，她的成绩一向名列前茅，自信心是不是得到了空前的膨胀？她将高中的经验发扬光大，令其在五年时间里狠狠地发酵，最终酿造出最纯最美的酒来，而那些教训则有时间记取，糟粕一点点去除。最纯最美的酒是怎样酿成的，不是很清楚了吗？酒喝到这会儿，不是喝出一点味道了吗？

4.学校教育缺乏心灵关怀

回过头看义务教育和高中教育，我有一些感想。首先对女儿上过的所有学校，教过她的所有老师，我由衷地说一声“谢谢”，女儿由此受益良多。十二年间，她接受了全面的、正规的学校教育，各学科打下了比较坚实的基础，在学校经历了她人生的一个重要阶段。虽然我跟好多人一样，对现行义务教育、高中教育的弊端看得很清楚，甚至深恶痛绝，但是多数人的孩子，还得依靠这样的教育来培养，虽然相信中国教育制度会不断改革，但是目前我们别无选择。

十二年的学校生活是女儿人生的起始阶段，这其中她得到过来自各方面的帮助、赞赏和奖励，即使高中阶段也是痛苦并快乐着，而且更可以看作成长的必然。虽然也有来自学校、教师方面的种种问题，但这不是一个学校一位教师的责任，况且有些教师的教育能力、教学水平是值得肯定的。不过总的来说，种种学校教育现象表明，很多学校进行的仍是偏重智力教育的模式，素质教育尚停留在口号阶段，或初级试验阶段，非实质意义阶段。许多年推进、改变的步子很小很小。往往是一个一个高潮过去后，又一次一次回到原地。

我认为现行教育中一个大的弊端在于，学校缺乏对学生心灵的关怀，对于他们未来的关注，用“成者（成绩好的）为王，败者（成绩不好的）为寇”的一把尺子要求和衡量学生，抹杀他们身上个性的、闪光的东西，严重挫伤了孩子的自信心进取心。在成长过程中孩子没有得到春天般温暖的关怀，和着眼于他们未来的人性化的指导。在学校里，以学习成绩、升学（有时拿冠冕堂皇的“关怀”作幌子）来打压学生的情况比比皆是，可是孩子内心的种种想法、困惑和痛苦，有谁去关心啦？谁又觉得那值得关心啦？孩子成长的空间变得越来越小，生活的空间变得越来越小。

一个学生完不成作业，老师说必须写完，不如轻声问：“你可以写多少？是不是不喜欢这个作业，想让老师布置什么样的作业？”学生迟到了，老师连瞧也不瞧一眼，不如说：“磨蹭什么，还不快进来。”学生考了五十九分，老师说怎么就不能多考一分呀，不如说：“比上次多了几分，再加把劲。”学生考了第一名，老师说可别骄傲，哪哪有些分不该扣来，不如说：“祝贺你，望再接再厉！”

学校只是一个学习文化知识的地方吗，教师的职责仅仅是把学习成绩抓上去吗，教育是这么简单的一件事吗？每周升完旗唱完国歌，剩下的就是学习了；铺上塑胶跑道之后，学生就再也没地儿踢足球了，学生阅览室开了几天就关门了；给办公室换台新电脑没钱，十几万买块大石头放在学校门口……这些问题已经成了过街老鼠，人人喊打了，然而喊的人多，真打的人少。其实我觉得这不仅仅是教育部门官员、校长和教师的事情，它应该是全社会的事情。抵制旧的不合理的，建立新的人性化的教育制度，可以首先从每个家庭做起，反省和改进家庭教育的模式、方法，人人贡献一份力量，胜利就会早一天来到。

六、莎士比亚是哪国人：以文学为伴，与世界相通

1.应该重视功课之外的学习

一些大师、名家德才兼备，博学多识；好多专才同时也是通才，这样的例子不胜枚举。现实生活中也发现，所用非所学并不少见。章太炎说学问本质是为长智慧，不专为实用。所以有人诟病美术专业研究生外语水平的要求，贻笑大方了；而文科生学一学高等数学也算不上荒谬，当然学校课程设置若能灵活多变一些更好。

记得我有个学生，不知道苏有朋是谁，让同学好一阵笑话；某艺术生交通肇事杀人事件沸沸扬扬，可是来我这儿上辅导的学生却一无所知，他们也不知道梅里美、欧亨利是谁，甚至说不出莎士比亚是哪国人；最近又听说有青年将唐朝诗人张志和当烈士缅怀的。但是他们数理化一般学得不错，分数比语文这门课高。

我们学校语文教学有着良好的传统，比较重视课外阅读，我也特别强调学生与外部世界的接触。很多人热衷于网上发表文章或“灌水”，我觉得很好。无论你学习什么专业做何种工作，脱离社会总不太好，人是社会的人嘛，社会上的事情都直接或间接跟你有关系。古人反对“两耳不闻窗外事，一心只读圣贤书”没道理吗？“国家兴亡匹夫有责”只适于国难当头，和平盛世国泰民安就该把“生于忧患，死于安乐”抛之脑后吗？退一步讲，不知道艺术生交通肇事杀人案件没什么，可惜错过了一堂生动的道德和法制课呀；好多安全常识、养生知识等不都来自媒体吗？“秀才不出门，全知天下事。”反之，有些上当受骗者让人不解：“电视里不是早就提醒过吗？”老话“见多识广”是不错的。

人生无处不学习。所以有人提倡“大语文”，无非就是开放课堂向生活学习。在这里，不妨再提出“大学校”，从书本转向书外、从小一直到老，保持学习的干劲。对一般人来说，世外桃源生活不够现实或仅为暂时;只要尚未老到一定程度,可以看书看报或上网,最好或多或少和世界保持关联。当然随年龄增长,这种联系可能会日渐疏远一些。

周有光先生一百零六岁还写博客呢。我八十四岁的母亲天天看电视新闻,平日里还能读一点报纸和书籍,头脑灵活精神矍铄。当今社会知识更新很快,一个人两耳不闻窗外事,几天就会落伍。有一个同事生孩子一年没上班,回来之后仍按老黄历备课上课,听听大家看看周围,大呼:“哎呀,跟不上形势啦。”在医院里,也一般建议不必找太老的专家,四十几岁的医生往往站在学术最前沿,在把握病情和诊疗上更具得天独厚的优势。当然不是一概而论,开放的胸怀、开阔的眼界以及超前的思维等并非年轻人的专利。在学校里,常觉得一些年轻教师穿衣打扮说话行事比不上我这年过半百的人前卫,改革的意识和干劲也比不上我。有个学生在山东省最高学府念研究生,有一次来看我,因为他学数学,我就和他聊约翰·纳什,谁知他说没听说过这个人。当然也不可能知道“纳什均衡”“囚徒困境”,乃至哪个数学家获得了诺贝尔经济学奖,还有电影《美丽心灵》了。后来他去美国读博士,眼界一定大不一样了吧。

近年来上北大清华实行校长推荐制。某校出了这样的测试题:①小悦悦之死,你认为该怪谁?②上海楼盘大降价,业主围攻售楼处称其欺诈。如何看待此事?③北京大学的陈平原教授说:“读鲁迅的书,走胡适的路。”你有何看法?④如何看待当前存在的投资移民现象?⑤中国人自称龙的传人,在西方,龙却被视为一种邪恶的东西,如何看待?⑥你对小学生集体读《三字经》《弟子规》有何看法?⑦如果在《百家讲坛》做一期关于昆虫、食物的节目,你将如何设计?⑧在食品安全上,有人认为,宁可被毒死,不能被饿死,你怎么看?

媒体称面试题挺“刁”。可能感觉新鲜,闻所未闻。而它却实在“本应如此”。这是一个教育理念进步的表现,给社会、家庭发出一个响亮的信号——素质教育必须回归。显然这类题目考查的不是某一方面的素质,一个单单学习成绩优异而对社会问题漠不关心的人,凡事缺乏个人见解的人，肯定要出局的。

类似考试往往不仅牵扯常识、知识的宽度或深度，还涉及直觉、判断或推理。后者需要在各类实践活动中逐步建立健全，形成一个“体系”或称“网络”，与前者有关联但不是一个层面的能力，而它也不是一天两天“教”或“累积”的必然结果。所以从考场出来，如果考生说根本没法“准备”，一点不奇怪。

下边又是一个例子，某省著名高等学府自主招生面试题集锦。

理科类：①宇航员的宇航服有什么好处？②说说隐形飞机隐形的原理。③蚂蚁从十层楼上摔下来会不会摔死？④如果世界上的事物都是热胀冷缩的会怎么样？有没有冷胀热缩的现象？⑤大树会无限长高吗？

文科类：①从一个从政者立场出发，该怎样杜绝食品安全问题？②对郭美美事件的看法。③如何看待《焦点访谈》这一栏目？④怎么认识经济中“绿色 GDP”的问题。⑤对“空巢老人”问题产生有何看法，有何解决措施？

以上题目均不出自课本。但十几年的学校教育对答题有帮助吗？那要看你是如何学习的。仅仅靠教科书或书本的学习够吗？回答是否定的。说出正确答案得出合理的论断，作为考生也许不太困难，但考官们要的肯定不单纯是这个。像理科题③似乎不止一个答案，文科题目更不可能有标准答案。重要的、第一位的，还是得看他们的解题思路、有没有个人看法，条清缕晰、上挂下联、旁征博引、表达简明准确与否。唯此方可判断死读书还是融会贯通，有没有形成合理的思维模式，养成了良好的表达习惯与否。而这一切总合的优与劣，无论于学习、研究或生活，最终结果都会截然不同。

这样的考试并非没法准备，只是它来自完全不同的渠道和方式，考生也绝不能为准备而准备。开放——从知识到内心，从视野到视角……一个独立的有力量的现代人一定得是这样的。

幼时我家里有订报纸的习惯，订过《大众日报》《光明日报》和《参考消息》,也买过一台电子管收音机。我是看着报纸听着收音机长大的。上世纪七十年代末,我在县城当纺织工人订过《人民日报》;八十年代初至今订阅《齐鲁晚报》,和世界保持了一种恒定和谐的联系。现在回过头来看,一个人见识的增长、科学素养的提高,一点一滴与之不无关联吗?在工厂,别人不认识的字儿我认识,开会别人闷着头我却可以侃侃而谈,写稿子、当广播员、演节目,我表现全都不俗。一九七八年高考语文试卷发下来,作文为缩写,细看,这不是《人民日报》上一篇评论吗,前几天刚瞭过一眼。之前领导让写东西我就抄报纸,加几句话串起来,这缩写我在行,最终语文考了六十七分,师专考上了。毕业后刚当教师,有位发小考大学落榜叫我辅导作文,我自己还不会写呢,灵机一动把我的剪报本给她了。告诉她一方面分析一下人家文章结构、语言,一方面里面材料像诗句、事例等可以为己所用。高考完毕她归还剪报本,我问:"怎么样?"你猜她说什么,"可管用了"。最终她考上本省一所不错的学校。后来我也给女儿和学生布置剪贴报纸的作业,当然不单纯为应付作文和考试,和外界保持联系、开阔视野、全面提高个人素质,这是第一位的。

和幼儿时期的放养一样,人需要不断地接受外界刺激——消化、吸收,获得营养,茁壮成长。现在我每天上网看新闻、博客,劳累便只看头条,没有时间回头补上,偶尔也"灌灌水"。现在好多年轻人忙于工作、挣钱,即使上网也不外玩游戏、聊天或看影视剧,像知识的拓展、个人素质的提升、国家大事之类是不大关心的。

那些不注重课外阅读、不引导学生接触社会的家长、教师,不能不让人怀疑目光有些短浅、教育目的急功近利了,以至有些孩子连作文都写不好了。不读书不与外界联系,生活的圈子就小了,脑子里空空如也,别说我一个普通教师,就算鲁迅来了也照样教不会他。所以经常这样:学生来上辅导课,我先让他读几篇文章,然后和他聊天,聊他感兴趣的或海阔天空。先教他看书看报、看电视和上网看新闻,再写写日记。虽然亡羊补牢犹未晚,但都上初三了,这些还应该我来教吗?家庭、学校教育漏洞可见一斑。写作是语言发展的一部分,不能达到应有的水平势必影响智力的进一步发展,阻碍学业的纵深。可是很多家庭没有重视这一层,人文学科的发展、文学艺术修养等的培养,与数理方面的发展相比稍嫌或严重滞后。很久以来,国人母语水平普遍不高,挖挖根源,确实藏得很深。

“能接受严肃音乐吗?”某日QQ上扔了一个漂流瓶。回复:“何谓严肃音乐?”——我晕。某天又扔了一个,问:“看过电影《爱德华大夫》吗?”回复说没,让我介绍。我说:“此片艺术地再现了弗洛伊德精神分析的理论。”回复:“你说的那个——弗洛伊,是谁?”“对不起,没有弗洛伊,只有弗洛伊德。”大师寂寞了。漂流瓶寂寞了。我也寂寞了。有个故事,一位博友给博主留言:“您的头像真漂亮,是自己画的吗?”回复:“那是凡·高的《鸢尾花》,要是我画的就好了。”

即使学习艺术的孩子,比如弹琴或绘画的,也只是看重技术、技巧,忽略文学艺术的修养。这样的学习其实不健全,唯此向高度发展时就遇到困难了。而且,文学艺术方面的修养,对于培养一个人美好的道德情操所起的巨大作用,也是容易被忽视的。交通肇事后杀人的钢琴系大二学生很早就过了十级,琴弹得还是可以的,若同时具备一定的艺术修养,或许情况就不一样了。偶然中一定藏着必然。至少艺术家的成长历程、他们具备哪些素质他大概知之甚少,中外名著可能也涉猎不多;或许觉得没必要,上课挣钱才是正经事。弹琴原本就是一门手艺,同做人也完全扯不上,艺术家的涵养艺术的灵魂等,对他大约是天方夜谭。而一般来说,摆弄文学艺术的人,不大应该“学坏”。

我看了记者对他父母的专访,一方面同情他们的种种付出,失去唯一孩子的痛苦——我们宁愿相信他是一时糊涂而铸成了大错,一方面发现他们至今搞不清原因何在。要求严格并没有错,关键是不懂教育,把它看得太简单,问题出了再去解决,为时已晚。艺术很纯粹,艺术家却需要精心培育。专业教育、学校教育是一回事,家庭教育必须跟得上。为成才为挣钱为光宗耀祖而艺术的路，是一条死胡同。两个家庭的损失若能换来一个教训，敲响一声警钟，其痛苦和遗憾会稍许减轻吧。

这也正是阅读文学作品最为重要的原因，做一个好人。文学教我们向善、向人性、向理想，向美好的感性和理性。文学家巴金说过："我们有一个丰富的文学宝库，那就是多少文学家留下的杰作，他们教育我们，鼓励我们，要我们变得更好，更纯洁，更善良，对别人更有用。文学的目的就是要人变得更好。"

可以试一试，当你有一阵疏于阅读，会觉得生活无趣，感情淡漠，心肠变得硬起来。马上拿起书，愉悦来了，激情来了，心重新变柔软了，世界变光明了。麻木的现代人，何不试着读读小说呢？我读了《外国名家爱情小说36篇》，然后接着读《外国名家惊恐小说36篇》；沈从文的《乡土小说》觉得有味道，一口气儿读了两遍。仔细点不难发现，有些沉溺于工作而远离文学者，人情味比较淡，缺乏热烈的情感或同情心，我会婉转劝其读一点。

女儿读研究生之后，她生活的圈子越来越小了，医院——学校，然后是庸俗的电视剧，种种消极思想接踵而至。而外部世界的影响力之巨大、之恶劣，让人怎么想象都不过分，却难以抵挡。没有什么灵丹妙药，想来想去，还是得依靠文学艺术。

转博考试过后，我给她读书开阔视野的建议。建议她从读短篇小说和散文入手，中国作家作品为主。短篇的爱情小说是首选。随年龄、阅历增长，我越来越觉得爱情观是考验一个人情感、道德的试金石，爱情是人之所以为人的最重要的标志，是人生最美好的事物。

有关部门新近规定，奥赛获奖者将不再拥有保送上大学的特权。这里面的奥秘大家心有灵犀：每一个孩子都必须经历完整的高中课程的学习。成人比成才更重要。

2.应该重视经典阅读

文学是我们的良师益友，而人生有限，我们只能读最好的。所以，眼睛适当锁定一些经典作品是明智的。

可是，经典阅读似乎已经过时。我和网上的年轻朋友聊天，他们大多缺乏经典阅读的经历，大家更喜欢“快餐”。在“快餐文化”充斥的时代，谁说阅读经典他就是老土，就是对牛弹琴。

看罢一位研究生、青年摄影家举办的展览，询问“有没有把它写成小说的想法”，得到否定答案之后，我对他说可以先读读书，继续累积材料，有了一些积淀之后就可以动手写了。问有没有读过《堂吉诃德》，回答看过漫画书。我告诉与他作品题材类似的两本小说《莫须有先生传》和《莫须有先生坐飞机以后》，可以看一下，他一脸茫然之余有些不以为然。我真觉得那个摄影展材料翔实、题材有意义，所以觉得可惜。而且我在想，他想成为一名艺术家，想在摄影的领域开辟出一条自己的道路来，因而用六年时间潜心创造、努力实践，拍出了这么好的作品，无疑值得赞扬，但是如果将这门艺术孤立起来，如果没有其他艺术门类的熏陶，要想到达摄影艺术的巅峰是有些困难的吧。

中小学生也卷入“快餐”阅读中，他们多读畅销书，像《哈利·波特》《魔戒》，《明朝那些事儿》，金庸武侠小说、韩寒郭敬明作品等。同时代作品或时文当然可以读，引发兴趣也不奇怪，况且由此可诞生新的经典。我去书店常慨叹文化的进步、文学的发展，各色图书供人挑选的余地真大。但是较名著而言，这类书的不同或局限还是明显的。而真正的名著往往不会过时，你阅读它们常常有这样的感觉，像《堂吉诃德》（发表到现在四百年过去了）《傲慢与偏见》，还有胡适的《信心与反省》，甚至废名的《我怎样读论语》和上文提到的《莫须有先生传》等。名著的大海汪洋恣肆，丰富多彩，假如你深陷其中，再回过去看其他，可能会有新的想法。

单纯以情节取胜的小说往往不够耐看，就像有些歌唱性强的乐曲，初级爱好者趋之若鹜，而音乐磨合久、钻得深的耳朵，必然向繁复细腻的作品探索，寻求新的刺激，以歌唱性的牺牲换来极品的享受。它们听起来更丰富多变，更可以与细腻、深刻、难以捉摸的人类灵魂擦出火花，形成更为深层的难以释怀与表达的超验。听一听通俗音乐，再试一试莫扎特、贝多芬、勃拉姆斯或李斯特、拉威尔、德彪西等大师的作品，必可识得其间的异同。同时它们也为乐器表现力的开发，演奏者技巧、水平、个性和修养的展示，创造了理想的空间。虽然音乐本身并无高低贵贱之分，通俗音乐自有其价值，但欣赏这样的曲子，确实需要有一副经过磨炼的高贵、挑剔的耳朵。而经大师们魔幻般的手不同凡响的演绎，最终才可以令它们惬意、畅快，臣服。有兴趣的朋友，听一听钢琴家鲁宾斯坦、霍洛维茨、齐默尔曼等演奏的古典曲目，可能会有同感。严肃音乐的殿堂恢宏无比，假如只是在几首流行乐曲当中转悠，那可真成了井底之蛙了，大师给人类准备的盛宴可要浪费了。有一位名人说，不阅读经典就学不会真正的阅读。顶级的文学作品，也往往融合了作者多方面的修养，像一块幽幽发光的金子，一盘营养丰富口味独特、需要仔细品咂的食物。当然选择地吃一点“快餐”无可厚非，就像永远不可能完全放弃音乐的歌唱性，可现在很有些因懒惰或追时髦随大流一味泛滥的倾向，而放弃了领略阅读更深层、更广泛乐趣的机会。像有人说的“丢掉了正餐”，像周作人先生所说“精纯的趣味”培养不起来，永远徘徊在文学艺术的门外。

我们当初接触文学面比较窄，但一开始就差不多全是经典；书读得不多，但是零零星星散布于童年、少年和青年时代。《红岩》《红日》《烈火金刚》《敌后武工队》《铁道游击队》《晋阳秋》《林海雪原》，《啼笑因缘》《家》《春》《秋》《三家巷》，《艳阳天》《桐柏英雄》，《红楼梦》《好逑传》，《牛虻》《钢铁是怎样炼成的》，《沉船》（泰戈尔）《初恋》（屠格涅夫），《上尉的女儿》《驿站长》（普希金）……那个时代文化娱乐手段、产品相对匮乏，倒成就了不少名著粉丝，该让现代人耻笑还是羡慕呢？少而精，是我们那一代读书的特点。有点像穿衣、使用化妆品，开始就高档甚至奢侈的，档次一旦上去就下不来了。虽然啃窝窝头就咸菜身体的营养少。对于现在大多数人来说，通俗读物轻松随意，“浑身名牌”没必要，但适当来点“低调的奢华”，感觉应该不错。总的说来，读书应该有选择，应该不断提高品位。而有没有品位大不一样，一举手一投足、一颦一笑，天机不经意泄露。

我读书纯属偶然和消遣，于语文学习或写作没有产生太大影响，但是对于世界观道德观的形成，情感情趣的熏染，审美和精神层次的提高，文学欣赏档次的确立有帮助。就近处而言，就第一位而言，是于阅读中引发情感共鸣、品味阅读快感，填补起年少时那些寂寞的时光。所以，单从这一点讲，我们这一代人和其他人有代沟有隔膜一点不奇怪。世界观价值观等遇到冲突，坐下来心平气和地交流一番，达成互相的理解，求同存异、共同改进，最好不过。我在教育、教学实践中这样做了。当初我常想，世界上为什么会有小说（文学）这东西，作家们实在太好了。因为文学的理想和美不经意间，深入到我们的灵魂当中。即使是后来参与文学创作的人，也不是要当文学家才去读书的吧。

所以说到底，接触文学是不应该带功利色彩的。现在的家长，单为语文学习成绩、提高写作水平而对孩子提出多读书的要求，并不足取。阅读文学作品的初衷最好改变一下，首先是读着玩，无形的熏染中了解人生，然后才是提高认识、磨砺思想，最后是语言文字、写作方法等的学习、模仿与借鉴。无论哪一方面，都是一个人终生的事情，一般不要提硬性的要求。

一个现代人，无论多么忙，学业、工作多么艰深，都最好保持对于文学的爱好，那里是人类最美好的精神家园，从那里能找到你想要的东西，内心会变得强大。你只需有些耐心，留些时间，花一点心思。想要不再重复某些悲剧，请让你的孩子与文学终生为伴。想要你的孩子和生活更好地融合，就要求他们永远保持与世界相通。

精神健全地，活活泼泼地生活。

七、小孩子读不懂鲁迅吗

1.现在孩子接受能力强

前一阵各地语文教材“大换血”，鲁迅文章“大撤退”，引发网上热议(后来发现撤下少部分，个别属替换)。这可以看成教育改革的一部分，但若还是按老黄历将一篇文章大卸八块，从字词句、写作背景、段落大意到主题思想、写作特点照本(教参)宣科讲上一通，换与不换撤与不撤，有太大意思吗？教材编写者解释：“对孩子来说，鲁迅文章太难懂了。”果真如此吗？孩子们接受能力真如他们想象的那么差吗？以我从教多年的经验看，学生大多很喜欢鲁迅作品。毫无挑战性的阅读，很难引发实质性的讨论，激发学生读书的欲望，思维训练很难得到一定程度的突破。“障碍阅读”从已知推出未知，才是真正有意思有意义的阅读。当然也跟教师的指导水平有关。我所在的城市、区县乃至学校，从上到下语文教研与教学中，大家对鲁迅作品下功夫最大。教师每教一遍都有新的体会，好多人可以“闭着眼”讲《从百草园到三味书屋》《社戏》《故乡》《孔乙己》……当然教师再多一些自己的看法，多给学生一些自由阅读和探讨的时间，就更好了。

2.“所有的阅读都是误读”

从另一角度讲，经典可供人生不同阶段重复阅读，其魅力正在于半懂不懂的雾里看花状态。经典，就像一个好女人，你得花一辈子时间来“读”她，而面纱后的脸永远撩拨着你。沈从文的《边城》我看过两三遍，何其芳的《独语》我看过不下十遍。朱自清的《桨声灯影里的秦淮河》我一口气儿读两遍。毛主席说《红楼梦》要是没读过五遍，你就没有发言权。文学理论的书也是这样，觉得难啃，就某几行、某页、某篇或某本翻过来调过去咂，可末了也不见得完全“读懂”。《文心雕龙》即使译成现代汉语都难理解，不要说原文了，但它就是有一种吸引力，让你知难而进。背上行囊跋山涉水去亲近自然，与脚履平地温柔敦厚地进公园休闲玩赏，哪一个更为刺激呢？"克服困难"无论于写作于读书，都类似转悠于迷宫、深陷于悬念故事或茫然于前路的无可把握当中。非文学类的，比如《梦的解析》，不仅在难解之处流连，而且过一阵子就想再重新读上一遍，读这本书我的目标大约仅在于隐约可寻的思维方法。面对着蒙娜丽莎，可能完全读懂？可有必要？我们抱着或厚或薄的一本书，翻过来调过去，永远地逡巡。

"所有的阅读都是误读"，"一千个人心中就有一千个哈姆莱特"。我们语文老师成天领着学生东挖西挖，人家作者若见着，没准会说"这个，我写的时候没有想到呀"。所以，有些文章让语文教师很为难，但也很具挑战性，例如鲁迅的《雪》与《故乡》的结尾。

至于说到鲁迅文章本身强烈的思辨性、批判性、独创性和文学性，以及写作方法、修辞等方面可供学习借鉴之处，谁都不会怀疑。我们一代一代的人，谁没有受过鲁迅文章的滋养、影响呢，而哪一位作家的影响力又能超过他呢？掀开鲁迅杂文阅读，反觉鲁迅的文章在教材中不是太多，而是太少了。

最近读胡适先生的文章，觉得他也是一位批判者，一位不骂人的温和的批判者。不仅与鲁迅先生性格迥异，而且面对不合理的旧制度时，所扮演的角色及完成的任务也是不太相同的。胡适为新文化新文学的倡导、研究、确立及推动者，鲁迅则更多扮演文学的实践者、排头兵。两人都是有影响的思想家，都高举着大旗一路拼杀，开出了一片自己的天地。但是鲁迅的"骂"更可以看作是批判，即使看上去对某人开战，其实矛头所指是黑暗社会和反动势力，而且他看得准、挖得深、毫不留情，"骂"得有理、有力也有节。我们文化、文学修养不够的人，要想学很容易走样，容易演变成个人攻击或真正的谩骂。因为真正的文学往往是情感的，它允许夸张（讽刺离不开夸张），那是它的任务之一，而鲁迅的"骂"，正带有强烈的文学意味，所以好看。正因为如此，我觉得讲话有根有据，不骂人，同时又不失幽默情趣的胡适先生，更容易学习。初中语文教材选进了胡适的文章《我的母亲》（出自《胡适自传》）。我觉得，和鲁迅对照着，还可以入选胡适其他作品。

3.对经典不应求全责备

语文教材当然要考虑时代感，与时俱进，像有人说的"没有永远的经典"，或"经典的不一定都适合做教材"；当然要考虑作品内容、风格的多样化而反对垄断，反对神化，但是对于重量级、有影响力的作家的作品，为什么不能作为重点阅读和研究对象呢？至于现代当代作家有没有超越鲁迅的高度，从整体看，答案毋庸争辩。如果是局限到某一方面某一领域，那就不好说了。例如"风花雪月"为鲁迅弱项，但《雪》《风筝》《伤逝》等也不差呀。至于说到鲁迅没有长篇小说问世，好像真成了一根软肋一点瑕疵，总是招来"遗憾"，好像鲁迅必须是万能的。其实鲁迅有写长篇的打算和累积的（详见许寿裳的《鲁迅传》），只因一些需要先做的事情而耽搁了。纵观其创作生涯，鲁迅驾驭长篇的能力不容怀疑。

中国人向来苛求完美，而好多优秀的中外作品都可以找到"瑕疵"。比如欧亨利《带家具出租的房间》，作为小说，专家们挑出了好多毛病，却丝毫不影响它作为名篇流传于世，名气甚至超过了缺点少的作品。博尔赫斯说"只有二流的诗人才每天写一首好诗"。有人研究分析之后说鲁迅的小说，真正写得好的也不过十一二篇。所以在中国，被一棍子打死的作家和作品可能不少。

而略有常识就会发现，鲁迅关注社会的小说、杂文，尤其是杂文，能找到一个匹敌的还真不容易。而且对于国民性的敏锐观察、入木三分的剖析和批判，不是至今还焕发强大的生命力，令人拍案叫绝吗？郁达夫说过，"要了解中国全面的民族精神，除了读《鲁迅全集》以外，别无捷径"，当你阅读鲁迅杂文的时候，会觉得此话绝非虚语。

所以我想，读不懂鲁迅的可能另有其人。就像有人非要把《背影》撤出来一样，好多家长不同意，我也问过女儿，她评价说“挺好的文章呀，第一次读我都哭了……”当然，好作品用来课外阅读，也能收到意想不到的效果。像最近我读胡适的文章津津有味，对他的偏见和不了解，拨开迷雾见晴天了。还有梁遇春的废名的……各有特点，挺耐读的，学生也会喜欢吧。

我们可以怀疑经典，但不能置它们的光芒于不顾，这里有大光芒小光芒之分；至于风格，不具可比性，只能说每个人、每部作品，有自己的地位与价值；我们必须有新的经典出现，但新的一定要取代旧的吗，为什么我们千方百计保留古老的建筑和文物呢？为什么又大张旗鼓地读开“四书五经”了呢？不管怎么说，撤换教材是改革中国教育的一个举措，一个信号，实质性动作不久的将来或许能够看到。

八、语文老师，帮孩子解决难题

1.介绍一种读书的方法

(1)从列书单到“拔出萝卜带出泥”

听说要将《背影》从初中语文教材中去掉，好多家长不能理解，持反对态度：这么有教育意义的文章，干吗去掉呀。其实令家长们更为头疼的不是学习哪篇课文，而是孩子究竟怎样才能把语文学好。

据我所知，家长们就语文这门功课最难学几乎达成共识，即使文科出身的人，也教不了自己的孩子。初中三年下来，语文成绩不见起色者比比皆是，找个好点的辅导教师又不容易。家长认同提高语文素养的根本途径是多读书，于是也把孩子写不好作文简单笼统地归咎于读书太少，至于让孩子读哪些书则很茫然。就连语文教师也说不好。不只是我们，当年有青年求教于鲁迅先生，他也拒绝了。（最近我发现鲁迅曾为挚友许寿裳先生念大学的儿子列过一个书单，也许还有哪位名人列过，但我没有见过。）

周作人先生有一篇谈国文学习经验的文章，也只说了个大概。他说："请多看书。小说，曲，诗词，文，各种；新的，古的，文言，白话，本国，外国，各种；还有一层，好的，坏的，各种；都不可以不看，不然便不能知道文学与人生的全体，不能磨炼出一种精纯的趣味来。自然，这不要成为乱读，须得有人给他做指导顾问，其次，要别方面的知识比例地增进，逐渐养成一个健全的人生观。"

上大学后，教师、导师会为学生列出本学科必须阅读的书目。相较国内，国外书单更长，据说中国留学生在哈佛念本科一周所读的书，比在国内一年读的都多。十三四岁的孩子怎么办？我做语文教师多年，却少给学生推荐书，只是后来几年间，由于家长们强烈的要求，才试着列书单。其实教材中附有某些课外阅读书目，比方说《水浒》《西游记》《简·爱》《海底两万里》《骆驼祥子》《朝花夕拾》等，但家长还是觉得少。是家长要求太高，孩子阅读兴趣太大能力太强，还是所列书目选择余地太小？

我觉得不是教材给定的书数量太少，而是可供选择的太少，根据自我喜好挑选的余地太小。《水浒》是名著，但有人可能不喜欢，如果书目里书多，就可以弃之读别的；而暂时不喜欢的，以后可能会喜欢，那时再读也不无不可。考试题本应灵活机动，允许学生随便就一本书谈看法，可是不行，一定要考教材规定的篇目。

作为家长要明确一件事情，读书是一个人一辈子的任务，不可操之过急，也不要攀比，视自己孩子情况而定，因为语文学习有点像小火慢炖老母鸡。而写作水平的提高还与各科知识的平衡推进，观察品味生活的能力有关。当然，课外阅读还是要有一定量的，每学期孩子应该有个大致的计划，一年至少得读一两部长篇，三四本短篇吧。我给学生规定每天读五到十页，主要为文学类的书。

学生的水平参差不齐，我不知道列出的书目实际起的作用，但是的确有学生按照书单读过了《哈姆莱特》甚至《百年孤独》，的确发现他们写读书笔记不怎么叫苦连天了。在中国目前情况下，在学校里，由教师列个书单解决实际的需要，算作内行人的一种指导。可应家长的要求是一回事，堂而皇之把它们列在我写的书中，不知为什么，我也不敢。

除了书单，我们还可以采用“拔出萝卜带出泥”的方法。

比如学过了《威尼斯商人》，如果孩子对莎士比亚感兴趣，接着读《罗密欧与朱丽叶》；学习了《列夫托尔斯泰》（茨威格），把《看不见的收藏》《一个陌生女人的来信》找来；《风筝》之后读《野草》；学毕《爸爸的花儿落了》，马上将《城南旧事》读上一遍。《繁星》《春水》兴趣之余朗读泰戈尔的《新月集》《飞鸟集》或《吉檀迦利》；苏轼的《水调歌头·明月几时有》学习之后找谢庄的《月赋》，进而了解宋玉的《风赋》；《我的叔叔于勒》（莫泊桑）学完，转而读《卡门》（梅里美）《钟楼里的魔鬼》（爱伦坡）……

这样由一文扩展到另一文，由一文扩展到一书，由此书到彼书，由一类到另一类，由一人到另一人。研读一篇课文之前，我有时让学生上网查与文章、作者相关资料，挑重点写在书中空白处，一方面锻炼他们自学能力，一方面开阔他们视野。读书方法掌握后，他们就可以自己挑选文章阅读了。

我读书也经常采用上述方法。一篇文章中提到小说《冰岛渔夫》，我买来书读。某书评价海明威的小说《杀人者》，我网上查找阅读。类似情况也去图书馆借阅。同一作者的书连环读，比如J.M.库切的作品，先是《耻》，然后读《青春》《等待野蛮人》和《内陆的深处》；约瑟夫·康拉德的作品，先读短篇《青春》，然后是长篇《黑暗的中心》；卡夫卡几乎所有的短篇看过之后，又读长篇《城堡》《审判》和《美国》。戴维·赫伯特·劳伦斯的长篇我早就读过，某天从图书馆淘出一本中短篇，爱不释手。读《尤利西斯》感觉吃力，“丈二和尚摸不着头脑”，同是乔伊斯的小说，短篇《死者》《阿拉比》就让我喜欢；《德伯家的苔丝》家喻户晓，《无名的裘德》《卡斯特桥市长》等也有相当的名气，而哈代的中短篇也令人着迷，诗歌更是青出于蓝。

欧亨利《麦琪的礼物》年轻时在广播里听过，现在读《带家具出租的房间》，被其非同寻常的想象力和观察力所折服。梅里美只写过二十多个短篇，却跻身顶级作家行列，读罢其小说意犹未尽，接着读爱伦坡。前者丰富的人文知识以及优美的语言、高雅的情趣令人难忘；后者的奇特诡异堪称独树一帜。乘胜追击读爱伦坡的诗，别有洞天。他以小说家著称于世，一生只写过五十首诗，却认为自己首先是个诗人，若读一下《孤独》，必举手赞同。

这当然只是读书方法之一。这种“滚雪球”似的自由阅读，活泼自然，乐趣无穷，是针对一般人而言，如果从事某一方面专门的研究，或者对某方面有特别的爱好，那就应当制订相对严谨的读书计划了。

(2)我赞成“自由阅读”

总的说来，对学生、对我们一般人来说，读书不仅仅提高语言、文学方面的修养，还有一个消遣的问题，个人喜好的问题。而且随着时间推移，情况的变化，从前不感兴趣的忽然想读了，这样的事情常有的。以前我不太喜欢海明威，最近无意间看到关于他作品的评论，认为有读一读的必要。

以前我喜爱外国作品多一些，现在有所改变。从运用、锤炼语言，提高实际的写作水平来看，中国经典作家的作品更值得学习借鉴。鲁迅、沈从文、老舍、朱自清、萧红、张爱玲乃至莫言等，对汉语言的驾驭纯正纯熟，并各有发挥发展，自然、精准、传神，口语化、汉语化达到了一定高度，营养丰富易于消化吸收。而翻译作品既不可能百分之百反映原貌，且为适应原作而使译文语言西化也在所难免。当然好的翻译还是有的，看看杨绛先生翻译的《堂吉诃德》就知道了，而一般人，往往不容易对此做出判断。所以说汉语的人们，写作的训练还是得从这里入手，最好从读小说入手，小说语言一般锤炼得更形象生动，更纯正精准。它们往往很好地发扬了汉语言的传统，像改造过了的文言，成语、俗语、歇后语，乃至古诗词、古典戏曲等的影响……周作人先生说他所以能把意思写顺畅，最早得益于《西游记》和《聊斋》。我们一般人最先接触的也大都是小说。

以前女儿读文学作品不多，上了大学却常吆喝着读小说，我给她买过《十七岁》(布恩·塔金顿)《美人鱼椅子》(苏·蒙克·基德)《青春》(J.M.库切)等；念研究生很忙，却扬言要高雅一回，从网上下了《尤利西斯》；一再嘱咐让我给她推荐小说篇目，这一回推荐了几个中国作家。

所以，不宜要求过高过严，不宜急功近利，教师和家长的主要责任是因势利导，让孩子从小养成读书的习惯，热爱文学的性情，让读书生活伴随孩子一生。如果功利色彩太浓，搞一些硬性的规定，反而会挫伤了孩子的积极性。我经常说："你们全当读着玩。"

在学校里，教师当然应该采取一些措施督促学生读书，但是不能逼得太紧。比如我要求学生一周写一篇读书笔记，主要写感想，摘录不能过多，字数在一面或两面。这个作业学生积极性特别高，交得齐质量高。我每次都检查，打分(ABCD)。阅读内容一般没有限制，而学生多是读经典，可能由于平时教育多，也可能学生阅读尝到了甜头，档次上去下不来了。不是不许读其他，而是告诉他们：一个人不能只读时文、武侠小说、言情小说等，要学会真正意义的阅读，还是要读经典。若家长和孩子对一本书共同感兴趣，看了之后交谈交谈，那当然就更好了。

除了文学，其他类书或杂志也可以读。柳笛儿从小喜欢漫画，家里有蔡志忠几乎所有的漫画集，有几米漫画、长谷川町子的漫画，买过《漫画》杂志；订阅《科学画报》一类杂志，买动植物类、科普类、编织折纸类的书，以及哲学的、谈学习方法的、励志的书等，杂七杂八。我认为读书不宜太单一。

最近几年我除了阅读文学理论方面的著作、随笔而外，还阅读了张荫麟的《中国史纲》，蒋廷黻的《中国近代史大纲》，弗洛伊德的《梦的解析》，和田秀树的《如果感到抑郁的话就读这本书》，甚至张仲景的《伤寒论》等。近来对陶艺、玉石发生了兴趣，这方面功课补了补。媒体介绍的新书也选择读一点，买来了王咏刚、周虹撰写的《乔布斯传》，皮皮悬疑小说也在计划之中。

胡适先生当年曾写信鼓励刚去美国学习的吴健雄（注：核物理学家），专业之外注意对他国文学艺术及其他领域知识的涉猎，她后来的成就（1975年获美国国家科学勋章）与之不无关系吧。

对于写作者，广博是必需的；对于科学家，知识的扩展使其获得积淀与启示；对于普通人，则主要凭兴趣所趋各取所需，消遣的，知识的，精神的，从中获得阅读的快感。就像生活不能太单调，单调会削弱快乐感和幸福感，没法保护孩子的兴趣爱好。人与人之间千差万别，有的就是不喜欢《红楼梦》，无论别人怎样说它好。人生可供自我选择的事情本来就不算多，为什么还要剥夺孩子读书的自由呢，现在有人提倡“自由阅读”（自我感悟的自由和选择读物的自由），他很有眼光。当然，“兴趣”还是需要引导和培养的，家长教师应该提高这方面的修养和能力。

2.写作经常化生活化

（1）多写，自由写

多读书，当然能促进语文学科的学习，其实语文学习的一个重要任务就是让孩子学会阅读、培养阅读的习惯，在这个过程中训练思维，促进其发育发展，以便更好地面对生活中的问题。可是不是书读得多，写作水平就自然而然提高上去，真这么简单就好了。

通过教学和写作实践，我感觉一个人写作活动应该经常化，连续不断，要有一定的量，这样容易看到水平的提高。最近两三年，由于笔耕不辍，我的写作水平逐步提高，渐入佳境；若一段时间不写会感觉手生，于是尽量坚持天天写。状态好时多写，不好少写；有灵感时写短篇，没灵感时有一个长篇的东西慢慢写着，不让自己闲下来。同时为了这个长篇不断“充电”——凭兴趣或为弥补自身短处读一些书。利用微博来训练思维、练习写作，也是个好办法。

现在初高中生的写作实践还是太少了，时间上、字数上没有一个量的保证和堆积，所以很难看到质的飞跃。没有质的飞跃，容易产生畏难情绪；没有成就感，兴趣就会消减，乃至对写作产生厌恶感。被逼无奈硬着头皮写，在学生中并不少见。柳笛儿曾经发牢骚："谁兴的写作文呀……"还说过："上了大学不用写作文，真好呀！"家长们普遍的忧虑实属必然。关于写作可以谈的很多，我只能择其一二。

跟读书一样，首先要形成一种"自由写作"的氛围，砸断锁链。

我的作文课写作内容一般比较宽泛，常出若干题目供学生挑选，只作体裁限定，以记叙为主(教学大纲对初中阶段的写作要求)。有时只定一个大方向，比如想象性的作文，那你可以写小说、科幻，也可以写童话甚至诗歌(行数有规定)，题材自定。至于日记、周记、读书笔记随便写，爱啥写啥，记叙、议论、说明、抒情及描写随个人愿，篇幅只作下限要求；写得多写得好表扬鼓励，好作文在班内宣读，评点交流。评点时学生们发言踊跃、毫无保留，气氛热烈，一篇作文全班受益。长此以往，很容易形成你追我赶、热情澎湃的局面，好的更好，其他赶上，缩小差距，共同提高写作水平。能力产生动力，动力催生积极性主动性，至少写作变得不再可怕。

记得有人说过，小孩子能写出来，写得多一点，就是好。目标高但要求不必太高，或逐步提高要求，主要是多写，而写什么把决定权交给学生。

(2)说真话，写出真实的人生

至于说教师对作文的指导，我认为普遍做得不够好，身边没发现太高明的教师。而考前让学生背作文以及"造假"作文屡见不鲜，至今大有市场，很可以说明问题。

想象性作文和胡编乱造不是一回事。想象也是源自生活，需合情合理，具备细节的真实。非想象性作文应该以事实为根据，写真事抒发真实情感，应教会学生说真话。可是有一阵子某些学校我们初三模拟考试，批改作文有一个不成文的规定，凡是写足球或早恋的，以及文中表露消极情绪的，一律打低分，原因很微妙：防止中考“胡写八写”。某次一位老师遇上一篇写早恋的，为真情所动，擅自打了较高的分，结果被查出后立即被取消批改作文的资格。我并不认同这种做法。首先，不管迷恋足球、早恋，还是人身上的消极因素等都是客观存在，属于生活的一部分，也就是作文来源的一部分；其次，不让写，并不能杜绝它们，而积极向上的人生态度并不单靠写作文培养。当然，因为这些题材不宜把握，一般很难写好，可是不能一刀切呀。

写什么其实不是最重要的，不说违心的话、官话、套话、别人说过的话，老老实实写真话，亮出自己的观点、看法，学会做自己最重要。没有这一点，什么都谈不到。为考试得高分就闭住说真话的嘴，代之以满篇谎言，吃别人嚼过的馍，操千篇一律的腔调，可怕不？老师不可以简单用“对”与“不对”、“好”与“不好”来衡量一篇作文；也不应该求全责备，孩子就是孩子，不是作家。所以，我经常因为一篇作文有一个闪光点，就给它高分，就大肆表扬。

当我还是一名准教师时就这么做了。给大家讲一个真实的故事：我们在某县城第二中学实习，面对清一色的农村孩子。讲完规定的课文，指导教师让我和一位同学批改一次作文，末了让我讲评。这不在实习计划之中，之前和指导教师也没有沟通，我带着初生牛犊不怕虎的劲就上讲台了。我选中的范文有一篇写家庭琐事，并无稀奇之处，但其真情打动了我。我对其作了详细点评，给予几处感人细节以充分肯定。无意中，我瞥见一个男孩儿：瘦小身材一脸老实相，怯怯地坐在一个角落，眼里满含泪水。我叫他起来，大家都惊呆了，没料到我念他的作文吧。从孩子的表情我也知道，他更感意外，泪光闪闪的眼睛里明明白白写着“感激”。那一刻，我知道他写的是真实的生活，通过稚嫩的文字、真实的记录，我走近的是一个人的灵魂。突然间也明白了，一个孩子最需要的是什么。

我进中学教书好多年之后，有一次校长跟我谈话，说到我大学的成绩不好。我要求看一下档案，校长同意了，成绩确实不好，外国文学刚及格——基础较差，且从小到大学习纯属自然状态，从来没有用功过，因而成长显得较缓慢。而在实习一栏里，赫然写着“优秀”二字。我忽然记起，当年指导教师的评语上写过“语言表达能力相当好”，那堂讲评课为我加了分吧。这位普通的教师，他也知道我需要的是什么；很有可能，这句评语照亮了我的教师生涯，让它变得与众不同。今天我特别希望与大家分享这个故事，这个与写作与真情有关的故事。

真实的人生值得书写！我有个学生写她妈妈，涉及其个性中某些缺陷，教育方法中一些不当之处，并表达真实的看法，包括厌恶和憎恨。给她评点的学生写道：“你怎能有这些想法，应该写妈妈对你的好。”我仔细阅读了原文，觉得这是一篇难得的说心里话的另类文章，揭示内心深处的真实，表达比较准确。当然我没有拿它当范文，虽然我知道公开也无妨。其实生活中，爱与恨往往交织在一起，爱有多深恨才会有多深，这不只表现在恋人们身上。学生写反面东西并非她不爱妈妈，也不是对方十恶不赦，只能说明一个人看问题或写作选择了“这”（不同于常人的）一角度，而非“那”（同于常人的）一角度。她的想法肯定是真实的，至少在某些时刻，她抓住这个“真实”写出来，带着一种“残酷的美”，我们往往很难以对错来判断。袒露心迹，直面人生的反面，从心理学讲，是释放、整合掉一些不良情绪，保持心理平衡的一个途径。当一个人经历了火灾，专家指出，引导他反复谈说可怕经历，比避而不谈，更能尽快恢复其心理的健康。

国外的教育观念值得思考借鉴。《樱桃小丸子》很多人喜欢，小丸子的作文写道：“我的妈妈长个肉包子脸，爸爸脚很臭，爷爷净偷吃我的东西……”她的同学猪太郎则写道：“我家的人长得都像猪，说话总加上个

‘噗……’”像这样的文章中国可能不会见到，孩子即使写了也可能被视为丑化家庭成员。而小丸子的老师却让其上台念自己的作文，里面的真情和亲情打动了同学，在那里说真话、小孩话，能得到教师的肯定。

当然不是随便什么都可以写进作文，当然得有所写有所不写。牵扯到隐私，有人必须写出来——宣泄、释放等，有人选择永远埋藏。有一个学生的日记，写发觉其父与公司一女下属关系暧昧，于是生活被打乱：担心妈妈，担心自己幸福的家庭受到伤害，成天想着监视、窃听，甚至想找两人谈谈。这是真正的作文，但是我不仅没拿到班里念，还把本子扣了下来，怕让人看到后秘密公开。此种情况所遇几率并不多，她权当小说写，我权当小说看。但无疑，她在寻求帮助，我把它看成一种信任，同这位学生谈了几次。我建议她对谁也不要说，什么也不要做，全当没这回事，而且让她明白在没有确凿证据之前，不做任何揣断、不贸然采取任何行动可能是明智的。如果想要做什么，那就更加关心爸爸妈妈，多三个人一起活动，紧密家庭关系。慢慢地，她似乎从中走了出来。后来听说她考上了一所不错的大学。

(3)现场作文开发潜在写作激情

好的作文反映真实的人生，嬉笑怒骂，五花八门，有血有肉，触动灵魂；而假大空则无价值可言，为我的学生所不齿。在他们那里，决无考前背作文的意识，造假、说空话大话，被视为可笑、愚蠢。柳笛儿考试永远是现场作文，从来不会挖空心思弄好一篇作文以备考试之用，即使考大学。她说：“我才不重复写过的东西。”

现场作文，对学生来说既是一种挑战，也是对潜在写作激情的开发，对生活某一瞬间的回味与纵深的认识，是一种非常规的思维表达锻炼。考场作文历来不乏“激情”之作，虽然看上去比一般的稍显粗疏。有一年高考，一位考生居然顶风而上，完全不顾“诗歌除外”的明文规定，胆敢以一首诗作答。然而由于实在太优秀，终获由零分提至满分的“判决”。我认为，这是高考历史上最“牛”，也是最为中肯的一次“判决”。瞬间的爆发力，临场那一刻的发挥，往往决定某项体育竞赛的胜败，作文同理。因为说到底，它反映出平时训练的功底，而功底扎实深厚比什么都实在。可是在学校里，我们经常发现一篇作文，在一个人的作文本或卷子中重复多次：最典型的是小学骑自行车、滑旱冰，初中继续；今天考试失利，家长耐心教育我，下次还是。与此同时，网上也有专家慨叹，对于精致的追求导致的过度修改，让粗疏带有原始美的小说看不到了。

(4)最简单的作文法，最低的目标

作文写得好不太容易，但要达到一定水平，我看不算太难。要求不必太高，小学和初中学会记叙文就可以了。从身边小事写起，写熟悉的，间或写点想象性作文。不同人提出不同要求。现在有些学生为得高分偏要写抒情散文或议论文，还不会走就想跑，很容易写得不伦不类，一篇文章的体裁还是明确为好。

一般说来，一篇记叙文首先要写一件(或几件)真事，说真心话，抒发真实情感；然后确定一个合理的顺序，最简单、常见的是按时间顺序记叙；把事情的来龙去脉说清楚，什么时间什么地点什么人做了什么事，最好有一个重心；要写得具体，比方说某人说了什么做了什么动作，心里怎么想的，表情如何，以及其间的变化。一个初中的孩子，能真实具体地、完整地记叙一件事情，这就不错了，其他高一点的要求慢慢来。现在是好多孩子没有说真话的习惯，不能写好一件事。至少是初中生不能写一件稍微复杂的事(小学可写稍微简单的事)。

模仿是好的，初写都免不了，我们教师一般提倡。模仿谁，作文选吗？错。作文选用来学习、借鉴某点好处，获得启发还可以，模仿就嫌档次太低了，照搬其中材料更不对了。何况里面有些东西原本就不真实，抄来抄去，只学会了造假或字面上的那点功夫，贻害无穷。要挑选档次高的，现成的就是那些教科书里所选的，这也是教科书的功能之一，然后延伸至其他名家作品，至少是文质兼美的。教师的引导很重要。我讲课常说某一点（某几点）很值得模仿，而且不难模仿。当然这个技术是综合的，模仿更多是许多文章融会贯通的结果，所以像与不像就显得不那么重要了。例如，有学生模仿小说笔法写记叙文，太好了，拙劣点也不怕；学习一篇文章或阅读一本书之后，跃跃欲试，自然而然动手写就一篇，最好不过。相信许多人有类似经历。我看卡夫卡之后，模仿写就一篇小说《哥的巴狗猜想》，你若看了一定觉得不像，我也觉得拙劣，可是细想一下，其本质多少还是有一点像的。“不像”，是模仿的真谛吗？

女儿的作文，我并没有过高的要求，我知道要想“惊艳”非一朝一夕，也不是每人必需的。顶级作品往往跟天赋、经历等因素有关。但是随着年龄增长学业加深，还是需要不断提高要求的。到了高中，只要记叙文的底子打得好，议论文、杂文或抒情散文，至少不会有困难。至于具体到个人对某种表达方式特别钟情或拿手，对其他则不太喜欢或陌生，也在所难免，比方说描写景物我不擅长。学生一般擅长写人记事，议论就不在行，小孩子阅历浅，硬着头皮写不如先把记叙文练好，初中教科书目标比从前降低了，没有对议论文写作提出要求，是客观的。在学校里，发现想象性作文比真人真事写得好的人也不奇怪。我们唯一要注意的是专为考试而学习写作的倾向。

作文反映真实的人生，想象性作文也源自生活，其想象要合理，要具备细节的真实。叶圣陶说过：写作不是生活的负担，而是生活的必需。女儿渐渐懂得了这一点，她的日记说明了问题。把写作与人生结合起来，才算是领悟了它的真谛。还有人说：写作是“制怒”的最佳方法。有些人靠它预防抑郁、摆脱痛苦，残疾人作家史铁生说：“我写作是为了不会自杀……”视写作为生命则是最高境界，创作一终结生命即结束，像海明威、杰克伦敦等，诗人海子则以自杀成就其人生最后的诗篇。普通人很难理解，更不会去效法。

文从字顺简洁明了，对各类文体有一定的了解和把握，对一般人来说已经不错了。想要有一些粉饰雕琢,或力求文学"惊鸿"的效果,是进一步的要求,尚需一定时日,刻苦磨炼加之天赋成分,不必人人苛求。家长希望孩子优中更优的愿望很好,但孩子情况不同,学业负担又重,故适当要求比较好。你上网一看就会发现,即使那些名博,即使文章出自博导、教授,文笔也大都一般,谈不上什么文采,有的甚至干巴、枯燥,充其量把事情记叙清楚,事理说明白。这样的文章说到底也无需文采,"快餐文化"需要快,文采呀修饰呀就顾不上了,博学多识,思想敏锐,认识深刻,见解独特就可以了。当然也有的博文突破了底线,每段第一行居然不空格,有时也不分段,一轮吞写下来,还有的缺乏或没点好标点;也有绕好大圈子让人难辨观点立场的,起码的要求没有做到。前者让人觉得他写文章过于随意,后者让人怀疑他说清事理的能力了。

对于女儿我要求不高,但是记叙、说明和议论这三样文体,她都能写得合乎要求:记叙文记叙具体、流畅、描写细致;说明文能运用一些说明方法将事物特征或事理说准确、明白;议论文能摆事实讲道理证明自己观点正确(或别人观点不正确),至于很出彩,像旁征博引,文采飞扬,则做不到了。一方面与她天赋、爱好有关,一方面也与她课业负担繁重,各学科时间分配需要平衡有关。纵观她的学习生涯,这一点做得比较好,基本做到均衡发展不偏科。

女儿研究生复试的英语笔试要求将一篇短文英译汉,内容关乎医生职业责任,出了考场她将译文大意说给我听。根据上下文判断,我觉得她理解、翻译得不错,只是题目有点问题,就为它重新起了一个,她觉得很好。而面对同一篇英语文章有些考生不知所措,女儿翻译完毕他们还没写几行呢。我觉得这跟汉语的作文训练有关。训练写作实际就是训练思维,提高认识水平,然后将所要表达的诉诸笔端。英语原文意思可能不难理解,但要较为精确地翻译过来,靠的是阅读、理解与写作的综合能力。

作文的常规讲评,据我了解这方面的实践、研究,都存在较大提升空间。学生作文中普遍存在的问题，如果没有细致入微的、由点到面的评点，写作水平的提高也会变得困难。此处我下功夫比较大，颇受学生欢迎，女儿说最喜欢听我讲评作文。因为仔细找出的一些实例，往往令人发笑，可也发人深省。当然我批评永远对事不对人，表扬则大张旗鼓。

平日学生互相批改作文，也值得实践、推广，很多教师也这样做，但大都做不到位，需要改进之处不少。首先需要对此引起重视，接下来教师们要有具体方法和要求，防止流于形式。指导有方，学生会做得好，收益很多，教师也可以减少无效工作。

(5)可以尝试写诗

大学写作课我不了解，小学到高中课程目标都没有对诗歌写作提出要求。我在教授诗歌单元时，往往布置写诗歌的作业，学生的积极性令人兴奋，闪光点时有发现。那些日子，挑选佳作在课上朗诵，引来一片惊讶、喝彩和羡慕。一些学生和我讨论他们的诗作。其实我想法很简单，无非纳入一种新体裁给语文作业添些趣味，另外觉得与其望洋兴叹，何如自己跳下去试试。跟着感觉走，抓住诗的手。虽然真正产生兴趣者并不多见，但过程确实有趣，也发现了这方面有特殊才能的人。没想到退休后自己竟然写起诗歌来了，还发表了几首。年轻时不止一人说我“你身上有一种诗人气质”，每次我都自嘲“就是一首也写不出来”。

有人说诗歌是语言的最高境界。英国大文豪哈代说：“练习文字顶好学写诗，很多人从学诗写好散文，诗是文字的秘密。”（徐志摩《谒见哈代的一个下午》）难怪因小说而享有盛誉的哈代，顶重视自己的诗歌。以前曾读过一两首没感觉怎样，近来多读了几首，虽然不能对译诗水平做出准确判断，但不同凡响的诗味已经咂出一二了。对于景物、人、事的敏感与非凡的记忆，对于一个人内心世界之丰富、感情之隐秘的细腻把握与传达，两者共同构成的诗歌，绝非故作高深的莫名其妙的呓语，它出奇地连贯和容易把握。它创造的真诚与纯净、美丽与和谐，一如家乡清新而悲凉的旷野，孕育出完美的诗歌语言。可是你又怀疑它不是被“写”出来的，像一棵树一条河，原本就存在着，分明携着一股荒原的味道，“苔丝”的味道，乃至哈代的味道。你真切地贴近大师，触及着人类的灵魂——既陌生又熟悉，既凄凉又温暖，由细微悸动之心弦拨动既暧昧又明朗的欢愉的涟漪。“原来德伯家的苔丝是从这里面走出来的呀！”

现在想想，也许一个人从小学着写写诗，对于语言文字的训练真的有帮助。

退一步讲，也许只有自己动手写的时候，才可以真正学会诗歌的鉴赏。渐渐地，也许人们不会慨叹一直以来诗歌都太寂寞了，诗歌快消亡了，更说不定哪一天突然杀出一匹或者几匹黑马来，一下就把诗坛震撼了。

有兴趣的孩子，为什么你不试一试呢？

3.重视口头表达能力的训练

(1)从关心“写”到关心“说”

我们发现，一方面大家对书面表达的要求日益提高，与之不平衡的另一方面问题突出却没有引起重视的，是口头表达能力的培养。

如果你来初中听上一节课，可能发现教师或者自顾自地讲，或是学生讨论没三分钟马上叫停，当然也有让人啼笑皆非的满堂问……很长一篇文章令学生一刻钟阅读完毕，既不给其留出阅读时间，所谓互动也经常蜻蜓点水，走过场。一旦站起来回答问题，几乎所有发言者名为“说话”实为“嘟囔”；朗读课文堪称念经，且为快速念经，顷刻之间“秃噜”完毕。说话应该一字一句让别人听清楚，以达到交流的目的，朗读是对文章的另一种诠释，文意之美、音韵之美，因正确的（个性化的）朗读而焕发新生。最重要的，学生通过课堂及日常生活，学会口齿清晰、意思流畅、富有逻辑、绘声绘色、有抑扬顿挫，适合各种场合的讲话。

我的语文课要求比较明确，发言“不要嘟囔，说清楚、大点声，让所有人都能听到”。一般教师会忽略，或者纠正因遇到困难而放弃，我坚决贯彻到底，设计一系列训练“说话”的环节，制造很多锻炼机会：组织常规化的“四人小组”，实施讨论、朗读、背诵等；早自习留有说新闻、故事、成语的时间；举行演讲会、诗歌朗诵会、文艺表演（包括相声、小品、双簧……）等。到我的课堂上，稍稍留心便能觉察发言者的与众不同，而整体的课堂效果也完全不同了。讨论和背诵的环节决不走过场，“让我听见声音……”的口头禅，当声音低下去的时候就会冒出来。

在日常生活中我们常常发现，人们当众说话的能力极其有限，即使是优等生、教师或从事新闻工作的人。“那么”成为全民口头语，就是一个例子。在大庭广众说话磕巴，言不及义，或离开稿子就不会说话的比比皆是。某国家大选，央视主持人连线，那头记者吐字不清，语言啰嗦，思维与表达断档，让听众替他着急，最后时间到报道成半拉子。我看电视节目，特别留意播音员、主持人等表达情况，爱挑毛病，比如某某语速稍快，某某善垫“嗯啊”或“那么”，某某停顿不当或重音不对，某某评论轻描淡写或盛气凌人……没办法，语文教师职业习惯嘛，就像见作文就想改。所以见了上面这段话，千万不要拿板砖拍我。我只说事实，你做得好应该发扬，做得不好也不挨批评，愿意提高就可以得到表扬了。

会写不一定会说，反之亦然。但二者有联系，写和说均训练思维，故“提笔成文”和“出口成章”总连在一起。后者不比前者容易，前者也不比后者更重要。在工作生活中，要“说话”的时候往往更多，涉及面更广。

准确、简明、得体是个基本原则。一句话能说清的意思，有人啰嗦半天；复杂或较为深刻的意思，甲表达起来轻而易举，驾驭语言准确而简洁，乙却词不达意，费力不讨好。同一种意思，张某一张嘴让人觉得“难听”，从李某口中吐出便如沐春风。说话需要学习，里面学问不少，像幽默、真诚、柔中带刚、留有余地等，平时只要这个人一张嘴，我们往往能对此人许多情况作出判断，比方说礼貌、交际能力、品德、专业常识等。因为口头表达不畅未被公司录取的事情并不稀奇。这不，我认识的一个男孩参加公务员考试,系统内笔试第二名,可最终未能如愿。听家长讲,排在后面的一个女孩考上了,为什么?能说会道,口才好呗。不错,单从卷面有些东西看不见,面对面一交流方可对一个人的综合素质做出进一步判断。

一所国内知名大学,研究生面试完毕考官说了一句话:“你们太差了,不过还得录取你们。”为什么差还录取?明摆着,没好的嘛。“太差了”指什么,专业课知识?肯定不是,既已获准面试应该都是佼佼者,令人不满之处无非是他们欠缺理论联系实际或应变的能力,可能还有口头表达能力,包括汉语的外语的。生活是训练说话最好的课堂,但学校也应该负起一定的责任,多多开展像演讲、诗文朗诵、戏曲表演等活动。语文课应该教会和训练口头语言,正儿八经将其列入议事日程。家长则应该学会耐心倾听,多与孩子交流。而对这一项工作的重视程度目前还远远不够。

长久以来,网上随便张口骂人者见怪不怪,大有形成风气之势。网络是学校、桥梁和舞台,是作文本、日记本,却变成了马桶、垃圾站、格斗场……“有话说话,有理说理”,如此简单的道理惨遭践踏,更不要说汉语的纯洁、他人的尊严了。而“网络语言”的随意与泛滥对于泱泱大国五千年文字、文明的污染,也让人不明白为什么没有人站出来说句公道话,专家们哪里去了。

(2)从发言到演讲,从课内到课外

女儿从小学起就爱举手发言,公众场合讲话从不打怵。小学四年级参加钢琴比赛,录像完毕补录一段自我介绍,她一次成功。有的孩子说着说着就卡壳,一遍一遍录不好。初中上音乐公开课,来了区里一大堆人听,老师提出一个问题后一片默然,只有柳笛儿手臂高举,声音洪亮说出正确答案,我在下边笑了。这当然和她音乐知识丰富有关,和“放养”较少束缚以及天生的奔放性格有关,更和当众说话习以为常有关。一次她做国旗下的演讲，内容关乎环境保护，地理老师站在我身旁说："这是我听到的最好的（国旗下的）演讲。"一是指内容新鲜、科学而翔实；一是指讲演水平高，收到了好的效果。地理老师当然不是否定其他人的演讲，对女儿更偏爱罢了。但是确实，由于女儿平时这方面积累较多，写稿时又查了一些资料，所以稿子质量较高并适合演讲；同时，演讲的一些要求她也注意做了，效果自然不俗，仔细一点能听出来，而大家一般不太注意演讲与平常说话的不同。

某经济学家面对大学生演讲，摒弃了书面稿，他才思敏捷，条理清晰，渊博的知识与中国实际紧密联系，也注意了现场的交流，语速适中，口齿清晰……可语调似乎有问题。大约太过追求鼓动性，因而一直保持高昂的气势，缺少轻重缓急的搭配调节，最终造成学生听觉的疲劳。这跟歌唱类似，"哼哼"固然不可取，"喊歌"也令人避之唯恐不及。最顺耳最动听的，应该是最为自然的声音。所以音乐教师总是对学生说"拿出你最好听的声音"，再听，教室里的歌声真的不一样了。也像弹钢琴，就算需要强调或暴发的音符，也往往不需要砸，而是敲、弹。只有初学者或蹩脚的钢琴家才照着琴键乱砸一气，弄出来的声音永远和音乐无关。平日里，我们耳朵里充斥的噪音还少吗？如果为了以理服人，不必一直保持高声调，不必从始至终慷慨激昂；处理细致一点，于相对平缓之中高低快慢有所变幻，既产生对比又过渡自然，避免了声嘶力竭，听者又处于自然而然接受、思考和回味当中。听众不仅想你所想，乐你所乐，愤你所愤，还让自己的思考和联想加入进来；或者鼓掌叫好，或者不自觉就举起手向你发问，或者想要冲上台去和你争论。引发听众注意不完全取决于声音的高低，从效果来看，有时低音反而更能引起细心的听讲。所以在课堂上"演讲式"不如"谈话式"受欢迎，采用低音教学的课堂秩序往往更好。可见口头表达讲究与不讲究大不一样。总的说来，无论演讲还是授课（虽然二者有一些明显的区别），"谈话式"都可以作为首选。

因为不考试，所以口语表达普遍不被重视的情形就出现了。而这方面训练与不训练，结果大不一样。

一般说来受过专门训练的，如播音员、电视节目主持人等，“口才”方面的优势明显。上高中女儿在精英班，朗读课文她算好的，背诵课文算快的，但在初中的班里(普通班)，和她不相上下或比她高明的还有很多。我有一个学生，各科成绩都比较差，通常语文只考三十多分，阅读理解的题基本不会。后来高中她上了一所职业中学，告诉我上语文课老师总让她念课文，作文她写得最快，还经常被当范文念。你看，在初中虽然没有学会做基础题、阅读题，但是口头表达和限时作文得到训练，达到了一定水平。再后来她有了一份不错的工作，并组成了幸福的家庭。还有一个学生，刚进师大附中便从众多竞争者中脱颖而出，当了学校电台主持人。

有学生上了高中回来看我，说“受不了了”。原来语文课念课文像跑火车秃噜完了事儿，他们不适应啦。念好一篇课文，第一位的要求是语速、停顿和音量，然后是语气、语调等与文章本身匹配。比如戏剧，一般分角色朗读，台词或唱词要念得夸张一些，小说中的对话部分也是如此。齐读方法的运用不应泛滥，多种形式的个人朗读值得提倡。教师与学生、学生与学生之间的交流评价，十分有意义。

语文学习若能各方面均衡发展，当然最好。若什么都不行，至少把中国话说好也不错。怕就怕上了若干年的学，连一篇像样的记叙文都写不好，成天说着母语，却嘟嘟囔囔，磕里磕巴，而且我一直怀疑，这样能把外语真正学好吗?

女儿考研过复旦分数线后，我陪她到上海面试。先笔试英语，得90分。然后面试顺利过关，并且受到评委好评。整个面试的过程，问答几乎全用英语，面对一圈专家女儿从容镇定，这绝非一日之功。英语的听和说，很多年来女儿一直十分重视，不间断训练(说不及听)，同时母语听说读写方面长期的训练，肯定也功不可没。当然平日专业课的基础，一个多月充分的面试准备工作，都相应起到了作用。

学校、家长平日里多给孩子一些听说的机会，从小养成他们善于倾听和良好的口语表达习惯，也同样重要。

女儿上课喜爱举手发言，但看上去她似乎很文静，话并不多。幼时在人前颇为腼腆，和人打招呼得我提醒。我对此不满，她说“以后忘了你就拽我衣服”。这个方法并没用过，可渐渐地她学会了主动打招呼，以致发展到嘴相当甜，哥哥姐姐、叔叔阿姨、爷爷奶奶，可跟趟儿了。我还没看见人家，她早打上招呼，接着叽里呱啦聊上了，我倒落后了。在家尤其在我面前，不多话的女儿，不知哪天起成话痨了，偶尔我也会喊：“别聒噪了！”可这孩子嬉皮笑脸插科打诨，照说不误。

据我所知，不少家长缺乏耐心的倾听，随意打断孩子，只顾自己说。大人说话孩子偶尔插一句未尝不可，却遭到斥责：“大人讲话，小孩子别插嘴！”礼貌固然要讲，但也不必处处拘泥呀。老师叫来家长，说学生如何如何，学生想解释一下，家长说：“听你的还是听老师的？”孩子就哑了，久而久之解释的欲望都没了。不是没了，是被压抑或转嫁了，语言能力退化事小，早晚有一天给家长一点颜色看。

这里面还有深一层“沟通”的问题。你看，一天六节正课外加二节自习不让说话，回到家爸妈又懒得听“废话”，孩子的嘴只剩下吃饭功能了。我最爱听孩子解释，他一张嘴便能发现问题，比如讲歪理、强调客观，比如有隐情或苦衷，你正愁没地儿“下嘴”呢，这会儿逮着了。这就不是单方面教育或训斥，变成双方平等对话了。

大人们的不善于倾听，后果可能很严重，而我们往往不觉。除了造成沟通的不畅，有一点大家可能很少考虑到，孩子受到负面影响后也培养不起耐心倾听的习惯，就像大人遇事不善于讲道理，孩子也就学不会。比如家长不同意做某事，孩子问：“为什么呀？”“哎呀，你就甭管了，说不行就是不行，哪来这么多废话！”家长不会讲道理或懒得费时费力。

倾听——协商，无论从国际关系到单位、家庭乃至生活的各个领域，都应该提倡。通过此方法来解决问题一般很少留后患。在某些家长的字典里，可能因为缺了这俩字儿，使孩子的想法、人格得不到尊重，长此以往，孩子能不能尊重他人就成问题。生活中和网上不顾事实、缘由动辄开骂见怪不怪，不能说与此毫无关联。我经常遇到说话被对方曲解、不理解而无端遭到误解甚至指责的情况。究其原因一是听了没听懂，二是没听对方说完就发言，没法了解对方意思的全貌。这都为人际交流造成了障碍，因而可能对双方关系起到破坏作用。现代人比较忙碌也比较功利，所以遇事耐心倾听、以理服人的不多见了。人与人之间，包括同事之间、朋友之间或亲人之间，除了工作或一些功利话题，很多倾听或谈话被省略了，踏踏实实经营某种纯情关系成为一种奢望。苦于找不到倾听者，或者和人论理而不顺给人带来的绝望情绪，往往给人生罩上阴影。而我作为教师和妈妈，由于比较早注意到这一点（开始属不自觉行为），教育的效果可想而知，女儿被指"性格好"当是有渊源的。协商，早就成为我们家庭中的习惯；而在生活和工作当中，为了达成自己的目标或目的耐心倾听，试着和别人协商，也使我屡屡获益。

喜爱倾听、有敏锐的耳朵，让我拥有众多倾诉者，开展教育、教学工作优势明显，并且并在不断的磨炼中得以更上一层楼。在我教师生涯的后期，在注重让学生"说"的同时，也相当注重学生听力的培养了。本来它俩就密不可分。无论听还是说，都不是一日之功，训练不训练大不一样。

我所谓讲课本身就是谈话，一旦聊起来双方都有说有听，这跟单纯听你站讲台上讲演两码事儿。看似轻松随意，实际得具备一定驾驭能力。无论我还是学生均处在不断调整思维的过程中，不可走神须臾。学生听得认真有兴味，适时参与进来发表个性见解；我听学生的，他们听我的也听同学的，特别强调针对同学的倾听与发言。让别人把话说完，亮出自己的想法、看法，渐渐成为一种习惯。除此之外，还有其他看似随意实则精心设计的环节。

在课堂上也发现，学生最喜欢讨论，兴趣高涨时很难刹得住。我经常手掌拍疼之后声嘶力竭嚎一声"停"，再外加黑板擦敲击桌面的噪音，讨论声方意犹未尽地渐渐平息。安静的阅读习惯肯定要培养，决不能怠慢，但是小孩子思维活跃喜欢动，你得适当满足。所以几乎每节课都设计“说话”环节，让学生最大限度动起起嘴来。或念（各种方式的朗读）、背课文，或讨论交流、提问回答，或叙述见闻、畅谈感受等。当沉闷的阅读持续较长时间，就让他们齐读一个精彩片断，或者就刚才的阅读随便说点什么，指定某人或在下面七嘴八舌都行；当某位学生说话磕巴，说得慢的时候，老师同学耐心倾听，给予鼓励。所以在我的课堂上，学生经常有说话的机会，而完全不用担心纪律问题，孩子说够了，释放完了嘛，课堂程序安排好，哪来时间讲废话呀。当孩子对课文不熟悉的时候，请他念慢一点；当说着说着没词的时候，请他停下来思考片刻，而不要“嗯、啊”或者垫上“那么”搪塞，一天天地他就会养成一个念书、讲话的好习惯，再加上严谨的思维训练，坚持下来，口语表达能力必会与众不同。

耐心倾听、以理服人的习惯一旦养成，也为孩子日后人际交流打下了基础。其实说到底，这与开放的生活方式有关。幽闭生活当然有它的好处，但是进入现代社会，容易导致眼界狭窄目光短浅，有时只看到一己之利、一家地盘，综合判断、处理事务的能力受到限制，人际交往的过程、效果也往往不尽如人意。因为无论是听还是说——交流、协商，都需要有海纳百川的胸怀。真理越辩越明，敢于坚持也舍得放弃；事情出了不逃避，问题来了耐心求解决，这都需要开放的思维、强大的内心与广博的知识作前导。否则必然会陷入僵化、单调或手足无措直至产生胡乱的指责。所以我推崇开放式的课堂，开放式的生活。高朋满座、神游四海仅仅是一种表面文章，老年隐居、小孩幽闭照样可以“开放”。

我和几位语文老师进行过“口语测试”的实验，从题目到可操作性乃至考试效果，都有可圈可点之处。学生的积极性尤其高，令人意想不到。记得有一个学生对 B＋不甚满意，要求重考。来日再考发挥不错，我给了 A。虽然那次考试一个班得 A＋的只一两个，虽然一个一个考稍感麻烦，但尝试很有意义，过程也很有趣。回头想想，如果有条件汉语的听力也应该考上一考，同“说”有机结合。

女儿做实习医生时，遇到一位要求极为严格的科室主任。每日查房前，主任都要抽查住院医生对病员情况的掌握，说得不好便“训斥”。针对啰唆、绕弯子他丢过来一句：“说主要的。”谁磕巴，声音小、吐字不清，则听到：“大点声，没吃饭吗？”若思维混乱上句不连下句，立即被打断：“好了，到此为止。”皱起眉头，一脸不悦。女儿哪见过这阵势，好在开始没叫到她，暂时躲了过去。她于是观察思考，发现一位师兄说得非常好，在貌似杂乱的材料中能捋出一条线索，牵带出主要内容，有所说有所不说。某天，终于轮到女儿了，当她分清主次、逻辑严密、简洁明了汇报完毕，这位主任表情正常没说什么。下来之后，师哥师姐们议论说：“你今天说得不错，看主任那样好像挺满意。”如果平常忽视口语表达，现学现卖可能结果就不是这样。当然，如果能认识到口语表达的重要性，那么“革命”永远不晚。

九、哈佛博士成才了吗

1.成才的标准不是名校毕业

杭州游玩回上海，我们在火车上认识了一位朋友。他患有糖尿病，听说我女儿在复旦医学院读研，就和她聊病的事，女儿专业性的谈吐令他颇为满意。我们一路聊得比较投机，内容涉及许多方面。他女儿在杭州一家公司做文秘，工作挺清闲，挣钱不少，他却说这样的工作人人可做，不像你女儿有专业。在他眼里，人应该掌握一种技能或学习某种专业，才真正拥有立身活命的资本。车停上海我们互道再见，他突然对我讲：“你的女儿已经成才了。”然后对女儿说：“好好干。”

我转过头问：“这算成才了吗？”他肯定地点点头。我们分手了，可能永远不会再见，而那句话我一直思考。知道他羡慕我，也喜欢我女儿，并赞赏医生这行业。一路上，他听女儿说医生职业辛苦且报酬不高，就表述自己的看法："人生在世钱买不来尊严，(自古以来)医生是受人尊敬的职业：工作性质特殊，专业性极强，不是随便什么人能干的。"在他看来这一点很重要。作为同龄人，他的观点我基本赞成。可女儿还在读研，还没为社会做什么，算成才了吗？

究竟成才的定义是什么，怎么衡量一个人是不是成才了，好像各有各的标准呢。我以为，当一个人还没有为社会做出较大贡献，尚在学习阶段，不可以算作成才，只能说取得了一些成绩或取得了部分成功，因为学习的最终目的是将知识和才能返还给社会。当然，一个人在读书期间如研究生、博士或博士后等，也会直接或间接或多或少为社会做事，但毕竟算不上最终成才；那都是前期的准备工作，是社会为你创造了学习知识、增长本领的条件。一般说来，各行各业，成才需要一个漫长的过程。所以，无论你念北大清华还是哈佛耶鲁，当你融入社会，亲自开始自己的工作和研究之时，才走上成才的道路。也就是说，各种各样的头衔再光耀，如果不能为社会创造价值，不能为人类做贡献，就可能成不了才；反之，没有光环倒可以成才也说不定。成才可遇而不可求。无数的人最终只能成为普通人，也实属正常。怕就怕成不了才，普通人又做不成。

这里面的学问既简单又深奥。有一件事曾吵得沸沸扬扬：针对名牌大学少农村学生的现实，某大学要直招农村生，但必须"家庭中三代之内无大学生"才够格。大家一致感觉这样的做法有失公允，似乎之前家中出过大学生倒成了坏事，且有些高分者要被挤掉了。我知道"圆梦计划"的初衷很好，但是让人感觉第一好像只有名牌大学才算大学，第二好像人人都必须上大学。非名牌大学里没有好教师吗，上普通学校或不念大学就不能成才吗？如果一个社会过于看重"牌子"，真才实学者很容易被埋没，是不是呢？学历造假事件出了不止一起，责任全在当事人吗？"通往罗马的路不止一条"，所以上不上名牌大学，顺其自然不好吗，追求教育公平为什么不能做些实质性的工作呢？比如改善一下初等教育的办学条件，吸引一些优秀人才提高师资队伍整体水平等。刻意追求，末了还能保留几分货真价实呢？

2.人品人性的教育是成才的关键

有一位名牌大学的双料博士，在校学习成绩常位列第一。但工作出师不利，从三个证券交易所被劝退之后，跳楼自杀身亡。儒勒·凡尔纳遭退稿十五次，第十六次方被看中，区区三次失败，就把一个高材生毁掉了。经受不起挫折，放不下架子？没有及时寻求帮助，缺少家人朋友的关怀？抑或天性就脆弱？总之是普通人没有做成。

有一位哈佛女博士，从小天资聪颖、学习能力超群，在身为高级知识分子的父母精心设计下，学医道路一帆风顺。十五岁考入复旦，家长视其为“天才”，而她的优越感也流露在外。上学坐火车非卧铺不可，买不到父母便亲自占座，可她不但不感激还向别人诉苦；父亲眼见舞技超群的女儿斥责平庸舞伴为“蠢蛋”，却没当回事儿。人性人品教育的缺失，为日后埋下了祸根。在哈佛她谈了男朋友，可家人认为，出国的任务是学习不是谈恋爱，于是听从父母之命，很快寄回获奖证书若干。为留在国外工作，父母劝她找某研究生朋友帮忙，她称：“我学历高，让她找我。”那时精神已经出了问题，回国后又对几个工作不满意，精神问题愈加严重。父母似有觉察，却没引起重视，最终她因精神分裂住进了医院，后来每过几个月就得住院一次。

这两个例子中的主人公，很显然，离成才仅一步之遥。发生在这两人身上的事特别有力地说明了一个人要成才，不只拥有名牌学历那么简单。我不认为柳笛儿或与之类似的孩子算是成才了，前面的路还很长，他们不仅需要获得学历或资格，有比这更重要的。比如，无论一个人什么学校多高学历，都要警惕优越感，都要把自己当成普通人，父母首先不要视其为“天才”；他们需要有为人民、为国家、为科学效力的崇高境界，破除名利思想；要学习为人处世的道理，对挫折、困难有预知与对抗能力……而这些，在人生最初的阶段，一个孩子世界观、人生观初步形成之日，就应该开始培养。可惜的是，好多人家或学校，看智力的发展太重要，看人身上的光环太重要，却忽略了其他。

如此简单的道理，不知道为什么会忽略。本事没有多少成天颐指气使，口气大得不得了的大人、孩子，我们经常能遇到。让人欣慰的也有，可惜略少。和我的学生——前面提到的萨克斯演奏者、大学教师见面的场景，记忆犹新。那天我从一家图片社门前经过，“吴老师”，似乎有人轻声喊。我侧转头停住脚，看见穿流的行人中一位年轻人脸朝向我，感觉陌生：“叫我吗？”对方微笑了：“我是您的学生呀。”可是……脑子急速地搜了几圈儿，一无所获，我窘极了。随后他告诉我班级和姓名，“噢……”可是依然没有印象。后来知道他正在里面复印曲谱，或许透过大玻璃窗看见我后走了出来。我只教过他一年，已经过去十四五年，又不是迎面撞上……立马涌起一种亲切感，站在人行道上攀谈起来。我的忘却固然无罪，教过的学生怎能个个记得？但这一次令我悔愧，当年课上多叫叫他，课下听听他的演奏就好了。对于全然的忘却，年轻的艺术家没有丝毫的不快，完全沉浸于重逢的喜悦之中，这更加令我不安。我和他谈了其他学生，又从鲁宾斯坦说到李云迪和朗朗，从钢琴、大小提琴说到了我对于萨克斯的认知，他说萨克斯同样可以演奏古典曲目，说好以后联系，用 QQ 把他演奏的曲子发给我。

不几日，果然接到电话，听了他的演奏，竟然喜欢上萨克斯了。学生吹奏的古典曲目如夜如水，柔美动听，颠覆了以往我对此乐器的认知。见面之后杳无音信，或答应的事不去履行的，我们见过太多太多，所以我越发悔愧当初。我不认识他的父母，但是我却能够了解他们是怎样的人，通过艺术家对于老师的态度，对于说过的话的负责，当然还有对于艺术的热爱，对于本职工作的尽责等。

哈佛女孩让人惋惜心痛，跳楼的高才生让人怜惜悲伤。这个时候，我们决不会再去盲目地羡慕谁家孩子，反倒庆幸自家孩子上不了名校成不了才,却拥有健全的身心和自己的人生。我们不会或没有设计其人生,倒成了一件好事。“来点色彩!”当春天来临,医院花坛的花儿开放,女儿拍下来上传微博,我立刻转发:“真美呀! 我亲爱的热爱自然的孩子。”这个时候格外欣慰。

到国外学习是一件好事。但只关心学习,对心灵漠不关心,这倾斜了成才的天平。要我说,首要的未必是学业本身,扩大视野向别国人民学习,个人闯世界增强立身处世的本领,日后能从容面对生活中的各种问题,出国才更有意义。学习的同时,的确有一些关卡必须过,像生活琐事,与同学同事乃至导师关系等,没搞好出事的已经知道不少。我亲见一些归国的不见得学有所成,但他们平平安安健健康康,过着普通人的生活,不很好吗? 住在我楼下的女孩高中就出国了,先去澳大利亚学医,后转而去英国学经济,回国后帮助父母经营一家箱包店,干得有模有样。为出国家中花去人民币一百多万,值不值看怎么看,成不了大才成小才,成不了才买一个人生经历。另外,出国前根据家庭经济现状、针对个人孩子情况,全面衡量利弊以防盲目随大流,也是明智之举。

我朋友的女儿在国内上“三本”学国际金融,她觉得学校环境不好,要求出国,得到了应允。朋友单位效益好,钱的问题不大,她想孩子出去学点真本事,锻炼闯荡。唯一担心的,是孩子学坏。有这个认识就很好,就不会一味关心学习。如果一心奔学习,结果不一定好。最后恐怕很多孩子成不了大才或小才,学点实实在在的本领、知识,积累闯荡世界的经验,足矣。当然,如果学有所成于国外或国内,于科学或事业取得成功,名利双收,我们一定拍手祝贺。像上面哈佛女孩那样不能与社会和人群融合的“贵族”,即使光环再耀眼,还不是没什么用。这个例子有些极端,但值得警惕,因为类似的情况不少见。

3.人人可以成功,成才可遇不可求

说实话,我的女儿我希望她成才,就算我自己,也希望在写作方面有

所突破,但是要达到这样的目标任重而道远。人往往需要用一生来证明,你是不是成才了。女儿和我,我们立志成才的人,要做的事情还很多。首先,我们要奋斗,然后要对困难和挫折有充分的预知和抵抗能力。说到底,成才可遇而不可求,而成功就不同了。

一般认为,在工作或学习领域中做出高于他人的成绩,即可视为成功。从这个意义上讲,少年博士成功了。另外,为祖国为人民,有一分热发一分光,乐于助人,勇于同恶势力斗争……在社会是个好公民,在家庭尊老爱幼,对朋友热情真诚……你的人生也成功一大部分了,这恐怕为多数人所认可。只是真正做起来,经常产生人与人之间的攀比。如果在功利意识驱动下,从小灌输孩子“失败者无尊严”,教他为“人上人”而奋斗,很可能忽视“成人”教育,导致某些人格缺陷,限制其发展空间。

人和人之间没有可比性,社会是一部大机器,你我都是上面的一个小零件。我们做不了科学家、企业家,可他们不见得能胜任我们的工作,社会分工不同罢了。所以当今社会以金钱地位衡量一个人价值的观念,颇值得怀疑。再者,有些人盲目地“仇富”,不想想人家拥有财富(非正道来的例外)的背后,吃得了怎样的苦中苦,而人生的幸福也不只跟金钱地位有关。

以上像是在说大道理,其实做一个人,大道理小道理都要懂一些,因为人总是在这里面转来转去。例如,我们不仅要懂得今日学习是为日后个人前途和实现个人价值,而且要明白,在这之外还有社会责任,和对于名利思想的警惕等。你靠奋斗成了哈佛博士,不错,但是父母、社会为你创造了机会和条件,不能把功劳全归已有,要想着回报并以此为荣、以此为快乐;哈佛博士也是普通人,融入社会也得一步步从最基层干起,从失败中奋起……有了这些,距离成才就不远了吧。

第三部分　心理成长

一、“烟幕弹”的故事
二、第一张奖状
三、给孩子的一封信
四、教授的博文：是非善恶要分清
五、当干部的经历很宝贵
六、我们喜欢幽默的人
七、红星照我去战斗：身教重于言教
八、天空里的一片云：心平气和看“早恋”
九、妈妈的那些老师们：榜样永远有力量
十、别喑哑了爱之声：警惕过度关注
十一、让孩子“狗一天，猫一天”：自我矫正与外力影响
十二、最高的褒奖：耐心
十三、博爱——终极目标

一、“烟幕弹”的故事

1.从小自主解决问题

孩子到一定年龄，必然开始和外界的人接触。小孩子在一起玩，闹起来打起来不奇怪。我的教育方法很简单却很有效，那就是“凡事让着别人”。柳笛儿和两个表姐一起玩儿，表姐俩经常吵架，然后互不理睬。可女儿无论仨人还是俩人玩都相安无事。院里小孩也喜欢和她玩，无论大点还是小点的。所以她小时候一个人在院儿里玩，我在家做事，一点不用操心。

可是这种教育也有问题。比方说，有人借她的儿童自行车骑，她欣然应允，自己想骑时却要不回来，于是一肚子委屈。等上了小学，同桌男孩经常“欺负”她，开始忍着，后来发展到用小刀子割她胳膊，回到家痛哭，叫我找老师调位。我说：“这事能不能自己解决呀？”她想了想：“他要再打我，我就打他。”我笑了，说：“行！不过你可以先给老师反映，让老师批评他，尽量不要对着打。”我知道男孩儿惹女孩儿，多半是表达一种喜爱，不是真的有恶意。结果第二天她回来满脸喜悦，告诉我同桌挨了批评道了歉。之后两人坐同位很久，不仅相安无事，而且相处得很和谐。一次考试前老师让准备一篇作文，男孩写了《同桌教我吹口琴》，不想考试题目是让写自己，于是他毫不犹豫地将题目改成《我教同桌吹口琴》。女儿回家一说，我笑得前仰后合。后来上了初中、高中，俩人不在一个学校，那男生还偶尔打电话来呢。

整个小学阶段女儿发生过许多事情，我没有一次去学校找老师。高中阶段偶尔和女儿老师见面，无非一般的沟通，了解情况。都是背后帮助她学着自己解决问题，也曾建议她需要时寻求老师的帮助，这个习惯一直保持到现在。这样的结果是孩子处事能力一步步得到提高，关键时刻又能寻求帮助获得支持，从而形成自然稳定的心态和良好的情绪，进而逐渐造就出健康心理。女儿现在常被周围人夸“性格好”，源头可以追溯到这里吧。可是在学校里，经常遇见家长连调座位这样的小事也亲自联系老师，忘记给孩子留一个自主解决问题的空间。

2.培养有主见的孩子

小学女儿当干部，早晨领同学读书，有些孩子老捣乱镇唬不了。后来她想了一个办法，大家都安静了。我问怎么回事儿，她笑着说：“我放‘烟幕弹’，俩黑板擦对着拍……他们都老实了。”我哈哈大笑，虽然这个点子有点“馊”，但我觉得有创意，不失为一种法子。

有一次学校开展大合唱，柳笛儿当指挥。老师说：“咱班唱得不好。”柳笛儿出主意：“叫我妈来，她会指导。”我当仁不让，凭业余水平一指导，唱得好多了，皆大欢喜。一个孩子从小爱动脑筋想点子，千方百计把事情做到最好，而做家长的又能够在背后支持和帮助他，就很容易养成他独立、有主见的人格，同时又善于让周围条件为他所用。这样的孩子一旦遇上事，可有主见了，不管小事大事。

前面说过在青岛她给我“指点迷津”的事儿，后来发现这孩子方向感超强。初次去上海，她在街道、地铁站甬道自由穿梭，如鱼得水，好像从前来过一样。冲着嘟嘟囔囔、晕头转向的我丢过一句：“你什么也别说，跟着我。”我们一起逛超市，经常把我拣到车里的货物扔回去，说我败家子净挑贵的，结果成了她购物我跟班。人家还说我有主见，这回败给她了。

小学三四年级发生过两件事，我至今记得。有一次做饭不小心，我切到了手指，很严重，疼得嗷嗷叫。女儿见状表现得十分镇定，一边安慰我，一边拿上钱迅速跑到附近药店，买来了药棉、绷带、消炎粉和药水，亲自为我擦拭、敷药、包扎，那架势真比医生还医生。因为处理及时得当，伤口很快愈合了。

又一天，丈夫从食堂买来生水饺，因为有事急匆匆走了，留了张条让我给孩子煮饺子，而我因为学校临时有事很晚才回家。进门后，女儿告诉我饺子吃过了，自己煮的。我问“煮熟了吗”，她点点头；“破了吗”，“不多”；“好吃吗”，“可香了”。再看盘子里光光的，碗里有喝剩下的一口汤。“为什么不等妈妈呀”，我有些后怕，那时候家里使用罐装煤气、电子打火枪，安全起见从没让她动过炉灶。“肚子饿得咕咕叫，就学妈妈的样自己煮了呗”，孩子淡然地说。我表扬她：“能干的孩子饿不着。”

3.有主见的孩子越大越成功

考高中的时候，我替她报了离家近的学校，结果她不干，表都填好送上去了，非要我去区教委拿回来，按她的想法重报了一所省内最好的学校。现在想想，她是对的。上医学院也是她自己的主意。那几年刚流行学经济、金融，因为高考成绩不理想，我想让她学会计，人家说什么也不干，决不随大流，就为好找工作而学习不喜欢的专业。那时候遵从家长意愿或因其他原因违心选择大学专业的很多，当然现在情况有所转变。考研报哪所学校，她颇费了一番脑子。我拿不定主意，报低了怕她亏，报高了又觉得太冒险。她反复衡量了自己的水平之后，决定还是搏一下，报最好的学校；我也支持她，让她“一颗红心，两手准备”。真的，那时已经做好去边远地区（如佳木斯）上学的准备了，结果成功考入了复旦。研究生复试出现了一段插曲：两个同等优秀的导师可以由她挑选，选“临床”还是选“研究”，选专业还是选医院（医学研究生的专业从大的方面可以分为两类，即临床型与研究型；各位导师从属的医院不同），几秒钟之内必须决定。她果断地选择了前者。从当时和目前情况来看，那时那地的抉择是没错的。这样的孩子，如果离家在外，也就不用太为他们担着心。

上高中女儿在城外小镇住校，一室住五人，课上课下碰头打脸，问题就来了。你想呀，进名校上实验班，同学个个优秀，性格、素质上的差异自然让人际关系变得微妙。这时候我的忠告还是“凡事让着别人”；更加强调“助人为乐”，告诉她出门在外谁都会遇到困难，适时给别人关怀与帮助利于和谐人际关系。还告诫她：千万不要背后议论他人，有意见摆到桌面上；多看别人的优点。高中三年由于种种原因，人际关系方面她有一些磕磕绊绊，但一直都是自己学着慢慢化解、解决，没有太多影响到学习，虽然女儿的学习成绩在班里数不算好，但她还是得过很多奖，诸如“助人为乐奖”“学习进步奖”等，我把这样的奖看得比学习奖更为宝贵。一个孩子不能仅仅学习成绩优异，还要学会关心人帮助人，这样成年后才可能既有为人民服务的资本，又有为人民服务的思想，成为对社会有用的人，不是吗？

上了医学院，她当团支部书记也遇到过这样那样的问题，虽然有时也会打电话诉苦，但她独立处理问题的能力日渐提高，学习工作两不误，年年获一等奖学金，获奖证书一大堆。当女儿考研分数下来，整理材料准备复试时，看到这些，我真是既骄傲又感慨。读研之后，需要自己做决定的考验虽然更严峻，她里面也泛起过这样那样的涟漪，但是终究一一平复。问题一个个得到化解、解决。有了这么多年的铺垫，轮到我操心的事越来越少，我常打趣她“翅膀硬了，不要妈了”。虽然我扮演的角色没有最终退出舞台，但越来越边缘化了。随着时光的流逝，她的自我意识、自主能力和独立人格，越来越凸显出来，比如对于将来的设想、规划，对于某人某事的看法、评价，对于社会问题所表现的忧虑或分析等，常常让我感到惊讶。

仔细想想孩子这一生，家长所能帮到的其实很有限，特别是当他们离开家庭时，一切都得靠自己。能够学会克服困难，从容面对、渡过难关取得胜利，显得多么重要呀。如果你想帮孩子，想让自己放心，就像放风筝一样，从他们幼时起一点点放飞，这样的“帮”才正确。所以，见孩子老大了还送他们上学、帮助提书包的家长我很不理解，无微不至地关心孩子没有错，但是得有个度，得分什么事，对不对呀。

二、第一张奖状

1.学前班剪纸获奖——从小勇于面对困难

女儿上学前班时，有一次参加剪贴画比赛，一幅画须半小时内画好并剪贴完成。画中有两只青蛙，几张荷叶，几只小蝌蚪及水波纹若干。我陪她练了一个月，其中四十分钟完成居多，三十分钟极少，虽然我一直鼓励她，但心里没底儿。到参赛那天早晨，她说什么也不去了，站在沙发上手扒着大立橱死活不下来。“要不就算了，逼她干什么？”这个念头闪了一下立即被掐灭，这不等于助长她做事怕困难，动辄打退堂鼓吗，不行。于是我对她说：“你只管做，弄完就行，别管时间，咱不要名次。”结果女儿带回了奖状，一等奖。她说自己第一个出来，只用了二十分钟多一点，好多小朋友的画简单，用时却比她多。总之超常发挥，我乐开了花。她倒不怎么在意似的，喜滋滋告诉我老师给她买了紫雪糕吃。

这是女儿最早的一张奖状，巴掌大一张纸，很小的几个字，简直不能算一张真正的奖状，我至今保留着。她后来又获得过无数奖项，其中不乏精美的奖状，但不知为什么，我最记得那张奖状的样子，最珍贵那张纸。陪她剪纸的那些日子，比赛那天早晨的情景，就像刚刚发生过。我总觉得如果没有那次迎难而上的经历，就不会有女儿今天的进步。

细细想来，人生其实就是一个不断克服困难、走向进步和成熟的过程，所以对孩子来说，在生活和学习中培养坚忍不拔的气概，勇于克服困难的精神，甚为重要。这是一个长期的战斗任务，家长和教师所能做的，就是激励帮助他们。

2.高中面对逆境，接受挑战

女儿上高中后，首先在学习上遇到了一系列问题。学校是省内最好的，她上的又是实验班，高手云集。那些成绩优异的孩子不仅进行了超前学习，而且有非凡的拼命三郎精神。比如，一进高中有人就将大学化学课程自学完毕；数学老师列出一道题，某同学几步窜上讲台，女儿尚未反应过来，题已做毕。前面我提到，有些人晚上学习到凌晨一两点。起初这些对女儿这种既没上过辅导班超前自学，又没有熬夜习惯的人来说，与其是一种挑战，不如说是一种威胁。

单从班级名次看，女儿学习情况一直不太令人满意，但是经过三年的"重压"，实际上她的人生有质的飞跃。你看，首先她要接受这样的现实：不像小学和初中那样，前几名已经与自己无缘（只语文一直考得不错）；不令老师满意，自己抬不起头来；会弹钢琴、绘画，乐于助人善解人意，但是学校、老师不太注重这些，自己很少受表扬。然后她要想办法，克服重重困难把学习成绩提上去。高中三年，女儿经历着我们所说的"逆境"，日子很不好过，直到现在她不愿意提及高中之事，和高中同学也少来往。只有我这个当妈的了解她的苦衷。

学校宿舍没有安电话，不让带手机，我就给孩子写信。我知道如今这样的家长很少，一方面走投无路，一方面可能受了《傅雷家书》的启发。另外，我给她买了传授学习方法的书，有《别当书呆子》（李耀仁编著），有《如何学习》（美国隆恩·弗莱著，蔡朝旭译）和《学并快乐着》（美国丹尼斯·乔登著，张恩惠编译）；还有《松弛课》（英国迈克·乔治著，高峰译）等，这些书我也大都读过了。打开书来，能看到我和女儿画的一些道道，以及写的一些启示与点评。尤其是《别当书呆子》一书，让她的听课及读书笔记质量有了提升，在我看来，高中阶段的学习进步还在其次，关键是她改进、掌握了一系列比较科学的学习方法与技能，为日后在医学院的学习大放异彩打下了基础。

由于不堪学业压力，女儿班有几位同学转学文科，有的转回本校。班主任也曾暗示，认为我让女儿上实验班、住校是一个错误——一些原因使教师对于学生的了解有局限，可以理解；升学率的桎梏又很难给孩子留一个较为宽松的进步空间。但是我没有苟同，让她坚持了下来。直到现在我都为此而庆幸，为自己和女儿都是有主见的人，遇事能够向前看，困境之中不妥协而骄傲。而在学习方法提高后，在不拼命不熬夜的前提下，在顶住压力不断努力之后，实际上女儿滴溜轱辘一直跟了上去，成绩呈上升趋势。虽然名次还是不太令人满意，但她自己已经不再在乎什么，而是愈战愈勇，愈挫愈勇。妈妈最了解自己的孩子，首先不能遇事就打退堂鼓，必须坚定自己最初的想法，后来证明我对了。

这样一个漫长的过程，自始至终，闪烁淡定的眼神，又浸透无形的抗争、满怀美好的期待——令人着魔。女儿好像完全不是为分数去学习，而是为证明什么。证明什么，她能不能得到证明？我和她都不知道，在很长时间里，好像我都没有把握，又好像胜券在握，我只知道我的孩子有能力做得越来越好，其实她已经做得很好了，她每一点努力和进步，我都看得很清楚。我永远不会以分数来评价教育的成果，来判断一个孩子的未来。我们应该向前看，每个人是一个特殊的个体，没有可比性。所以我经常对学生也对女儿说，不要跟别人比，自己与自己比，严格要求自己，不断改进不断进步。唯其如此，女儿方可顶住压力，轻装上阵。她让我看到了与困难斗争其乐无穷的坚强人格的雏形。高中三年的磨难，是她人生中的一笔宝贵财富。看她的昨天，知她的今天。等到不太理想的高考成绩下来，女儿那份坦然，让我既惊讶又欣慰。语文 132 分，考得最好，由于“理综”拉分，她最终上了一所省内二流的医学院。

报考这所学校，是经过深思熟虑的。它名气不大，从全国看，充其量算所三流院校，但是它有着悠久的历史、良好的师资，几所辖属医院不乏名医；关键在于学校有良好的学习风气，每年研究生考试，都有学生考取顶级医学院校。人文环境也不错，京杭运河从学校本校区穿流而过，校园别致而洁净。城内有太白楼、运河等，不远处有著名的微山湖。分校区则坐落于著名的海滨城市日照。如果幸运上名校当然好，但是去不了也不意味着孩子的前途就没了。说到底，一个人的成功最终取决于自身的努力，而这个过程就是勇于克服一个个困难的过程。

3.考研成功是素质教育的功劳

大学最后一年正值女儿在医院实习，也是考研的冲刺阶段。我找熟人帮她进了离家不远的三甲医院，那里对实习生出勤要求极为严格，白天没有一点复习时间，女儿心中大感不悦，回到家牢骚比较多。另外，此前在学校报了文都考研班，回济南后学籍被转过来，女儿又认为这个班必须上，就向医院请假，结果却碰了壁。这时女儿的牢骚开始升级，甚至扬言放弃实习，爱咋的咋的，还说什么有的学生根本不去医院实习，一门心思在家复习。在很长一段时间内，我们一直在这件事上纠结，我俩都处于一种焦灼状态。但是说归说，做归做，她一直上着班，主要用晚上时间复习。

我一直对她说，实习不能耽误，要想想书本知识能完全跟实践分开吗？医院工作和考研内容真的毫无关系吗？冷静一段时间后，她说实习对书本复习还是有一定帮助的。同时在网上她看到一些考研成功的医学生也遇到过类似问题，最后都从实习中受益。一方面女儿的认识有了提高，医院实习安心了，另一方面我又找熟人帮忙，为她请了几天假上考研班。到了复习后期，女儿的心态已经调整得非常好了，成功进入复试。

在准备复试的过程中，女儿志在必得。对于复试中可能遇到的问题，她精心做了准备，一本常用医学专门术语的英文词典，一个月就全背过了。她还经常征求我的意见，拉着我模拟考试现场，那期间她的英语口语水平得到迅速提高。等到复试，女儿英语笔试成绩达到了90分，面试时面对众多评委，她镇定自若，比较好地运用英语回答了一些提问，在考生中表现突出，顺利被录取。

她磕磕绊绊走过的这一年，我始终觉得，最终的胜利不是成功进入复旦，而是在困难的处境中学会分析利弊，不逃避困难，努力奋斗获得成长。而有了这样的成长，不成功都难。事实上，从小到大，我从未在分数上对女儿提出过任何要求，我总是说，只要你扎扎实实学了，什么样的分数我都能接受。我的眼睛始终盯在学习以外的事情上。如果说在教育中我有诀窍，那就是它了。

女儿被复旦大学研究生院录取之后，她初中的一位老师对我说“柳笛儿本来就很优秀”，意思是这样的结果她一点也不惊讶。是的，与其说女儿用事实证明了自己的能力，不如说证明了从小到大她所受到的教育——完整的教育，学校和家庭共同完成的教育，着眼于塑造人格的公民教育，滴水穿石般的素质教育。

而且，我相信它将继续得到证明。很快，女儿在《国际输血与血液学杂志》(2010 年第 33 卷第 4 期)发表了综述《诱导性多潜能干细胞在血液学的研究进展》(杨柳笛综述 徐建民审校)，并获得了 2009—2010 学年复旦大学研究生一等奖学金。

三、给孩子的一封信

1.实践、学习，永不掉队

女儿上高中之后，我渐渐觉得自己的教育水平捉襟见肘了。之前因为学校工作繁忙，只是读读报纸看看电视，坐下来看书很少。尤其女儿学理科我却是个理科盲，和她谈一些话题常感觉吃力，于是开始看相关的书和杂志。

女儿看《科学画报》《科学中国人》等，我也看。我给她买的《别做书呆子》《松弛课》《超前思维》等我也看。倒不在于记住里面多少内容，主要是开阔视野，促进思维的发展，像什么“囚徒困境”“木桶理论”等。时间一长具体内容未必还能记清楚，但只要我们学习，对于世界认知深度的开掘无疑会一层一层加深。遇事我们能分析得更客观全面，道理能解释得更透彻，感觉到家长比自己高明，孩子才能口服心服。“知其然而不知其所以然”是一些家长或教师的软肋，总这样下去，孩子一天天长大，翅膀一天天变硬，他们会越来越看不起我们，决不能让这样的事情发生。

除了通过学习增长智慧和能力，别无出路。孩子当然可以自我教育，社会也能给予各方面的帮助，但是他们真正能够全心依靠的，除了自己不就是家长吗？再说了，最有说服力的教育是现身说法，家长的进步与提高孩子能感觉到，这对他们是最好的激励。别人怎么做的我不知道，我喜欢跟着感觉走。想到哪儿做到哪儿，空想不是我的特点。

女儿上大学之后，我逐渐拓宽了读书领域，除了古今中外经典的小说、诗歌、散文和戏剧，我还阅读文学理论书籍，同时练习写作，退休前写就几个短篇小说和几篇散文，退休后一年发表诗歌十首，退休后一年半我着手写此书。虽然直觉告诉我可以试一试，但写的过程中一直没有底气，直到现在我也不能确定最终结果会是什么样。我经常觉得在干一件盲目的事情，可还是不由自主一天天写了下来。仿佛有只手在背后推着我，它叫做“干了再说”。女儿经常拿我开玩笑：“以后人家问我妈干啥，我就说‘坐’家，成天坐在电脑前写呀写的‘坐’家。”听说我发表了诗歌就打趣儿我：“哎哟，‘湿’人吗，很‘湿’的那种。”我能感觉到她为我骄傲，我的成就对她是一种无言的激励：妈妈一把年纪还能有所突破，自个儿年纪轻轻哪能落后。

这不，读研究生半年她就发表了一篇综述。虽然她的学历比我高，但是我的建议和意见，即使不接受或不能全部接受，她也不会当耳旁风，都得考虑一番。我的原则是说不说在我，能不能说到点子上在我；听不听，听多少在你。有和风细雨，也有严厉的批评；有商量讨论，也有一定程度的干涉。遇原则问题我不看她的脸色，我不靠倚老卖老，靠实力，我相信我生得起，就教育得起。小时候能“管”住，大了也一样，女儿长大了，我也“长大”了。

2.给女儿的一封信

这不，有一阵子和女儿网上聊天，发现苗头有些不对。在复旦，她学习半年之后便进医院实习，这是第一家由国家开办的大型综合性医院，有一百多年的历史，医疗水平高，名医云集，科学研究成绩斐然，来此就医者众多。她先进入肾内科，进医院头一天分到五张病床，由于不熟悉情况，她每天早八点一直忙活到夜里十一点，回宿舍时路上不见一人。渐渐熟悉之后情况有所好转，但一直都很忙，最忙时她一人管八张病床，每个月加三次夜班，节假日则排有值班。这样有时候她会抱怨太忙太累，抱怨没有时间看书学习，加之成天面对病员群体，而医患关系又那么紧张，心情难免会不好。

作为八〇后，以前社会和家人为他们服务，现在角色忽然反转，不习惯没什么奇怪。以前接触同学、老师和朋友多，如今跑到社会上"混"，真实的社会让他们看不惯很自然。在这个过渡时期，我多是正面教育和开导：对于你们来说，树立为人民服务的思想是第一位的，你们必须懂得"人人为我，我为人人"。国家培养你们这么多年，现在差不多轮到你们回报了。作为医生，不仅要有高超的医术，还须有高尚的医德，林巧稚、裘法祖、吴孟超等前辈，应该成为自己的榜样。对待病人应该像雷锋同志那样，给他们以春天般的温暖。既然投身于医学事业，而且明白它是一项神圣的事业，那么，还能够怕苦怕累，把理论与实践割裂开来，或者看到一点社会的不公平，就动摇自己的志向吗？你们还在学知识长本领，花花世界各种引诱应该自觉抵制。

对于这些问题，我和女儿进行过多次交流，一方面不看成洪水猛兽，社会给人的影响就是这么现实；另一方面我不悲观，我对自己充满信心，对社会对于人的长期教育充满信心，相信她能逐渐纳入正轨，相信社会将以不断进步的姿态，帮助人们正确地认识自我与社会的关系。于是我给孩子写了下面的信。

柳笛：

你上复旦这一年，我比较满意，尤其是上半年。那篇综述二审通过，是一个硕果，标志着你的进步，你为此付出的努力，可想而知。也证明徐老师选题、指导有方。

自从你进了医院，就不怎么“太平”了。刚刚换了一种环境，从小到大完全不同的环境，才迈出走向社会的第一步，在这样的过渡期里，产生一些“新奇”的想法，并不意外。但是作为家长，在你前进的道路上，有些话不能不提醒。

社会是个大染缸，坚守好自己的阵地，还是随波逐流，这是个大是大非问题。可能身边有些人、事，对你施加了某种不良影响，包括你们的一些前辈，我无权评价、指责他们，他们是无心的。没有得到社会公正的认可内心郁结，说说牢骚话可以理解，但一些说法我不能苟同，像“女孩子干得好不如嫁得好”之类。你自己应该有辨别是非的能力，从小到大，家庭给予你的种种正面的教育，难道还不足以抵御那些外来的“邪气”吗？

不仅如此，以前在学校里我的理念、行事风格等，就深深影响过周围的人，我就是要“让社会因为我而改变”，你是妈妈的女儿，可以做得更好。用你的热情、学识，高度的责任心、春天般的温暖，来影响你周围的人，在实现社会价值的同时，真正实现你个人的价值。这两者是分不开的，因为只有那个时候，在周围因你而改变的时候，你才能得到最大的快乐，而社会也将给你丰厚的回报。

你刚开始学走路，要不断给妈妈以惊喜，给世界以惊喜，眼睛要向前看，不要盯在一时一地的得失上。要和别人比理想，比干劲，比耐心、责任心。你小时候不止一次地问我“咱家是穷人还是富人”（小孩子的好奇心并非嫌贫爱富），到现在我还是无法回答，我只能告诉你，有的人家里有游艇，真这么比起来，还有完吗？你在医院里，发到一点点钱就会很高兴，你不是为了钱，而是因为那是你自己挣来的，能知道挣钱不容易，这很好。你说这么大了还不能挣钱养活自己，很内疚，我也知道这绝非虚语，但是我得告诉你，你挣钱的时候还没有到来，现在唯有安心学习。

回想你的学习生涯，不是克服了重重困难，才走到今天的吗，你今天的高度，是多少人梦寐以求的。一个登山者费尽千辛万苦，把多少人都抛在了脚下，带着钢钎，绳索……峰顶只一步之遥，却突然泄了劲，莫名其妙不愿再往上攀爬了，可惜吧？人们的失败，往往就是在最后的这几个阶梯上。你现在的学习条件这么好，学费全免，医院大胆把病人放到你们手上，学医的人哪能永远耗在书本上，哪能不和病人照面，对不对？没有医院几年的摸爬滚打，怎么能培养起医生的职业感，而这个职业可不是一般职业，所以决定了它培养周期长一些，想必这个道理你比我清楚。

我希望"世界因为你而改变"。我希望世上少一个庸人，庸医；从那些有志向、有魄力的人才中，能寻到你的身影。

你爸爸病情控制得很好，不要挂念。姥姥身体也很好，她经常提起你，有空时给她打个电话。好好吃饭，休息。工作、学习都要继续贯彻"不断调整"的原则，要继续制订好学习计划，务必。

祝健康快乐！

最爱你的妈妈

二〇一〇年六月八日上午十一时

这封信写过不久，我在网上读到复旦大学105周年校庆前夕《中国青年报》的一篇专访报道，谈到有志青年及学者们应当坚守阵地，踏踏实实搞好科学研究工作。我马上发短信让女儿抽空读一读，并谈谈感想。当晚十一时左右，短信回复："看过了，现在大家普遍较功利，想早毕业，找工作，挣钱。所以出淤泥而不染，不浮躁，潜心钻研学术的人很少了。"短信没有联系个人实际，但是她得思考，专家站得高看得远，他的话更有说服力。当强大的社会力量使得家庭教育颇感无力之时，报道给我以莫大的支持，让我感觉并不孤单。这以后一段时间，再观察女儿的思想动向，她好像逐渐从迷茫中走了出来，医院工作及学习依然忙碌，而发牢骚现象减轻了，学习干劲高昂了。这时候她接到了自己一篇综述的录用通知，小小的成功似乎又给她增添了一些信心，使得她的工作学习状态有了明显的好转。

女儿对我的教育也会有不满，曾几次说：“人家都说我跟别人不一样。”“跟别人不一样就对了。”我总这样说。一方面，可能我这个妈妈的确有与众不同之处，另一角度看，中国人中庸的传统根深蒂固，而教育的终极目标是发展人的个性，而不是随波逐流。我作为“活在自己世界里的人”，从骨子里不愿意孩子的人生太过“现实”。最大限度地实现自己的人生价值才应该是她的奋斗目标，而我将站在背后竭尽全力给予支持。我始终相信教育的力量，相信不断学习和实践能充分发掘人的潜能，培养创造力，相信世界会给这样的人留一个展示才华的舞台。他们将是新世界的创造者，但决不以个人拥有物质财富为快乐。而世界也会因为有这样的一批人，变得更文明更进步更美好。女儿最终能成为什么样的人，她有她的想法，但我始终希望她能够“与众不同”。

现在回过头去看看，实际上对于孩子的设计、要求还是有的，不过我自己一直不知道。而且，即使现在，我依然不喜欢刻意去设计或要求。将来？一个永远的悬念等着我们，欢欣鼓舞去解开。

四、教授的博文：是非善恶得分清

1.是非难辨，但还是可辨

这一部分内容，我反复修改都不满意，却从未想过要放弃。

社会的发展让简单的变复杂，清楚的变模糊；本该坚持的原则难以做到，该重视的变为不屑，珍贵的已经一文不值。总之，对一件事情的看法，越来越大相径庭，即使荒谬绝伦也已经习惯。你看，当今社会奇谈怪论不绝于耳，什么样的怪诞事儿都可能出，只有你想不到的。新的旧的，东方的西方的，主流的非主流的，体制内的体制外的，有神的无神的，各种观念搅和在一起；各种信仰与非信仰，正理儿与歪理儿，一锅烩、吵翻天，常感觉乌烟瘴气。在充分领略政治自由、思想自由的斑斓与风采的同时，对于现实世界的反思翻来覆去，颇让人理不出个头绪，表达不清自己的意思。

我想说，这世界上还存在是非吗，是非判断的能力对于一个人还重不重要呢？如果前文提及的那位钢琴系大二学生尚具备起码的是非感，当车祸刚刚发生之时，做出立即施救的判断并付诸行动，结果会怎么样？一边是勇于承担责任，一边是杀人灭口；一边是坚守道德遵守法律，一边是泯灭人性，拿法律当儿戏；一边是生命高于一切，一边视其为草芥。泾渭分明。然而，他选择了"非"，虽然人性复杂，其形成的原因纷纭且冰冻三尺，但最终是害了两个人、两个家庭，所以舆论基本是一边倒，一时间正义之声鼎沸。

然而也有两种"不和谐音"。学者们或冠以"激情杀人"或分析为"弹钢琴的手机械动作"，虽然最终皆与事实不符，然而想要本着科学精神严防简单化、表面化处理问题的态度，没有不妥，何况"无可辩而辩"为法律所允许。其辩护对事不对人，不仅充分表现出对于生命的珍视，而且反映东西方文化的碰撞，双方进行的争论也就不无价值。第二种声音来自这位艺术生身边之人，"钢琴过十级……得乙等奖学金……"仿佛因此可得原谅；学妹则责难死者"谁叫她记车号，要是我，也……"一时间成为众矢之的——说这话简直是找抽，罪恶程度甚至超过了犯罪嫌疑人。因为尚悬于头上的刀比落下去的可怕，因为他们同样站错了立场，是非不分。

第一，艺术家的沦落令人惊讶、心痛，就算钢琴过十二级，得甲等奖学金，而"王子犯法与庶民同罪"；第二，这个时候依然不能看清其中的恶，不去反思，从中吸取教训，还和犯罪嫌疑人穿一条裤子。我刚刚听到这话时还以为自己耳朵出毛病了呢，要不就是开玩笑？但未免叫人不寒而栗：这是人说的话吗，是受过教育的艺术青年说的话吗？思想解放、言论自由和这是一回事儿吗？现代人行为的出格、思想的混乱，由此可见一斑。所以此事件给人们的神经带来的震颤、思想带来的冲击,给教育带来的深刻反思,可以说前所未有。其实我们都知道,此类事件绝非偶然,“辩护风潮”也只是冰山一角。

“小悦悦被碾压事件”中,肇事司机和路人的做法,很自然地引发了一场大讨论,说明大家心中是非善恶的尺子还存在呢。反之,模糊或丢掉了是非之心,从大处讲害国害民,从小处讲断送个人前途,所以人生一辈子,关键时刻考验的不仅仅是知识才能,倚仗的也不全是这些东西,是明辨是非。

因此,我们绝不能眼睛始终盯着学习成绩、考试和升学,孩子身上的毛病被掩盖了忽略了,结果是学习成绩上去了,思想品德情感教育水平下来了。

2.教育者要勇敢承担责任

由于在一些学校中思想品德教育不受重视,班级里有时正气压不过邪气。比方说对严重扰乱学习秩序的行为,大家没有表现出愤怒、不满,老师的教育得不到认可、支持。有时教师多说了几句,被人以“占用课堂时间教育学生”为由告到校长那里,既教书又育人似乎很迂腐,很过时。

但是根据我的人生和教育工作经验,我始终觉得作为教育者、家庭和学校,应该从小注重孩子是非观念的培养——融于生活而非单纯说教,一点一滴而非一曝十寒,自然而然而非硬性规定,教他们一些生活中做人的基本原则,并坚持到底终生不放弃。

有一次语文课上,女儿所在的四人小组很快检查完背诵内容,分数显示全部过关。但根据我的了解,有两个学生不大可能这么快背好,于是先探听柳笛儿。她开始支支吾吾,而后说出实情,其实那两位背得挺磕巴,是组长不愿意耽误时间,于是放低了要求。我生气地说:“你为什么不阻止?”她嘟嘟哝哝:“弄虚作假不对,可同学之间关系都挺好的……”“和稀泥,是吧?”我说,“共青团员,班委会成员,就这么坚持原则,很好……”我把组里几人叫来教育了一番，组长也承认了错误。我得让他们明白，在学业上不能有弄虚作假的想法，也让柳笛儿知道，在一些原则问题上不能让步。

课上举手人很多时，我一般不叫女儿，她从未埋怨过我。有一次我问她：“你举手妈不叫你，有意见不？”“有啥意见，妈这是先人后己，我懂。”我听了心里酸酸的，她那么喜欢发言，倒大大咧咧和个没事人似的，还安慰我：“等哪个问题没人举手我再举，你不就叫到我了。”其实日后她一如既往，叫到她很高兴，叫不到也不沮丧。

在学校里考试作弊见怪不怪，一般教师也不太在意，“常在河边走，哪能不湿鞋”。的确，就算社会上的重大考试也难以完全避免。学校重大考试之前，总有人到处鼓捣卷子，扬言弄到了题。有时侥幸起点作用就有了下一回，考场之内作弊方法也是不断出新。总之虽然学校纪律严明，但完全杜绝作弊似很难做到。我做班主任旗帜鲜明立场坚定，一方面重视考前教育，严格纪律（一经查明，取消考试成绩），一方面严查。结果平日班级成绩不算好，中考就上来一大截。

在这个过程中，学生成绩的实际提高还在其次，关键是他们从小会明白一件事，人生还得有点正经事，不是什么事都可以闹着玩的，都可以弄虚作假的。在这个事情上，学生的是非观念一旦形成，就会对考试、对学业有正确的认识，对种种欺骗行为不齿、对虚荣心不齿，就会以脚踏实地勤勤恳恳做事为荣，并且不断从中获益，也让社会因为自己的成功而获益。我的女儿从小到大，大大小小的考试，都是凭了自己的真才实学，无一例外。有一次和她聊，她说作弊的事不要说做，“连想都没有想过”。像我的学生和我女儿这样的人，放在哪里都会让人放心，因为他们做事讲原则，有责任心。最近某省针对人事考试作弊事件，加大查处力度，决定将考试“污点”纳入个人信用记录，以震慑作弊行为，这表明了政府决心铲除痼疾的明确态度，标志了社会的进步。

有一次，班里有几个学生好几天不安顿，我课上批评他们，自己有点生气，也有点伤心。这时候，女儿突然从位子上蹿起，大吼一声："你们太不像话了！老师平常都怎么对你们的！"猛地拍一下桌子，又重重坐了下去。我吃了一惊，同学们也吓了一跳。可能她平日威信比较高，人缘好，说的话有分量；抑或大家被突如其来的阵势威慑了，一下没反应过来？总之立即安静了。说实话，女儿的拍案而起给了我一种莫大的支持。关键时刻，她不是站在女儿的立场，而站在"正义"的立场。事后想想，如果那一天，那阵势，女儿无动于衷，我才真的会伤心。后来我问她为何那样，因为女儿一向不随便发火，她黯然地说："同学们太不懂事，老师对他们那么好，还气老师。""没关系，小孩子不听话也不是什么大事。"我说。"人家实在看不下去了嘛。"那个时刻，她把我当成一名"弱者"来扶持了。

有个学生好张口骂人抬手打人，她对我说："他人很聪明，但这个毛病不好，老欺负我同桌。"言语之间流露对一方的不满，对另一方的同情。有一天天色已晚，她做完值日准备回家，不料单车出了毛病，着急当口，一位男生出手相助。这事写进了她的作文里，她还对我说，别看那位男生学习差，人可好了，干活不偷懒，喜欢助人为乐，有正义感。我带她去青岛玩，走在街上突然下起了大雨，我背起她艰难地走，停下避雨时遇见一位老爷爷，他说我们的伞太小，让打他的大伞，与我们同行……现在说起那次去青岛，她还总提起那老爷爷，我说也不知道老人家还健在不，她说："那还用说，好人长寿。"

有一件事，我不知道值不值得一提。女儿上高中的一天，有位女生感冒了，课上老师问"谁有感冒药"，这时只有一位学生举手高喊"我有"，然后从三层教室噔噔噔跑下，又呼哧呼哧爬上五层宿舍拿来了药，这位学生就是柳笛儿。这件事她自己早忘了吧，老师更不会记得吧，可我这个当妈妈的记得，在"成人"的道路上女儿的点点滴滴，都值得纪念。不是吗？

在大学念书的时候，女儿常对我说，谁谁家庭可困难了，我说："那你瞅机会帮帮人家。"她说："不用你说，我知道。"每次回家我做些好吃的让她带上并嘱咐:“别光顾着自己吃。”她总是说:“放心,小的明白。”一位同学的妈妈因车祸去世了,女儿一边述说一边黯然地问我:“为什么好人没有好命呢?”我问有没有关心人家,她说:“当然了。”这位同学寄居姨妈家,女儿说:“姨妈再好,也代替不了自己家自己妈妈呀。”我则宽慰她别想太多,人都会在逆境中不断成长;并趁机说:“知道自己多么幸福了吗?好好珍惜吧。”她若有所思“嗯”了一声。

我常常见到,有的孩子因为学习好,学历比家长高、见多识广,就看不起家长,横鼻子竖眼;看不起别人,颐指气使,好像哪儿都装不下他似的。柳笛儿却比较好地杜绝了“骄”气。因为从小我们教育她“人生而平等”,即使我们学历比她矮几截,她对我们从来都是毕恭毕敬。看见我生气,她马上嬉皮笑脸承认“错误”,把我逗笑。领导、老师必定尊重,放羊的老爷爷、民工叔叔或学习不好的同学她也一视同仁。前面说过,从小我们教育她“与人为善、凡事让着别人”,教育她“有话说到桌面,不背后议论他人”,所以她能做到见贤思齐、爱憎分明、乐于助人,人际关系自然也不是大问题。

现在想想,如果一个家庭仅仅对孩子的学习有所要求,或者孩子老实听话不惹是生非便心安理得,孩子往往会落下一个人成长必需的一些课程,是不是?到了一定时候,问题就会凸显出来。回头补上?种子本应春天撒播,到了夏秋补种,能有多少收获呢?爱与善良,是非之心,这样的种子也应该幼年播种,成年开花结硕果。

生活中我们有这样的经验,和人接触、交往,对方心地善良,往往让我们感觉更舒服、舒心。因为他会替你着想,不油滑虚伪,让你觉得温暖踏实。你会发现诸如学识、能力、地位、金钱或长相等,都不及心地善良实惠。相反自私、功利之人往往嫌贫爱富、缺乏宽容,盲目自大、含沙射影,巧舌如簧、表里不一……我们评价一个人,善良是一个很重要的标准。

女儿考上复旦招来好多祝贺与羡慕,但他们不知道,在孩子成长过程中我更重视的是什么。即使我说出来,也不一定有人相信。所以有人问我“怎么教育柳笛儿的呀”,我总支支吾吾不知从哪头说起。

“成人”,是教育的根本使命,许多人已经开始认识到了,生活中也不乏一个个令人惋惜的例子。

现在想想,其实最懂教育的还是傅雷先生,看看《傅雷家书》就知道了。有人说,像他那种严格的家教却能够成功的不多见。我觉得,傅雷先生的家教是一种平等的理智的交流、沟通。阅历深,境界高,说得有理,孩子容易理解接受,而且一以贯之,坚持不懈。和一般家庭给人压迫感的徒然“高”要求,令不明事理的小孩子强迫去做,而又朝令夕改,不是一回事。所以效果必然不同,孩子所达到的高度也不同。我们没有傅雷先生的“力”,但是可以学习他的“心”,还可以通过不断地学习培养出一些“力”。

茅以升主持设计建造的钱江大桥七十四年(设计寿命为五十年)巍然不倒,靠的不是金钱的投入,甚至不是才华和技术,而是高尚的道德情操支配下科学家高度的责任心。这种情操与责任心不仅催生了解决难题的创新精神,也保证了极尽苛刻的检查程序,大到钢梁的架设,小到每一颗螺丝钉。难怪有人慨叹:“桥身不倒,首先是桥魂犹在。”火车相撞或追尾往往是人祸而非天灾,道德在前,原则性在前,责任心在前,灾难本可以避免。这时我们就明白了,在教育中教育者眼睛该盯在什么地方,孩子成长的起跑线在哪里,谁会赢在最后,笑到最后。

二〇一一年八月英国伦敦街头发生骚乱,随后蔓延到周边及其他城市,参与者多为青少年。事后英国媒体发表文章反思,一方面学校应重视青少年道德教育,另一方面应提高家庭教育水平。更有专家指出,自由应该是有限度的。看来新的时代各国面临的教育问题相似。

3.全社会行动起来

生活中遇到或通过媒体了解的事情,拿来随意讨论,让孩子谈谈看法，是一种培养孩子是非观念简便易行的方法。出了事情，我一般先问学生或女儿“你怎么看”“你想怎么办”。语文课叫学生说新闻、锻炼口头表达能力，必然要涉及个人看法，下面如果持异议，讨论、辩论就展开了。思辨能力、是非判断能力都是其副产品，自然得来。家庭当中，我主张家长多和孩子共同完成一些事情，常谈各自遇到的人或事，一起看电视节目等，然后交流。

某地方电视台有档节目叫《交通进行时》，其中一个版块“刘洋说交通”播过这么一件事：有个人骑电动车逆行被另一车撞坏，他还逮住对方振振有词要求全部赔偿，交警刘洋过来问明情况，指出他违反交通规则在前，“这样做就是没有是非了”。

说实话，久违了，“是非”这个词。刘洋这句点评，以是非观念来界定，切中要害，恰到好处。的确，在这个节目中，我们经常看到无理辩三分的，或胡搅蛮缠拒不承认错误、不想承担责任的；也有得理不让人漫天要价的……而交警刘洋一贯本着公平、公正的原则划定责任，不和稀泥，是非曲直分析讲解很到位，说话理智、态度和蔼，每次都有效化解纷争，该惩罚的惩罚了，该同情的同情了，双方服气、满意。我天天看，总结出一条：刘洋做得好，受到全城人民拥护，全仗心中揣着是非对错这杆秤，依法办事，这才为民排了忧解了难，维护了社会的安定。

钢琴生交通肇事并杀人事发之后，法律专家、某教授发表了博文，其中说道：

此案所暴露的危险是每个家长要深刻反思的。我们的教子之路应向何处去？

1.人生底线。道德是一切法律、心理的底线。善良、爱心、同情是人生底线。

2.教育底线。道德教育应远远高于知识教育。

3.成才标准。上大学不应是成才的主要标准。而这一误区却深深地根植于部分家长的心中。道德的缺失是子女成才的灾难。没有信仰支持、没有道德标准的人，哪怕钢琴弹得再好，也是教育的废物。

4.教子第一定律。教子第一定律不是上哈佛，而是不犯罪，不被犯罪侵害。

5.善恶的最低标准。此案发生后，善恶的最低标准竟然模糊了。人不必太聪明，但善恶是非，应该有个最低标准。

读罢我感触很多，觉得遇到了一个知音，一个支持者，无限欣慰；这样的文章每个家长都应该读一读，以此为警钟。

后来发生的一起患者刀刺医生致其死亡的事件之后，据说网上一项“心情”调查显示，高达60%的票数选择“高兴”。第一，我真希望这是一个统计错误，不然，现实怎会如此荒谬。第二，我对于“集体的人性缺失”表示震惊和无语。我不相信无辜的死者必须付出如此高昂的代价，不相信一个满怀医学理想的年轻生命可以随意被剥夺，不相信对凶手的怜悯会超过对一个鲜活生命瞬间凋零的痛惜。然后，我不相信我们的社会、学校和家长会对这样的反应无动于衷，可以眼睁睁看着医生的白衣一件一件让鲜血染红，而对下一代的思想道德教育问题继续视而不见。

无论是钢琴生杀人事件，还是我文中乃至全书当中提到的一种种、一个个反面的事例，一声声不和谐之音，都是我们不愿意看到、听到和一次次提及的。但是在谈论教育问题的时候，我们真的能绕过去，能够视而不见、听而不闻吗？让我们拿出勇气来，直面人生丑恶、悲惨、残酷或惨烈的一面。为什么我们不相信经过一次次的反思，一个个微小的努力之后，一切都会向好的方面发展呢？舆论和法律原本不就是替正义、替善良人说话，是他们的庇护之所吗？就像生活在北极的人，在经历了漫长而暗无天日的冬季之后，终于看到冉冉升起的太阳！

这一章终于写完了。知其困难而不畏难，知其不可而非去做，终究乃因事情重大，教育漏洞非补不可。古人云“是非不可不明，究不可太明”，是说做人做事起码的原则必须得坚持，但凡事都讲是非也是大可不必的。家庭之中，朋友之间，感情为重；学术之争，艺术观点、政治观点相异，一般同是非无关。生病了受伤了，该休息就休息，不用坚持上班；课文背不过，放他回家明天再背也不迟……灵活处事和和稀泥不是一回事儿，坚持原则和较真不是一回事儿，这非本章要点，故此从略。

五、当干部的经历很宝贵

1.服务意识从小培养

在学校里，许多孩子喜欢当干部。我当班主任就喜欢编派形形色色的干部，除了常规设置的名目之外，我编派有卫生组长、自行车管理组长、语文学习组长等。外出活动按照座次或自愿结合方式组成小组，安排临时负责人；开运动会时拉拉队、催促运动员到位、写诗歌投稿等，都一一安排。这样一来，屈指算算，班里几乎每个人都是“官”，都有自己负责的一项工作。活明确了就不难干，很容易看到成果，大家乐此不疲。比如大扫除，卫生检察员到了，上来先伸手摸门框，然后摸黑板框，完了站在讲台上四处张望……我们班每次都能顺利过关。运动会由于班上管投稿的催得紧，我班不仅稿件数量常常占上风，质量也高。孩子的能力在工作中得到锻炼与肯定，责任心自信心也会培养起来。我经常说干部要起模范带头作用，每次都不忘加一句“不管大官小官”，又等于让调皮孩子自己戴上了“紧箍咒”。

一方面学生可以由此学习为班级、为他人服务，并从中获得成就感与快乐。当然，这个过程中摩擦纠纷少不了，“投诉”当官的不干活却光让别人干的案子较多。这时我就说：“没错呀，他们的主要任务就是管理、指挥，分配不当，监管不力，咱班被扣分影响了班级荣誉，我不找你找他，明白吗？”或许觉得此话有理，投诉者往往提留着笤帚怏怏离开干活去了，他们由此也懂得了有意见可以提，但还要服从领导。有个学生不太爱学习，也有些随便，我派他管理自行车排放。有几回给我诉苦谁谁不听他的话，我说："这还不好办，你教育他呀。"一个人从小学会讲道理而不强硬行事很重要。后来他笑嘻嘻对我说："还是老师的办法好使。"不仅我们班这个环节从来不会被扣分，而且他各方面都进步不小。毕业之后他上了铁路司机学校，再后来水到渠成当了火车司机，我真为他骄傲。

另一方面，学生进入了自我管理的良性循环，我可以把更多的精力用在备课上。你看，自习课我也不必去教室，可纪律好着呢。"当官的"让不遵守纪律者站讲台上，揪出别人，自己便可以"解放"。丢了人又耽误了写作业，这样的傻事谁愿意干呀。我偶尔"突然袭击"，看见安静有序的学习场面偷着乐（后来学校规定教师必须看自习，不仅剥夺了学生自我管理的权利，自习也名存实亡）。

当然，有付出就应当有回报。所有为班集体做出贡献的孩子，都会得到奖励。那时的班费每人交一元钱（学校发一点补贴是后来的事），发奖之前我总是细细分出等级，运动会给班级挣分最多的奖项最高，"官"不分大小都可以拿到奖品。这就有点难度。有时我亲自购买奖品，从城市东头跑到西头批发市场，钱一分一分计算着花，力求人人满意。记得有一次最高奖项是一面粉红色的塑料镜子，花掉五元钱。小的奖品价格低至几角钱，比如一枚漂亮的钥匙链、一支圆珠笔等。那样的日子全班洋溢着欢乐。即使不当班主任，我也给语文组长（四人一组，轮流坐庄）发奖，有一次发了两角钱一支的紫杆圆珠笔，一时间，只要你走进教室满眼晃动着紫色。学生文具盒里不乏高级的这笔那笔，弃之不用，只用发的那支廉价的紫杆笔，我心里那份儿乐呀，只有自己知道。

有的家长不喜欢孩子当干部，怕孩子累，怕影响学习，也有的孩子自己不愿意干。这个事情顺其自然比较好。柳笛儿小学当中队委时，主管画墙报，初中当班委时除了管画墙报，还兼任英语科代表。每次她都干得很快乐，得到老师和同学的信任。很多家长支持孩子为班级工作，多是从培养孩子能力的角度考虑，我更注重培养孩子为人民服务的思想，培养社会责任感。我觉得，从小开始走出家庭和自我，融入社会，所形成的眼界、层次都会不一样，因为他们不仅要有学识与能力，更要有高尚的情操，勇于为社会奉献的精神。像那位开火车的学生，光有技术没有责任心，是不是不行呀。

电视剧《心术》里的医学博士宗小满，将刚手术完毕的病人搁在走廊不理会，却在一旁玩手机游戏，险些造成严重后果。老师刘晨曦当他妈妈面，坚决辞退他："你缺乏责任心，不适合做医生。"妈妈哀求放孩子一马，回家好好教育，刘医生说："你现在教育晚了，应该从小做起。"像医生这样的行业，人命关天，最需要优秀的人才，责任心又显得格外重要。从小当干部正是培养这种责任心和服务精神的一个途径，打下好的底子，孩子将来到社会上才可能出淤泥而不染，不为名利所羁绊，而且他们从中得到的快乐和学习取得成绩得到的快乐，不完全是一回事。

2.责任心、精英意识促人成长

女儿上高中时虽然没当干部，但时时处处严格要求自己的习惯已经养成，热爱集体、关心同学的精神继续得到发扬。她在脚面严重扭伤的情况下参加军训，一天未落(告知教官情况，获得了一点休息机会)，即使夜间紧急集合也不例外。我虽然心疼，但对她"轻伤不下火线"的集体主义精神，我很认同。看看军训之后女儿所在班级的合影，她英姿飒爽站第一排，再看脚下，一溜军用球鞋中，她的李宁牌跑鞋格外抢眼——为保护脚伤，减轻走路疼痛。每当看到这张照片，我都抑制不住心酸，而后是骄傲——我的孩子，坚强的孩子，热爱集体的孩子。

女儿始终拿自己当一个"精英"，而不是一个普通学生，这正是当干部的经历给她留下的宝贵财富。

上大学之后，通过竞选等波折，女儿一直做班级团支部书记，还当过学生会干事，大一就入了党。在我看来，大学的干部最难当，需要处理的事情多而繁杂，困难大。这对她各方面能力是一个艰苦的磨炼，她遇到过许多挑战，其中的烦恼很多，以至我记不清具体是些什么事了。有一段她经常发短信或打电话向我倾诉，偶尔会哭，也会为一件事纠结很久。现在想想，无非这几种情况：工作中各方面关系协调不好，或学校、同学间有些事情看不惯，却无能为力。遇到事上，我有安慰也有批评，偶尔也出出主意，但一般只能乖乖做个倾听者，最后事情还得她自己解决。到后来渐渐地，我发现她将工作的局面打开了，能量变得很大，不再给我打这样的电话，一切平息。她怎么做到的我不知道，反正生活就是无端地将一个人改变了。

如果一个学生干部真心实意为同学服务，深入实际解决问题，严于律己宽以待人，遇事晓之以理动之以情，时间一久谁都能感受到，那时大家会配合工作，你自然如鱼得水。当干部的经历对一个人来说实在奇妙无比，你看，这期间你得和上上下下、形形色色的人打交道，经手各种杂七杂八的事情：一来，在面对社会不良风气和与之做斗争的过程中，你由一个头脑简单的“愤青”，慢慢发现有些事情的根源复杂而社会力量强大，于是改变策略或洁身自好；二来，你对社会或某个部门整体的状况有比别人更多、更深的了解，而这对学习、工作或做人都大有帮助。

以本人经历为例，做教研组长之后我听课的机会、权利扩大，某学期听课五十多节，包括语文学科之外的，并参加研讨。在此过程中，我对现行教育模式的弊端有了更全面更深刻的了解，边思考边从自我做起，像备课、组织教学、写论文等，然后带动语文组的教学改革。当初我最深的感觉，是教师的“教”太多，许多由已知推出未知，利用现有能力解决新问题的机会，教师没有放给学生，把他们当小娃娃了。举最浅显的例子，英语课学习新的单词，有了音标的基础，让学生自己拼读、领着朗读，多么的水到渠成，却还一个一个单词教。至于初中语文课的所谓正音正字，更是一个多余的环节，无论预习还是课上现查字典，学生都可以自己解决；初三教师还要带着学生念文言文，一字一句为其翻译，文言文学习置文化、文学和历史于不顾，上成翻译课……后来我就此撰写了论文《初中语文识字教学的实践与研究》和《文言文教学之刍议》，分获市级一等奖，省级优秀教学成果二等奖。

不可否认，组长的位置让我比组员们站得更高、看得更远。本来我不适合也不愿意当干部，但生活把我推到风口浪尖上，那就干吧。真有它的“好处”呢，地位不一样，档次也不一样了。舞台大了责任感更强，对社会的贡献也相对大了。那时候起，我的教师生涯开始大转变。当然，一个人当干部如果仅仅为满足虚荣心或沽名钓誉，就另当别论了。

大学五年，女儿工作上、学业上取得的成绩都非常突出。学习成绩一直名列前茅，她的成绩单谁看了都无话可说，获得的各方面奖励也很多。二〇〇六年新年前夕，女儿通过邮箱给我发过一张贺卡，读罢心中涌起万千感慨，现在看到它，仍会眼眶发热。她写道：

亲爱的妈妈：

就要到2006年的圣诞和新年了，回首这一年，在大学里有欢笑，有悲伤，但是又有收获，有成长。岁末是总结与展望的时刻，我的健康成长离不开你对我从小的教育，这一切，是我成长的基础和沃土，终将开出绚烂的花朵。我不能在你们身边照顾你们，在这里，对你和爸爸说一声：圣诞快乐新年快乐，2006年行大运嘿嘿，万事顺利，步步高哈哈……

最爱你的笛笛

仅仅因为学习成绩好，哪里可能有这么大的成就感？说到底，社会价值（不包括虚假的）是衡量一个人个人价值的终极尺度，它所带来的快乐级别最高。

附女儿大学期间获奖励情况：

2004—2009 年连续八个学期获一等奖学金(第五年在医院实习)。

2004—2009 四学年均被评为三好学生标兵。

2005—2006 学年为山东省优秀学生。

2009 年为山东省优秀毕业生。

六、我们喜欢幽默的人

1.小孩子生来都幽默

我们办公室充满幽默。每当工作取得一点小进展小成就,我喜欢说"合作愉快"。办公室十几位女士,只一位男教师。有一次他批改完作业,抬头见室内空空如也,问:"人呢?""都下楼了,那不是吗。"我指着楼下正走着的几个女教师说。他踱到窗前抱着胳膊,冒出一句:"你看,这就是'伛偻提携'。"我学话给同事,她们冲他掐腰瞪眼,他却低头翻书装作没看见,待会儿又"怎么啦……"一脸无辜的样子。又一次,我和一位年轻教师踢毽子,他凑近幽幽地来了一句:"小荷才露尖尖脚(角)呀……"

还有一位女教师,她一张嘴我就肚子疼。她说的一个笑话在我们组颇为流行。一个媳妇儿回娘家,当着一大屋子人伸出仨指头:"三嫂来了吗?"她哪里是找三嫂,显摆她手上的戒指呢。此笑话组员们个个烂熟于心,常说常新,可以申请专利了。女儿听说了,偶尔带回戒指也举着在我眼前晃:"三嫂来了吗?"然后我俩哈哈大笑。

其实小孩子生来就有幽默细胞。你看,哪个孩子四五岁之前不是全家的开心果呢。可是一般待年龄稍大,就不"好玩"了。但是,如果家长注意保护这种细胞,就不会让孩子美好的天性泯灭。我不知道别人,反正我跟女儿都喜欢幽默的人,我以为幽默是一种不可多得的优秀品质。在生活中,若遇见这样的人很容易喜欢上他们。我所教过的班级也多属于这一类，若某个班幽默细胞少会令我遗憾，对于它的渴求甚至高于学习成绩，很奇怪吧。若年轻时幽默的人后来没了这东西的影子，我必深深为之惋惜。不是吗，生活很容易将某种固有的品质改变掉，在不知不觉中，一点一点地。由于种种缘故，女儿保留了幽默的细胞，仔细想想，甚感欣慰。

女儿两三岁时，坐在她爸爸的自行车上，经常哼哼一首无词的自编的歌：135……135……1355135……还有一件事情，大概也在这个年龄段。前面我说过，这孩子小时候内向，不料有一天，丈夫骑车带她经过师范大学门口，巧遇右前方人行道上几个外国人要过马路，女儿鬼使神差冲人家大喊“哈罗”，人家都笑了，立马操着外国腔朝她还礼“你好”，突发事件让丈夫一下傻眼。之前以为她胆子小，循规蹈矩，以后可不敢小看了。

待长大之后，女儿喜欢看漫画，报纸上、杂志上、书上的，看过很多。喜欢的至今我们常回味，比方说有这么一幅，一对小夫妻被包围在东倒西歪摆满物品的房间里，妻子问：“亲爱的，你看咱家还缺点什么呀？”一脸无奈的丈夫道：“缺氧。”最喜欢《长谷川町子漫画》，有一幅：福田螺的丈夫和同事平日里十分痛恨上司，于是给他起个绰号叫“流感”，从此毫无顾忌地当面骂他，走过他身边时说：“流感这玩意儿，又猖獗起来了……”那时候，我看不懂的漫画，女儿就讲给我听。

也交流各自遇到的趣事。像为应付考试同桌不顾事实将《同桌教我吹口琴》改为《我教同桌吹口琴》啦，像音乐考试为图高分不顾难度争相演唱《鳟鱼》啦。我则对她讲学生将“第一次吃了蜂蜜”念成“第一次吃了蜜蜂”，讲学生把“前途无量”写成“前途无亮”等。后来她拿自己调侃“这回我前途没有一点亮光啦”。一起碰到的趣事时常回味。有一天下午我给她所在班上歌剧《白毛女》节选，我叫一位学生朗读剧本，大家昏昏欲睡，他也迷迷糊糊念道：“酒不醉，人人自醉……”嗯？听着有点不对劲儿呀？几秒之内没有反应，尔后全班爆发响亮的笑声。

总之，生活中所有的幽默元素，我们喜欢去发现、发掘和享受。比如看见墙上某条计划生育标语，甚至有人随手写的有用没用的东西，如“这里有灰（盖房子用的辅料）”“曹继祥家”等，我俩都得笑上半天。现在有轿车屁股后爱贴点东西，像“本人已婚，请不要狂追”“哥吸的是烟，吐的是寂寞”“世上无难事，只怕有新人”等，我看了总忍不住一笑。幽默短信或微博其实也有正面的意义，大家偶尔互发一下，等于在枯燥繁忙的工作中找到某种平衡，从而对一些不良情绪的排解或紧密、调和人际关系，起到一定的帮助。说到底，幽默是一种润滑剂，更是一种生活态度。

2.永远和幽默在一起

女儿喜欢“豆子先生”，他的节目百看不厌。至于赵本山、小沈阳，虽然社会上有一些负面评论，但我们仍觉得其作品有些可算经典。赵本山不仅是天生的幽默家，且生活中的幽默元素常常被他挖掘、发挥到淋漓尽致。一些俗不可耐的电视节目女儿之所以看得津津有味，是奔其中的幽默元素去的。在她看来，一般人唱歌比大明星有趣，即使跑调，即使穷形尽相。响亮的笑声直震天花板，我时常提醒她小点声。我知道，那才是生活。她当然需要艺术和高雅，她的 MP3 里不乏贝多芬、巴赫、柴可夫斯基，也离不开孙燕姿、蔡依林和周杰伦。

一家三口逛街，若女儿看中的东西因为贵不能买，我不免内疚：“你想要的东西妈妈买不了。”倒是女儿大大咧咧看得开：“想要什么就有什么，生活还有啥意思呀，得不到的才是最好的呢。有好多憧憬，好多向往，才觉得有奔头呢。”

初中班级日志被她称作“长篇笑话”，因为上面常常记有：某某做眼保健操“睁眼五次”，某某数学课“回头四次，被老师点名三次”等。女儿指着让我看，然后一起哈哈大笑。小孩子认真到可爱可喜，柳笛儿又慧眼识珠，让自己的人生平添欢乐。高中新年联欢会，柳笛儿表演模仿秀，模仿任课老师堪称一绝。大学几个有特点的教师讲课，也被她模仿得惟妙惟肖。其中当然没有丝毫恶意，老师们一定可以理解吧。

被学生调侃的事我也遇到过。我班学习第一的学生写了篇日记，着重描写我在新年联欢会上的言行，全文采用一种幽默笔调，把我狠狠调侃了一番。我不仅无丝毫不快，反而被其文笔所打动，眼前一亮，从而发现了这个学生另外的一面。似乎还拿到班里念了一遍。想想吧，只有对老师感兴趣才会那么细致地观察，知道老师决不会怪罪他，才放开了手脚写得那么绘声绘色吧。人的智慧之光，生命力之光，往往在无意之中迸发一下，划出一道耀眼的光芒，你只有惊喜，却很难说出个一二；回忆又总是那么神奇地将过去美化，点滴的快乐也会无限放大。

一日 QQ 聊天，我提醒女儿："你得多活动活动。""我打台球啦。""球技如何呀？"我问。"急了眼我就上桌子，要不就拿杆子直接往洞里捅。"我乐了："原来靠耍赖皮呀。""我们同学都这样。"哎哟，堂堂一群复旦研究生就这么一副德行呀。

国庆节回家她网上聊天，我看见"张国庆"三个字，就问谁是张国庆，她告之就是舍友张某某，张某某是上海人，因节日期间一直值班，所以被改名为张国庆啦。我听了哈哈大笑。女儿也调侃自己，小时候我老埋怨她不知爱惜东西，丢三落四，有一天她说："妈，我给自己起了一个日本名字。"我问啥名字呀，她说："败家子。"最近他们同学之间又这样称呼啦，什么"张主治""陈首席"，女儿是"杨院士"——医学院的硕士。

女儿的那些好友，大都是些具备了幽默细胞的人。有个高中同学她常提起，一堂语文课上老师笑着问："这个问题由你来回答，行不行呀？"没想到这位同学嬉皮笑脸、慢条斯理、细声细气、音调拐着弯儿地答道："不……行……"全班爆笑。于是答题的重任落到了柳笛儿身上。此外，这位同学爱唱歌，可他向来只唱谱子不唱歌词，女儿从小学习弹钢琴，不仅不觉得好笑，而且对谱子能唱得如此准确惊诧不已。直到现在，女儿仍经常将她遇见的幽默人才的趣闻轶事告诉我，说某某科这样的人多，干起工作来饶有兴味；某某科太严肃，没意思，不好玩。真正工作起来，严肃认真、一丝不苟当然是必需的，可生活中总是一本正经的，那真会让人感觉乏味呢。

幽默是个好东西，如果你是一位男士会让你魅力大增。有时候我们喜欢和男士交往，因为他们一般比女士更风趣；而一位女士若情趣高雅，谈吐幽默，也更容易博得男士的喜爱。我的中学同学中有几个这样的人才，我喜欢和他们聚会，而他们也喜欢叫上我，物以类聚嘛。

于是有同事说："你一到酒桌前脑子就跟抹了油似的，怎么这么好使呀？"真的，只要我在场，气氛总生龙活虎。有一次领导来听课，完事后去饭店吃饭。陪客者面对领导一般不敢造次，但我不一样。一位领导劝我们女教师吃点扒肘子，说是养颜的，我不想吃，于是就说："我已经很漂亮了，不用吃啦。"此语一出，把大家逗笑了。一位专家说："没想到吴老师这么幽默。"这一来，气氛随意多了，即使对讲课不太满意之处，他们也不会太在意，就算批评也婉转多了。

其实这本领来自生活中方方面面的训练，适时适当运用，合情合理。在课堂上，学生不经意制造的搞笑情节我尽情享受，另一方面，当课堂气氛太过沉闷或觉察有谁情绪低落，我便不失时机制造点笑料。某次课堂一潭死水，我便抓住时机调侃一位同学："一部电视剧正在拍摄，其中两个角色你挑一个。"此时，他和所有人都瞪眼看着我："打手甲……"停了片刻，我又说："打手乙。"话音未落，全体爆发响亮的笑声，课堂气氛顿时活跃。不料这成为我的"典故"，多年之后见到这个班的学生，他们还会提起。其他的呢，也许都忘掉了吧。后来那位学生从警官学院毕业，果真变成"打手"了，当然是打坏人，可能还要用枪呢，看来我有点先见之明。

我发现一男生好几天打不起精神，酷爱举手的他"罢工"了，叫他他也阴着个脸。我走过去询问，周围同学说："犯病了，好几天一笑不笑。"我想了想，悄声对他们说："看我的，一会儿保管他笑出来。"他们面面相觑，表示怀疑。然而，当我凑近那男生耳边嘀咕了只一声，他立刻绽开了笑容，阴云一扫而空。大家傻眼了："老师您对他说了什么呀，这么神。好几天，我们试过各种办法都没弄笑他呢。"我神秘地对一位同学耳语，他恍然大悟，随后告知他人，大家都笑了——"是不是失恋啦？"就这么无聊的一句话。

在学校里，经常有完不成作业的学生，真拿他们没办法。撵回家去或让其趴在教室外窗台上补写，于心不忍，怎么办呢？我让他们一字排开，自己说能写多少。有低着头的，也有仰着脸的，这个说三分之二，那个说二分之一，也有的说三分之一……无论多少，我统统答应。第一，总比一点不写强，第二，自己定的事儿做起来不费劲儿。于是有些时候，某学生交上作业还没出门我就喊："哎，回来……回来。""干吗呀，老师？"他不情愿地回转身，拉住脚。我说："不对呀，你写多啦。"他一脸窘相："老师，您别闹了。"还有的时候，我说："大家注意啦，我得表扬 XX 同学。"大家都奇怪了，他有啥可表扬的，成天不写作业。"昨天他写了仨字儿，今天——写了三行。"大家爆发出笑声。结果，第三天，他的读书笔记写了三段。所以，幽默不仅是智慧，更是一种宽容。

文学中很容易找到它的影子。我和女儿喜欢阿盛先生的《厕所的故事》，孔庆东先生的《纯真年代之不敬师长》，老作家汪曾祺的《跑警报》《金岳霖先生》，以及张爱玲的《公寓生活记趣》《谈音乐》等，这些我都看过不止一遍。我和同事们将文章印发，推荐学生阅读。那天阅读《纯真年代之不敬师长》和《厕所的故事》，开始下边一片寂静，渐渐地就有人偷笑，等到一个个读完，大家终于憋不住，纵情大笑声响成一片。我现在越来越喜欢朱自清先生了，本以为很正经的他，其实有幽默的一面，读读《旅行杂记》就知道了。

女儿给我推荐六六的《心术》，说简直就是她在医院轮转半年多来的真实写照，看得她"一会儿笑，一会儿哭"，我告之读过报上连载的部分。不错，除了真实，其间运用幽默成分很多，其手法包括黑色幽默。没办法，人生真实的一面往往掺杂一种叫荒谬主义幽默的东西，它呈现一种

"残酷的美",于是一些文学作品中必有所展示。而这种幽默的力量正在于能够在展示和揭露中使矛盾得到缓冲、稀释或适当的整合。后来我完整观看了电视剧,觉得真实和幽默之外也表达了诗意在里面。

人生中的"笑声"无论对谁都必不可少。善于寻找、发现、挖掘或制造这样的元素是一种优秀的品格。中国历来不缺乏拥有这样品格的人,我们周围就有一些,如果我们的孩子也具备这样的品格,那将是一笔财富,给我们欣慰,是吧?

七、红星照我去战斗:身教重于言教

1.我所受到的家庭教育

老话说"身教重于言教",这个道理我是前不久才真正认识到。回顾自己的人生历程,真得感谢我的父母,身教,就像闪闪红星照我战斗。

和现在的家长比,可以说他们从来不教育我们,我是指说教式的教育,不记得有过。但是作为他们的孩子,又确实受到来自家庭的许多影响,比如父亲的正直,热爱家乡,终生不辍学习等。

幼时我们最爱听父亲讲故事,题材单一,全是他个人经历,我几乎倒背如流,可每每再听还像头一次。记忆最深的是他在药店当学徒时,师傅吝啬、严厉,于是将小便倒入老师傅茶壶以泄愤。在笑声中,我体会旧社会学徒不易,知道要学好艺得努力。

还有一个故事记得清:父亲与三叔数学学得好,那些家境好的都赶不上,俩人上同一个年级,轮流当第一。可他只讲故事,从不对我们提学习方面的要求。父辈们在不自觉中遵从了一种"自然教育法",像现在这样重视分数严加敦促的家庭也许不多吧。上到初中,有一阵我挺喜欢数学的,居然比一些人学得好一点。

在我的记忆里,从小到大父母从未过问过我的学习,即使看我"憋作文”也不帮我，反而说“写个作文这么费事儿”。好像那只是我的事，能自己解决。而真的，有时我写得还不差，受过表扬。在家长的观念里，孩子有学校教，学好学孬压根和他们无关，我从未因为学习受过家长批评，当然也没有受过表扬。上中学在校偶尔得个表扬，也不觉得太得意，更想不到回家夸耀。我当教师之后，父亲曾建议我随《跟我学》学习英语，我没学几天就停下了，他脸上流露一点不满，但终于没有说什么。

父亲的关怀常常在不经意间。十几岁时我得了胃病，每天下午疼痛，看医生之后拿了药，可当我难受时，父亲还是替我揉肚子，从上往下捋着揉，边揉边安慰我，感觉很舒服，很快就不疼了。这样坚持了一段时间，渐渐地我完全康复了。后来我也曾学父亲给自己或别人“治”过病，然而我从中得到的却不只父爱和人生的经验，更有一些难以言传的东西。

他仕途不顺利，一九四八年参加工作，直到去世也才混了个副处。从他与同事或母亲谈话中知道，排挤打击对他来说习以为常，可他永远学不会溜须拍马。一般人难以逃脱的名利思想、攀比思想，在他身上找不到痕迹，他总是安心地享受地做着应该做的事情。无论在哪个部门工作，下属们大都喜欢和他聊心事，他总是尽力帮人家排忧解难；工作中善于动脑筋想办法，总能轻松愉快地完成任务，好像把学数学的聪明劲用上了，而领导似乎格外“信任”他。除了在多个系做过副主任，还在统战部、学校农场等部门待过，给知青带过队并负责搞过基建和干部训练班。

父亲一辈子都保持了学习的热忱，直至去世一直坚持学习英语，虽然无所建树，但我知道，那是他的一种业余爱好，是他生命的一部分，如同我现在喜爱写作。改革开放初期退休后，他同人合作组织培训班，培训地市县乡各级各类基层干部，发挥余热为社会做了贡献，自己也挣到了一点钱。他的眼光、组织能力和经济头脑我没有学来，但我的弟弟继承了下来，从著名企业下来自己开公司取得了成功。

现在回过头来想想，父亲很少教过我什么，要求过我什么，但是我身上很多东西却与他惊人地相似，他的一些品质我莫名其妙地继承下来了，像正直无私、淡泊名利、享受工作等。当然我们更有不同，我写作享受过程却也想有所建树。进入老年他经常因为家庭琐屑郁闷乃至发火，虽然能理解，有值得同情的地方，但我还当是一个反面的镜子。

母亲对我的影响也在于行动。她一生与人为善，与同事、邻居从没发生过争吵。我不知道她怎么做到的，但是我的沟通能力、处理人际关系的能力，在不知不觉中培养起来了。这与其说是一种能力，不如说是一种家传的习惯。以前家里穷，好吃好喝总让给孩子，我不记得母亲吃过好东西；而经济再拮据，她还是想方设法满足孩子要求，像买收音机、口琴这样的奢侈品。我当教师之初她给我做了条毛料裤子，说当老师了不能太寒酸。弟弟幼时顽皮，经常把家弄得乱七八糟，我不高兴了，母亲却说："让他玩，玩完了咱再收拾。"后来我的家也让女儿弄得插不进脚。我们姐弟三人，十几岁之前成天不挨家，在户外疯玩，弟弟最捣蛋，也最聪明。每天喊他吃饭是我的重任，满世界里找，一遍一遍喊不回来。小学他当体育委员，瞅谁不好好站队上去就踹一脚，他的评语上回回都写着"希望今后不要打人骂人"。也和我对打，追得我屁滚尿流，向母亲告状，她总是淡淡地说："他小。"，我心中虽然不满，但慢慢还是学会了谦让。初中课堂上他着急发言，就从座位上站起身子趴过去，将前面同学举着的手，一个一个按下去，老师无奈，同学敢怒不敢言。我没有看到父母刻意教育他，而他长大之后并没留下这些坏毛病，不仅学习最好，事业最发达，对我和姐姐及我们的孩子也都很好，各方面能帮就帮，当成自己的事儿。可能人是有自我矫正能力的吧，"树大自然成"不是完全没有道理。

我们的事情父母平时不干涉，一旦在外出了事情或遇上了困难，只要提出来，他们必伸手帮助。一九七八年高考前夕，正在某县棉纺厂工作的我想请几天假复习遇到困难，父亲就帮我想办法；看我因式分解吃力就教我，后来考试中几个因式分解题我顺利完成。考后自我感觉不好，家信中流露低落情绪，母亲就来我工作的县城安慰我，分数过线之后父亲又到处找人，想让我进个好点的学校。

在这样的家庭中成长起来，三个孩子身上也有一些毛病。比如我办事不大考虑别人的感受或接受能力，就算为工作也经常把事情搞僵；敢说敢为，想到就做，有时带有盲目性。至今个性冲动、缺乏修养的毛病也未完全改掉。以前我觉得这样的家庭教育过于宽松了，甚至觉得自己的父母对孩子的教育不算成功。看人家家长可严格了，人家孩子彬彬有礼，说话办事有板有眼，少吃亏上当，人生少走不少弯路。几十年之后反观自己的成长历程，有了一些新的看法。

首先我有一个尽情玩耍的童年，很少约束的少年和青年时代。五六岁会打乒乓球，七岁会游泳。六七岁开始骑自行车(28 型男式)，先插裆然后跨横梁骑，有时撞开俩行人在一片责骂声中继续前冲，却从未挨过摔，经常是车子哐嘁落地人却安然无恙。踢毽子、跳房儿、跳皮筋、跳绳、拾子儿样样精通。记忆中除了吃饭睡觉一般不着家，说是疯丫头一点不过分。生炉子、煮饭、炒菜、包饺子，洗衣、洗蚊帐，打毛衣、缝被子等，样样拿得起。

六七岁便读很厚的书，当时认字少，加之有些书为繁体字，全靠连蒙带猜。没有读出所以然，看热闹却还上了瘾。那时弄本书不容易，姐姐有办法，借来她先看，我等着。由于书要急着还，得快看，于是练就一目十行的本领。至于学习，我说过没人关心，就连自己也不关心，平平淡淡学，不好也不坏。母亲只关心一件事，谁看书躺着歪着立即呵斥，结果三个孩子终生有个好视力。后来我对女儿的读书写字姿势很重视，她的视力也不错。想一想，我在教育上的一些做法，源自我的家庭。

爸爸毕业于大学历史专业，又在大学里工作，可我们都不会背唐诗，他只翻来覆去讲那几个故事，我能背几首唐诗是教书之后的事了。这样的家庭到底给了我什么呢？好像什么也没给呀。纵观我的人生之路，家庭没有给我过多的关注，没有教会我许多知识以及接人待物的方法，没有给我财富、智慧，却给我一样东西，那就是自由的意志、独立的思想，以及建立其上的丰富美丽的人生。

因为接受教育少，所以凡事得自己判断。就像一个没怎么读过书的人，不会张口闭口某书某人怎么说的，他说话行事“原创”多，在他人眼里或许幼稚可笑甚至愚蠢错误，但他自己眼里的世界最美丽。这样的人一般苦头吃尽之后，才觉悟当年的失误，懂得一些做人的道理，比一般人后知后觉。

在我身上这种“个性”显而易见。失误已经造成，痛苦无法抹去，机会已经错过，无从挽回或弥补，黑白灰的色彩曾编织了还会继续编织着我人生的一个面，但是我也有朝霞般绚烂辉煌的一个面，有别于常人的充实的人生。我做事情靠自己思考，费的劲比别人多，痛苦多快乐也多。对于人生的种种体会更深刻，对于自己每一个小小的进步也看得尤其清楚。就像在爱情中，对方爱你多深不重要，失败或成功也不重要，你在其中感受到的一切，身与心体会到的，包括针扎的刀割的，战栗的痛不欲生的，当然还有忐忑的愉悦的等，才是人生最可宝贵的。在同样或相似事件中，一千个人有一千种体会，我很幸运，没有错过对它们细腻的玩味与反思。

2.批判精神值得提倡

父母不教我，我只有在干中学。从小我就这样：善于独立思考，凡事有自己的见解，具有反叛精神。父亲快四十岁有了儿子，自然十分溺爱，好吃好喝先记着他，凡事护着他。现在看没什么，人之常情。弟弟小我七八岁，我乖巧懂事平时处处让着他，但总归看不惯父母有偏有向，想他们一碗水端平，于是好几次跟母亲吵，小小年纪就追求“平等”，有不满就说出来。在校在外常“路见不平拔刀相助”，从小到大老师给我的评语都一样：“主持正义，敢说敢做。”

有一件事我至今记得。一堂化学课老师讲到物理变化和化学变化，我立即冒出一个问题，人吃饭到消化排泄算什么变化。我在下面嘟囔，同学就笑我，我举手他们还拉着。那时一般不兴主动提问，老师也是一直讲，可是我居然滑天下之大稽，冒天下之大不韪举起了手。我一张嘴就引来一片嗤笑，可能我说了“拉屎”二字，也可能大家觉得“这算个啥问题”，我就不知道了。老师迟疑一下，解释了一大堆，我当时没弄懂，现在也还是不懂。不过现在大家普遍承认，发现一个问题比解决一个问题更重要。

总之，从小到大我就是跟别人不一样，特别有主见，从不人云亦云。比如会议结束时校长随口问“还有什么事儿吗”，大家低头不语或面面相觑，只有我突然冒出一句：“我有个问题。”赶上视察的领导在场，之后校长不无埋怨道：“你干什么呀？”意思是我没眼神，说了敏感的话。就这样，为工作我无所顾忌，特别当积累了多年实际的经验，又读过一些书之后，坚信自己站得更高看得更远，特别希望工作极致完美。这样往往和环境发生一些矛盾或冲突，我就学习耐心解决，一方面相信个人的力量可以改变现实，坚持正确的做法；一方面也渐渐学乖了，在无法改变他人现状的情况下，洁身自好就是了。

退休前的十年间我写了一些论文，当然属于实战派。如果我读了一些理论的书，可能论文会因其理论性而获得更高奖项，但是原创度也许会下降吧。现在回头想想，这样的个性，家庭给我的个性，使我饱尝了与人奋斗、与环境奋斗的坎坷辛酸与幸福快乐，丰富了我人生的经历和体验，使我获得了比常人更多的成绩，于是更觉踏实，以为不虚此生。现在有人不理解我，为什么不好好歇着，写什么文章呀，多累呀。我想，这是我的人生与众不同，体会和需要表达的太多，才会乐此不疲吧。

有一件事儿我记忆很深。那一次，我指导一位青年教师上公开课，主题是文言文《唐雎不辱使命》。开讲时，我们背地称之“十大巨头”的学校领导来了九个，课上完了，在校长带领下评课。九位轮番发言，说是评课，实际上口径一致地对这堂课展开了批评、批判。评判的重点是：第一，置文言字词的教学于不顾。第二，不好好翻译课文（老套的教法，不管三七二十一将这两个环节放在首位）。第三，学生预习及配合不好。你想想，如此评价，这堂课难道不是彻头彻尾失败了吗？

然而，果真如此吗？作为这堂课的指导者和授课者，我们对教材进行了认真仔细的研究。第一，此为一篇课内自读课文，文下注释极为详尽，结合积累学生可自行突破字面障碍；第二，文章故事性强，自学基本可读懂内容；第三，文章人物性格鲜明，写法、句式的运用上比较有特色，一些历史的、人文的东西值得挖掘，传统的教法强调字词和翻译固然有它的长处，但也容易忽略文学等方面的营养吸收，缺陷是明显的，应该因文而异有所突破、革新；第五，一节课就四十五分钟，必有所取舍，不能眉毛胡子一把抓。于是量身打造了如下教学方案：字词讲解从略，以分角色朗读、发问和讨论代替翻译课文，重点放在人物语言的个性化分析、人物鲜明性格的分析，以及文学性语言、故事与史实关系的研讨方面。借此将学习引向深入，提升其课堂价值。

但采用的班级学生整体水平不够高，又任其自然没有“彩排”，不仅学生对新教法不习惯，还赶上上午末节课，上起来疙里疙瘩，不像一般公开课如行云流水就很自然了。同时，领导对于新的教学思路、设想似乎没有丝毫觉察，也许压根不感兴趣，要的是一堂无条件沿袭旧教法，面面俱到、表面繁荣并与中考相关联的一板一眼的课，我们遭到批评、批判也很自然了。

九位领导发言我一直耐心倾听，也早知道会有如此结果，但是授课的青年教师似乎受不了，马上要哭出来，我很心疼，甚至觉得自己害了她。等到一一批完我开始“辩解”，领导认为我不虚心，我说和这无关，学术观点不同罢了。尽管如此，领导们还是宽宏大量听完，令我感激。不同学术观点相交锋是一件好事，我不仅不沮丧，反而很自豪，也相信领导是为工作好，并无半点私心。唯一不解的是，为什么大家的看法齐刷刷地一致？为什么我们的课堂有那么多条条框框？为什么教师只能这样不能那样？

类似的事情还有一些。那一天上完蒲松龄的《狼》，马上要下课了，我随口问了一声："狼怎么叫？"坐在最后一排的一位学生自告奋勇，可是他一张嘴，狼就笑了。随后多个学生逐一试叫，无一正确，令人大跌眼镜。人和狼，竟然隔绝到这地步了。无奈之余，我只好"诲人不倦"啦，于是教室响起一片"狼嚎"，男声与女声。

在我看来，这堂课实在完美。电视片里所见西伯利亚狼引颈嗥叫的姿态，堪称优美绝伦，而不知道狼怎么叫，这个人的知识不算完整。可是，一定有人觉得我不像个教师，就像一些人觉得某某不像个教授。这倒让人疑惑了：教师究竟该什么样，教授又该是个什么样？他们不知道，我一直按自己的想法安排每节课，一会儿这样一会那样，变来变去不断实验、实践。我有这个自由吗，作为一名教师，一个有独立意志的人？既然当教研组长，我就有权力将进步理念传播他人，有责任带领组员冲破藩篱与束缚，大刀阔斧进行改革。像上面情况我常遇到，早就有听课教师质疑"你怎么这样教呀"，也有组员、学生及家长质疑或反对，但众人呼声再高也休想动摇我的决心。很多时候，我的与众不同常会使我处在孤立无援的境地。有时众人能隐隐约约感觉到我的大胆和正确，但完全支持认可我的终究为少数，大都多少持怀疑态度或觉得没必要较真，按部就班就好，折腾什么呀。越这样越能激发我去认真思考、不断进取，在学术上和实际的工作中，我取得常人不能比的进步。

和一个学生聊天，她说："老师，您是不是不备课呀。"我知道她何来这种感觉，于是欣慰地笑了。在板块式教学顽固风行的时代，我的课无疑是个异类。就像写文章或修建风景区，虽经雕琢却不着痕迹；像散文，像信马由缰，散得开，跑得远，却收得回，停得住。还有一个学生对我说："所有课我都会走神儿，唯独语文课，一不留神儿就接不上了。"拿什么奉献你，我的学生？用心揣摩，不断攀登，极尽完美地追求。

相信在我之前有不安分的人，同龄当中或之后仍不会绝迹。成就斐然者从里面出现过，还会与日俱增。在我看来，如果凡事须胸有成竹，那就什么也干不成。

桑提亚哥一个人在海上，不停地自言自语，不停地想这想那，用尽智慧和力量捕获大鱼，又同鲨鱼群搏斗到最后。就因为他是一个人。他胜利还是失败了，这一点见仁见智。而成天高朋满座的人，没空静下心来，必然一事无成。

3.我的个性对儿女的影响

近年来，我国教育领域大环境有所改善，教学改革又一次摆上了议事日程，这个时候再来看《唐雎不辱使命》那节课，领导们可能会有新的想法吧。可以说，我的无所畏惧根源于父亲，而我的世界观人生观对女儿也绝不会没有影响。

某日 QQ 聊天，我写道："在看《肖申克的救赎》。"女儿说："我觉得主人公性格有点像你——执着，觉得没有什么事情是不可能的。"这是女儿心中的妈妈呀！我把它看成一个褒奖，一种认同，或者说"身教"的收获。又一日，女儿问："……怎么不是真的，好几个网都这么说呢。"我回复："网上的传闻我从来不轻信，我分析。"女儿答："这一点我不如妈妈，呜呜呜……"后来证实女儿提到的传闻不真实。

设想，一个人云亦云、前怕狼后怕虎的家长，一个安于现状、不思进取的家长，一个投机钻营、嫌贫爱富的家长，能对孩子成长产生良好的影响吗？"孩子是家长的一面镜子。"一位老教师常对我说。从叫嚣"我爸是李 X"的孩子，到因开车肇事杀人灭口的钢琴生身上，我们至少可以体察家庭教育的一些漏洞。

其实，对孩子最好的教育是价值取向、世界观和人生观，而这不是张口一说就可奏效的。我的父母都属于那种谦虚谨慎、善于替他人着想的人，所以我无论取得什么成绩都会保持低调，在与人交往之中，不会以自我为中心，善于倾听，与人为善，这往往在无形之中提高了我的威信。无论朋友还是领导，大家更容易接受你的意见和建议，你想达到的目标更容易实现。而我的女儿继承了妈妈的一些秉性，这可以看成家传的财富了。

回过头来看，假如我的父母“教子有方”，可能我会背唐诗宋词，满腹经纶，搞不好成为学者、教授，钻在象牙塔里令人崇拜；开好车住洋房，风光无限。可是，我将失去什么很清楚。不是吗，给你一片美丽的田园和一堆金子，你会选谁呢？父母给我一个不可预测的人生，才造就了今日的我，我能不庆幸并感谢他们吗？所以对于孩子的培育，一个人的见解、做法不一定源自书本，而是来自生活和他的家庭给他的教育。

当然，今日反思我对于女儿的教育，依然有一些过度，谁身上不带一点时代的烙印呢？我着手加以改进，先尽量少打扰孩子，慢慢地完全放手。

我并不简单否定其他教育模式和方法，毕竟时代不同了，而是想说无论什么时代、哪个家庭，身教远远重于言教，诸多说教式教育的失败，已经给我们敲响警钟。作为一名教育工作者、一位母亲，对于过度教育，对于重言教轻身教的实际情况，对于家庭教育存在的浓重的功利色彩，已经忍无可忍。

另外，提倡身教并非一味排斥言教，但父母即使学历再高，即使他们本人就是教育专家，言教还是处于第二位的。这就是为什么有一些学历不高的家长照样可以培养出好孩子，而高学历父母不见得胜出的原因之一。

其实我的父母并非一句不说，比较少罢了。如此，一旦说教反而效果很好。比如父亲曾告诫我：“千万不要背后议论人，有话说到桌面上。”真的，在单位里如此行事无往而不胜，女儿也大致可以做到。而人与人之间许多无谓的矛盾或纷争，无非皆因此方面出了问题。母亲最成功的教育大概是“东西哪里拿的放哪”。成人之后，发现即使这样小的习惯，缺少敦促也不容易养成。

孩子是孩子，不是一片无生命的楼宇，他们的人生无可设计也无可复制。让孩子尽可能广泛地触摸生活，尽可能学着用自己的头脑思考，尽可能按自己的风格行事，这是教育者面对受教育者时最应该充分考虑的。所以，在这个世界上做你自己最重要，说得极端一点，任何时候，你自己的想法最重要。某日 QQ 聊天，“妈妈，我做事总是很粗糙，人家女孩子都那么细心。”女儿无奈地说。“你生就了男孩子气……最好该粗糙时粗糙，该细心时细心。”我又教育上了。“是呀，我也这样想。”女儿追求完美。“不过，人生只有一次，还是做你自己。”这句给力的话，是我说的吗？连自己都惊讶了。

“小小竹排江中游，巍巍青山两岸走……红星闪闪亮，照我去战斗……”仿佛我的一生始终贯穿了这首歌，现在的人们能够体会吗？

八、天空里的一片云：心平气和看“早恋”

1.引导是关键，尊重是上策

“哎，知道吗？”某老师卖关子。“什么事，快说呀！”大家凑伙上来。“哎呀，就那个……接吻……”“谁班的，在哪儿呀？”俩学生在学校某处被老师撞上了。

如果我对你说有些老师也很八卦，你可能不信。但是，在学校里，老师对早恋的事情确实比较敏感。一方面喜欢出面制止或通知家长，害怕事态发展得“不可收拾”，影响学生的学习成绩。另一方面，老师也都清楚自己很难管。

其实，无论家长还是老师，看待此事都应心平气和。社会发展到今天，尤其是西方的影响日渐增大之后，一般的亲昵行为早都见怪不怪，而真正发展到“不可收拾”的，据我观察并不多，就如早恋的双方最终走到一起的凤毛麟角一样。一般充其量双方互生好感，还不足以被定性为早恋，或者也存在暗恋或剃头挑子一头热似的追求。即使是早恋，一般来说，虽然不宜支持或提倡，却是应该得到充分尊重和理解的，而且应该相信他们分寸可以把握好。与生俱来的自我矫正能力、自我约束能力，以及生活环境、从小所受教育等会帮助他们。法国影星苏菲玛索主演的电影《初吻》，写早恋比较符合生活的真实。

但我不赞成完全放任自流。我给学生和女儿的建议是：同学之间最好建立纯洁的友谊关系，尽量不掺杂其他成分，将好感或爱慕珍藏于心中慢慢体会，认真品味；互相学习，互相帮助。另外，不简单地将其与爱情画等号。一方面，爱情是神圣的，不宜轻易说出口，它美就美在朦朦胧胧，美在只可意会不可言传。一句话，对于青春期的少男少女来说，它美在纯情。另一方面，年少之人思想尚不成熟，即小孩子不定性，一旦说出再收回，对自己像儿戏，对他人则可能造成伤害。所以，多想、多观察，少说、少做，可以算作一条原则。再就如专家所说，少男少女需多参加群体活动，少单独接触，建立比较广泛的友谊圈。如果陷入早恋，很可能缩小他们自己生活的圈子，从这一点来看，也就限制了交往、观察和体验多彩人生的机会。

这些建议，据我看来学生大多能接纳，女儿也不例外。这样的引导家长和教师有必要去做，但不是防患于未然的说教嘴脸，而是人性化的、朋友般的温馨提示。从长远来看，此方面美好的情操对青少年尤为重要。他们一方面要熏染善良、博爱的品格，学会在与他人交往中摆正自己的位置；他们一方面可以从文学中汲取更为高雅的情趣，追求更为高级的精神生活，用一种浪漫主义的态度提高生命的质量，实现人生价值。泰戈尔的《沉船》、屠格涅夫的《初恋》、欧亨利的《麦琪的礼物》、托尔斯泰的《复活》等，这一类文学作品，曾经对无数人产生过潜移默化的影响，教师可以推荐给学生。有人害怕文学作品有负面影响，比方读小说会无原则沉迷其间啦，有些作品不适合小孩儿啦，这种担心并非完全多余，但总不能因噎废食吧。再说了，干一件事真正能“陷进去的”毕竟为少数，即使今天陷进去，明天他自己会拔出来。

无论怎样，早恋现象都是不能完全杜绝的。不可能也没有必要。生活具有无限丰富的多样性，人性也形形色色，事情真来了我也不奇怪，不会制止或通知家长，总之不棒打鸳鸯。我装作看不见，悄悄观察。因为一旦你捅破那张纸，本来并非早恋的可能会往那方面想，已经发生的，可能由地下转为地上，由秘密转为公开。本来这是人家的隐私，你外人去掺和，对人家不尊重了，本来美好的东西也许就破坏了。

我有个学生和本班一位男生好上了，作为班主任我觉察了一些迹象，同学们也常在我耳边吹风，意思是让我管管。我说你们不懂，越管他们就越带劲。结果真让我说准了，初中几年他们关系一直平平淡淡，虽然是“早恋”。毕业之后好多年，两个人散了和，和了散，折腾了无数次，男生为她房子都买了，结果到底没走到一起。当然，后来各自结了婚，结局还是不错。但是，这女生有一次对我说“我涉足这类事情还是太早了，其实没什么好处”，言语之中不乏一个过来人的悔意。

我也遇上过其他例子，根据情况我婉转朦胧地教育，从未有过真正意义的干涉，而他们大都没有构成真正意义上的早恋。同学间成功的情况一般少见，即使后来结婚的，往往为当初并未明确表示或早恋的。当然，就人生来说，很多情况下结局不一定最重要，但是，如果真正陷入早恋，或许我们真的无能为力。虽然早恋是人性的必然，对一些人来说仍需谨慎。我的所见所闻，多为“喜剧”开始“悲剧”终结，但凡我知道的，过后总忍不住问“哎，他们怎么样了”，回答不外乎“没戏”或“早散了”。和当事人聊起来，无一例外流露出悔意，原因大概系耽误了学业或错过了“更好的风景”吧。

2.我对“早恋”原因的分析

根据我的观察，陷入早恋的双方，一般存在某种或某些特殊情况，家庭方面原因较多。比方离异或酗酒的、对孩子冷漠或管教不力的、教育方法存在严重缺陷的等。例如我教过的一对学生，女生父母离异，家庭关系一团糟，她经常陷入惊恐不安；男生从小所受教育过于严厉，导致他几乎完全丧失学习兴趣，结果事态稍微有一点失控。网上看到一高中女生因沉迷性爱导致精神疾病，根源系家长在学业及人格等方面要求过高使其不堪重负，以此减压却适得其反。所以和谐的家庭，充满爱心和具有科学教育方法的家长，以及教师在此方面所做的努力，对于避免早恋意义重大。另外，我还发现早恋在某些学校有成风的迹象，一旦成风很难遏制。总之，关于两性关系的正面引导，家庭和学校均不可或缺。

3.完全不懂是无知

这本书我写早恋问题，开始觉得和女儿联系不上，写着写着，觉得不是这么回事儿了。女儿小时候，看见影视上男女亲昵就捂上眼睛说："妈妈，小孩不能看，是吧？"然后一直问："完了吗……完了吗？"

这是一个"纯洁"的孩子，甚至可以说"不解风情"。说女儿没有魅力不对，中意她的男孩儿也有几个，而她似乎无动于衷。女儿专心学习不错，却并非全无感觉，节制罢了。这不好吗？可我偏偏犯嘀咕。

女儿上高中住校，我从图书馆借来《校园恋爱学分》(吴淡如著)，读罢推荐给女儿，还就此写过一封信给她。算最早的正儿八经的两性交往教育啦。那时那地，女儿觉得奇怪：干吗看这样的书，写这样的信呀，什么意思嘛。我以为早恋固然不足取，完全无知就成了幼稚。这也是那时的想法。

我们这些五零后就挺可悲。"男人做过的凳子不要马上坐。""为什么呀？"我奇怪。大我几岁的女孩凑我耳边说："怀孕……会怀孕。"我将信将疑。但是真的，那时候二十好几了对于男女之事还稀里糊涂的不少见。你可以说那是"纯洁"也可以说"愚昧"。有一个朋友说他看过生理方面的书，我嘴上不说，心里骂他不正经。我们所读小说里的爱情大都比较浪漫，情之外的事情知之甚少。所以说我们的爱情观很崇高没错，但也不免虚无缥缈，自己总感觉不甚完美。

现在下课夹着书本走在长长的楼道里，身边蹭过三三两两的学生，男男女女说笑着，我总泛起几多羡慕。二十世纪六十年代末七十年代初，在中学里男女界线极为分明，如此这般情景是不可想象的。我们失去过什么不言而喻。我想说，男孩儿女孩儿，生长在这样的时代多么幸福。那时刻我的笑容只有自己看得见，里面包含的内容却说不清道不明。

我那封信的开头是这样写的：

我想“恋爱”一事在你身上迟早要发生。避而不谈或茫然无知，并不一定是上策。你心灵纯洁，如果该了解的东西你不了解，就变成幼稚了。“恋爱”这事情，需要实践也需要学习。《学分》可以使人减少盲目性，减少困惑或不知所措，正像作者所说，本书“献给每一个可能因爱而脆弱的灵魂”。

这本书想帮助人们建立正确的恋爱观。作者说“爱情的悲剧其实是恋爱观的悲剧”，“恋爱的失败不会一生失败，但恋爱观失败，一生的恋爱都会失败”。我让女儿读这本书主要基于此。书中警句很多，比如：“真爱是心灵的成长，是生命的共存共荣。”“谈恋爱不只要用心，也要用头脑，光是心好，头脑不好，结果还是会很糟。”“不带批判地做他的朋友，观察他，而不是批判他；同时也观察自己，和他当朋友，是不是感觉很好；观察他是不是一个成熟的人。”“做你所爱的人的朋友，是爱情的最高艺术。”“真正持续的爱情，必须有尊敬才能成立。”现在我依然觉得这些话有道理。

我说尽信书不如无书，恋爱和其他事一样主要靠个人的悟，个人的体验，教是教不会的。至于在学习阶段一个人有没有资格谈恋爱，作者的意见也值得参考。最后我希望女儿学会欣赏异性，并与其“和平共处”。在这个过程中，让自己的情感世界变得更丰富，让自己变得更有人情味，变得更聪明，给生活、学习带来动力。据说在国外，十七岁的孩子已经看《查泰莱夫人的情人》了，让女儿看这样一本书不算早。

性解放的思潮对中国人的冲击是一把双刃剑。作为一名教育工作者，我觉得学校在如何对待感情和两性交往的教育上，尚未拿出有利的举措或方法，基本上处于放任自流状态。或简单打个比方“不要去摘青苹果”，或止于语重心长地告诫“不要自毁前途”。即使每个人存在自我矫正能力，也不应该让此方面的教育成为空白或流于形式。教育专家们在干什么呢？也许我孤陋寡闻，但我的确不知道。这么多年来，我一直立足于实干，当然谈不上影响教育的大局，算不上功臣，但用自己的大脑思考，尽了微薄之力，没在工作岗位上混天熬日子，毕竟很欣慰。

前一阵网上信息，北京的小学增添了性教育教材，其尺度还引发了热烈的讨论。国外性教育的实践终于被我们所借鉴。

4.天空里的一片云

写到这里，我想起了一首叫《偶然》的诗：

我是天空里的一片云
偶尔投影在你的波心——
你不必讶异
更无须欢喜——
在转瞬间消灭了踪影
你我相逢在黑夜的海上
你有你的我有我的方向
你记得也好
最好你忘掉
在这交会时互放的光亮

据说徐志摩最喜欢自己的这首小诗。如果把它看成一首爱情诗，那么它所表现的态度是淡然吧。也许它要说，爱的美好往往在于瞬间的感受、神秘的碰撞在心灵一隅短暂而辉煌的闪烁。品味每一次的邂逅，激赏每一次的光亮，然后淡然地笑笑，“挥一挥衣袖，不带走一片云彩”。于是你将在爱情当中，摆脱掉庸俗的枷锁，戴上诗意的桂冠。将这态度融于人生，那种参透所有的淡定、豁达与从容，直让人看到佛心禅意。而于激情于人生都是有益的吧。只是年轻时，几个人能觉悟到如此地步并贯彻于生命之中呢？

至于“蒹葭苍苍，白露为霜。所谓佳人，在水一方……”已经被选入初中语文教材当中。它的意思，是不是说“爱的吸引在于若即若离，美的吸引在于一水之隔”呢？我有一次讲完《陌上桑》（人教版语文教材，现已删掉）要同学们随便谈点什么，于是有位男生腾地站起来说：“我觉得，得到一个人的身不重要，关键是得到一个人的心。”话音一落，全场面面相觑，随即招来一片嗤嗤的笑声。说实在的，我没想到名著的威力这么大，而学生又这么地“童言无忌”。我想说，只不过年轻人的心都飞翔着，谁又能真的抓住谁呢？可我只是笑笑，没有说出来。

我觉得一个人在年龄尚小时候，如果爱慕、喜欢过某个或某几个人，甚至暗恋过谁，就很好了，就算享受过那个年龄应该享受到的幸福了。那样的纯情何其宝贵，何其值得拥有！“品尝不到”或“走太远”都背离自然的轨道了。即使时过境迁，你的审美观价值观发生了改变，你曾经那么倾心过的并不真的符合你的标准，比如说那个男孩而太过女性化，或者那个女孩儿太缺乏头脑……又有什么关系呢？期待和憧憬中的事物总是最好的。想一想，拥有幸福和仅仅占有一个人，哪一个更值？年少的时候，我们不是应该追求一步到位，而是应该学着咀嚼和延长我们的幸福，对不对呢？

九、妈妈的那些老师们：榜样永远有力量

1.文学中的榜样

但凡受到感动的优秀人物事迹，我喜欢跟女儿和学生分享。比如，国画大师吴冠中潜心艺术不图名利的精神可嘉，我就将有关博文推荐给女儿。《邓稼先》以前未被选入教材，我也让她读。

《邓稼先》选入教材后，在教授此文的课堂上，我请学生们读后先谈感想，然后问："想知道老师阅读一遍后的感受吗?"齐刷刷，同学们的眼睛盯住我，我的目光缓慢地扫过全班，一字一句告诉他们："我放声大哭。"全班默然。我为什么大哭，学生又为什么默然，起初我并不明白。科学家默默无闻的奉献精神？本文作者、诺贝尔物理奖获得者杨振宁对主人公高度的评价，抑或文章毫不掩饰的真挚情感？无论如何，两位科学家都堪称榜样。我让学生把文章引用的那段古诗和歌词背诵下来：

"浩浩乎！平沙无垠，敻不见人。河水萦带，群山纠纷。黯兮惨悴，风悲日曛。蓬断草枯，凛若霜晨。鸟飞不下，兽铤亡群。亭长告余曰：此古战场也！常覆三军。往往鬼哭，天阴则闻！"

"中国男儿，中国男儿，要将只手撑天空。长江大河，亚洲之东，峨峨昆仑，古今多少奇丈夫：碎首黄尘，燕然勒功，至今热血犹殷红。"

慷慨激昂的声音在教室里震荡、回响。我知道了，这是榜样的力量。这种力量来自一时或偶然，但它的影响却是长久的。仔细想想，我们每个人一生都会遇到榜样，各种各样的。他们对你的影响当时可能显现不出来，但力量积蓄到一定程度就不可小觑。文学作品中、媒体宣传中，父母或周围人……谁是你的榜样呢？你心中有榜样吗？

最初文学给我的榜样，一是《牛虻》的主人公牛虻。他因无心告密被琼玛打耳光，然后"自杀"，尔后投身革命事业直至就义——身中十二发子弹依然不倒；他给琼玛的最后一封信和信末那首小诗："无论我活着，

或是我死了，我都是一只，快乐的飞虻。”给我的印象太深。一是《钢铁是怎样炼成的》主人公保尔。他与朱赫来、薛尔基的友谊，与冬妮娅的初恋及决裂，与丽达的误会和书信；他的“自杀”、伤寒病，伤痕累累和写作等。革命者一步步的成长历程，对于一个成长中的孩子影响太大。再就是苏联电影《乡村女教师》的主人公瓦尔瓦拉，我从事教师职业并做出一些成绩，肯定与之有关。说起来，我第一次看那部电影是在大学期间，露天且在银幕反面观看，一想起来就禁不住感慨。

还有好多，比如《红岩》中的江姐。最新版的电视剧江姐形象，更加还原了人物和故事的真实性，正是他们这样坚定的革命者在革命斗争中起到了领导、团结、教育广大革命者及群众的作用，起到了榜样的作用。江姐的伟大在于信仰坚定，勇于承担重任，机智勇敢不怕牺牲。真正的女中豪杰！

坚定、坚强、崇高和美——无数革命先烈为了社会的变革和进步努力奋斗，不怕牺牲，前赴后继，都是我的榜样。科学家、文学家、为社会做出突出贡献的人们，各行各业的先进人物、有识之士，在我心中全都是榜样。我们这一代人心中往往都埋藏着所谓英雄情结。我相信榜样永远有力量。有榜样的人生总是积极向上。

2.榜样更来自生活

其实榜样更来自平常人，默默无闻的人。比如父母或其他老一辈人，当然还有老师。我在济南七中上学时遇到的老师，现在想来，几乎个个堪称榜样。我一想起那间普通的二楼北侧的教室，就想起所有教过我的老师，点点滴滴历历在目，时间越久远越清晰。

班主任李堃老师教我们物理，整治班级绝对有一套，我们四连二排啥事都跑在前面，可谓风头尽出。他常说：“不可以随便请假，除了红白喜事。不可以小病大养，无病呻吟。”只是……“白”也算“喜”呀，我们在底下窃议。有一回他讲时事，大家都乖乖听，讲着讲着突然大喝一声：

“姬鹏飞!”大家愣了片刻回过神儿来哄堂大笑。原来有个叫赛鹏飞的同学居然不老实听乱讲话，老师一激动喊错了，当时我们国家代外长正是姬鹏飞。意识到喊错了，老师自己也抿着嘴笑了，只有赛鹏飞自己傻愣着。而我们关心时事的习惯在那时养成了。李老师家住学校东南角平房里，平日我们几个不管老师在不在家，出出进进，乱摸乱动，好像在自己家里，若问老师家里几根筷子几只碗，估计我能说出来。后来我下了乡有一阵心情不好，给老师写了一封长长的信倾诉，老师回复安慰我：“……凡事不能过于认真，还得考虑别人感受……”我看了蹲在地上放声大哭，一个人开始独立人生的时候太需要开导和扶持。现在李老师年纪大了，健康状况不佳时情绪自然低落，我抽空和他聊聊，他说：“你挺会开导人。”我想说：“还不是跟老师您学的。”

数学老师有四位，印尼归侨吴树德老师，转业军人张闯老师，骆波老师，年纪最大的是女教师戴谢珠先生，她那时大约四五十岁了吧。

有一次我低着头，正全神贯注将长长的刘海编成一个小辫，似乎听见有人催促：“快起来，老师叫你了……”慌乱中停手站起来随口乱说一气，不争气的小辫子又偏偏横空出世从额前翘起，班里同学看见大笑不止，吴老师也笑笑，摆摆手让我坐下却并没说什么。虽然少不更事脸皮有点厚，但小动作还是停了几日。那个时代，老师却如此地认真……唉!

张闯老师个子较矮，经常得踩一条板凳写板书。我坐第一位，天天见他掇、放、踩，已经习以为常。我常想：何必呢，随便写写就是了。他的课从上到下总是满满一黑板，字迹小巧优美工整，排列均匀，那不是板书，是漂亮的书法，因为太夺人耳目，经常叫人忘记了听讲。它也让我永远记住：做题不能少了步骤。后来我当了教师，竟也有学生夸奖我板书写得好，但我没说，比张老师还差得远呢。张老师的传奇是当兵入伍两次，他告诉过我们原因，只可惜我没记住。

戴老师我最喜欢。四五十岁的年纪，微胖，自来鬈的短发触到肩头，乌黑的发丝衬着雪白的肌肤。她边讲边写，语言简洁明了，随便一听就全懂啦。她的开场白大都是“伟大领袖毛主席教导我们‘后次复习前次的概念’……”最常挂在嘴头上的是毛主席的名言“有比较才有鉴别”。后来想想，学习或教学的诀窍其实不用多，一两条足矣。那时的老师都不批评学生，但是也不随便表扬，我却有过这样一次殊荣。我坐第一位，有一天戴老师就站我桌前，提溜一作业本，掀开着让大家看，说：“作业应该像这位同学……”我随便扫了一眼，呀，这不是我的本子吗？戴老师表扬的是我？老师不说我还真不知道，定睛看看写得确实干净整齐，字体大小适中一目了然，没有错题全是红红的对号。虽然，在那个时代我们不太在乎学习上受到的表扬，而且此种情况的确很少遇到，对我的影响却是潜在的深远的。后来我将书写整洁发扬光大了，我没成为一个吝啬表扬的老师，源头在这里吗？我最喜欢戴老师，是因为这次事情吗？

骆波老师只给我上过不多的几节课，但他是世界上第一个夸奖我聪明的人。当然以后也没有几个人。骆老师让我们自己编题，编得好就用来当考试题。之前我在报纸看到烟台“小钢联”产量不断上升的报道，于是据此编了一个三元一次方程的应用题，结果被选中。为此骆老师在班主任面前夸奖了我。至今记得课间和老师一起研究编题的情景。理论若不和实际联系就是无用的理论，那时骆老师就“教”给我们了。

教政治的张德明老师我也非常喜欢。那时政治课似乎很简单，主要学习《矛盾论》和《实践论》，偶尔讲点时事。他从头讲到尾，却一点也不让人觉得枯燥，你会一直跟着他的思路走，所以从小我就对哲学产生了好感。辩证唯物论中一些最基本的东西老师都讲到了，像物质为第一性，感性与理性认识、理论与实践、量变与质变，真理的绝对和相对、矛盾的普遍性与特殊性等，这些对我一生产生了巨大的影响。张老师一般在黑板上写提纲，课堂笔记大多他念我们写，念得很快，记的东西其实没怎么有用，一堂堂下来倒是练就了一身速记的本领。那些时刻给过我无穷的快乐，手忙脚乱记下来，然后长长地出口气，仿佛打了一个大胜仗，为什么记它反而不重要了。唉，人生真的是过程最重要呀。哲学很深奥，我只是入了个门,若不会返回到实践中,学多少也没有用。后来考大学好几个学校我都报考了政治系,因为录取学校当时没设这个系,我只好念中文了。

英语杨宝莲老师最喜欢我。杨老师毕业于上海教会学校,精通英语,发音纯正,终生未婚。可能因为我发音比较正,她尤其喜欢叫我。同学们直到现在还拿我和同坐第一排的男生打趣儿:“西夷子吴建军,黑夷子胡亚非。”我觉得英语一点也不难,很快就掌握了音标,能自学。她讲语法词法不多,讲究实用,例如关于事物复数她说一般就是添加 s 或 es,特殊情况需要记住。在实际的对话和歌唱中学习,也使我们增添了学习兴趣,唱过《我爱北京天安门》和《下定决心》等。现在想想,语言实践于语言能力的提高起关键作用吧。我的最爱是《国际歌》,就我那水平唱此歌有难度,但我还是学会了,需看着歌词和谱子——杨老师用毛笔抄于一张黄色大纸上,悬挂在黑板的钉子上,像一张大字报。用英语唱《国际歌》真太好听了,一遍一遍唱也不厌烦。那时发现,外语歌儿还是用外语唱好听,而中文歌儿用外语唱则挺好玩儿。我做教师后,自己学会了用英语唱《音乐之声》插曲《哆来咪》。我在语文课上,也经常带领学生们唱歌,像毛主席诗词《沁园春·雪》,《阳关三叠》(王维《渭城曲》),苏轼的《水调歌头·明月几时有》,还有《弹起我心爱的土琵琶》以及歌剧《白毛女》选段等。可是后来我到底没有把英语学得更好,一辈子也没有,不知道杨老师会不会怪我。我知道她已经去世,我是再也没有和她见面的机会了。

教化学的袁敬谦老师水平很高,也是随便听听就什么都明白啦。他是鲁西南地方的人,说话时后音总是一拐一拐,像物质不灭的“灭”得拐上两三拐,有淘气的同学回答问题就跟着他拐,有时候全班跟着他一起拐……班里空气就热闹了。“我们永远不会‘死’去,只是变换了一种形式,继续存在于自然界中。”袁老师让我第一次感觉到生与死的奇妙。

语文课总是处在频繁的教师变换中,不知何故。所以这门课好像没上过一样，后来我居然当上语文老师，那时绝对想不到。上大学专科不到两年，也没有学到更多东西，当教师全凭干中学、学中干，下足了力气，一步一步，慢慢地还是成长起来了。

起初打退堂鼓不是没有，之后转行也不是全无机会，但我最终坚持了下来。工作不顺心也发牢骚，有同事就说："可别呀，你要不干真是教育事业的一大损失呢。"于是我"破涕为笑"。衡量下来觉得自己蛮适合这项工作，而且心中一直有榜样，嘴上不说，但心里一直想长江后浪必推前浪，后来在某些方面我做到了，走远了，但有些仍需追赶。我想，榜样们知道我继承其事业并做出成绩，必定万分欣慰吧。

3.女儿的榜样

从小到大，说对女儿没有一点"设计"似乎也不客观。不过其"设计"为宏观而非具体，就是说我和很多家长一样，内心深处希望她成为一名优秀的人才，创造一种有价值的生活。只是我对于将来或结果思考很少，其精力、心思基本用于如何培育她。考高中、大学乃至研究生，上哪所学校或学哪个专业事先没明确的目标，我俩一直在研究学习中究竟存在哪些薄弱环节，学习方法还可以怎样改进等，其他很少考虑。所以每当考试完毕，报志愿我们总是很茫然。后来女儿还埋怨："都是你教育的，俺都没有理想，没有竞争意识。"这只是事情的一个方面，其实女儿有很多榜样。

在日记中她提到了印度领袖甘地、英国物理学家霍金，及她的某些同学等；教过她的好教师，他们的课及为人，从小到大经常听她提起。电视里介绍优秀人物的节目遇到就决不放过，我们一起观看并讨论。在我记忆里，幼时她最喜欢"提灯女士"南丁格尔和居里夫人，知道不少她们的故事，说起来头头是道。如今在医院也经常听她说，某主任如何"厉害"，令下属对工作不敢有丝毫怠慢，私底下却也有和蔼可亲的一面——作为医生对工作精益求精到苛刻的强韧，同作为教师、平常人的柔软并存。说某老师临床医术高明，让人佩服得五体投地却为人低调，不图名利……每当遇到这样的榜样，她都兴高采烈如同发现了珍宝一样。我则一旁添油加醋："你多幸运呀，可得好好跟人家学。"她则答道："嗯嗯，俺知道。"某次她在微博留言："伍连德，真正的医学大家，应当铭记。"我查看了有关材料——伍连德，公共卫生学家，中国检疫、防疫事业先驱。《中华医学杂志》创刊者。一九一〇年末东北鼠疫大流行时任全权总医官，深入疫区领导防治，不久即告控制。之后评论、调侃："有本领有志气——伍连德第二！"

记得一位名人说过，英雄并非没有过悲怯的时刻或狭卑的思想，而是没有让其占了上风。人生当中，只有不断地给自己树立榜样，才可以排除不良干扰以达到所期望的高度。有榜样伴随的人生永远年轻、内心充满力量。

十、别喑哑了爱之声：警惕过度关注

1.让过度关注"刹车"

女儿上高中住校后我们一周只能见一面。有过一两次我给她送东西，顺便谈谈心，在这之外除了开家长会，没再去过。女儿宿舍没安装电话，学校也规定不许持手机，校园内仅有的几部IP电话繁忙且无私密性，我有事需打电话给班主任，三年中仅找女儿一两次。送她去车站回校有过一阵，渐渐就停了，她不让送而我们也觉得没有必要。

学校硬件不错，伙食也说得过去，我觉得没什么不放心的。可听说有些家长常光顾学校给孩子送吃送喝，明明有校车、公交，却亲自开车（那时私家车尚未普及）三十里地接送孩子，这样的爱心真让人"感动"并使人心生内疚。不用刻意观察，类似情形我们身边随处可见。

重视独生子女的管理和教育，全家围着一个孩子转，爷爷奶奶年轻或爸爸妈妈工作不太忙的，关注度会更高，这可以理解。但是爷爷奶奶要替小孙子（孙女）背书包，偶感风寒就要挂吊瓶，或孩子在外一天一个电话嘘寒问暖；经常给老师打电话，千叮咛万嘱咐多关注自家孩子，学习成绩稍有不好马上请家教……无论什么事，大事小事、该管的不该管的统统要插一杠子，这就让人觉得有点过分了，觉得干涉实在太多，不像培育教育，最多算管理管束。

这样会产生什么样的结果呢？孩子受不得丁点委屈不说，哪里还有自己的空间呢，如何开辟属于自己的人生呢？由于家长们太迷信“教育”，啥啥都想对孩子指手画脚，还把大人的感受、理念强加于孩子，所以现在“小大人”特别多，怎么看都觉得不舒服。“树大自然成”的老套教育固然有问题，但是关注过度、教育过度会怎么样呢，这一点很多家长没引起警惕。只知一味付出却很少想到爱也有不能承受之重的时候。这不报上说了，刚上一年级的孩子不适应，哭着喊着找妈妈，什么原因？其中一点，在家被关注和以自我为中心习惯了，到了学校产生落差，一下“失去重心”了嘛。妈妈们呢，堵在学校门口久久不散，无非担心孩子不适应，受委屈，若之前她们跟孩子都有所准备，就会好许多。再说有教师管理，此时不仅应该信任学校，更要相信孩子，担心免不了，但不必过分操心。尽可以安安心心上班，然后细心观察、耐心帮助他一步步走出家庭，配合学校培育他健康成长，这不是妈妈们最应该为孩子做的吗？学习做“坦然妈妈”“智慧妈妈”而非永远做保姆不好吗？

由于“管得太宽”而发生家庭矛盾，或产生逆反心理的孩子与家长关系失衡——出走、迷恋网络、滥交朋友甚至犯罪的，并不鲜见。也有的家长，当孩子在外受到一丁点委屈时，不是帮助他们适应环境，反省和调整自己的教育方法，而是一股脑埋怨中国教育，说将来非得把孩子送出国去。细想一下，提高家庭教育水平和送孩子出国这样遥远的事情相比，哪一个更重要更迫切呢？广大的没钱出国的又该怎么办呢？

回想一下，女儿幼时我也有过度关注的时候。但好在我喜欢反思，一发现苗头就提高警惕，觉察到问题能及时改正。孩子出生不久，我忙得脚后跟不着地，走火入魔般脑子里只装着她，丈夫有所不满，才意识到生命中有些东西被忽略了，于是逐渐刹车。

2.距离产生美

孩子幼时安全和健康最为重要，家长须履行好监护职责。除此之外还要教育，以便孩子稍大时能自觉远离一切可能对人身安全造成的危险（前面较详细谈过）和进行身心的自我保健。一般来说，这两方面隐患排除，家长尽可以放松心情生活，然而，即使是这两点也还是容易做过了火。

有一次女儿发烧医生开了小针，可我心情急切要求打吊针，医生说暂时不必我很不高兴。后来渐渐明白，越是这样的时刻越要保持理智，乱投医或要求下猛药等属于神经质——反应过度强烈了。看上去突发的病，也一定有一个发生、发展、高潮、痊愈的过程，没有一位医生是神医，也没有药到病除的灵丹妙药，有的药看上去见效快，但留下的隐患也不小，这方面的例子前面说过。至于孩子的吃喝，营养够就行了，过犹不及。

至于他们平常所玩所想所说，基本上任其自由发展，稍加引导即可。有一次，我在公园见一小孩吹肥皂泡正开心，不料妈妈说吹法不对，一把夺过玩具做起示范，惹得孩子大哭。此为某些家长的通病，不知道孩子有孩子的玩法，儿童有儿童的世界；不知道其生活和学习需自我感悟，孩子并不愿意成为克隆人。

前面说过，柳笛儿幼时多自己玩，在院儿里自然如此，即便在家中我们也不随便插手，她玩她的，我们做我们的，又没有老人在身边，基本不存在围着她一人转的情况。就算下棋、打扑克也让她自己摸索，我们不但不教还从不让着她。开始玩扑克女儿输急了眼大哭，她爸心疼说："你就不能让着小孩吗？"我说："不能让。"有时打腻了我想放手，女儿可不干："你赢了就不想打了，不行，接着来。"我只好奉陪。初中毕业那一年暑假，我们打了整整一个假期扑克，慢慢地女儿就开始赢我了。

有电话找柳笛儿，即使知道是男孩我也不去过问。有一位男生约她去爬山，她问行不行，我说去就是了，这男生很规矩，我也认识。我不像有些家长，对孩子的一切都无比好奇，尤其是异性交往方面的事情。在他们那里，孩子应该爱家长之所爱，恶家长之所恶，甚至要知家长之所知，所以常听家长埋怨孩子："你怎么连这都不懂(会)呀！"我喜欢读文学的书，作为语文教师之女，柳笛儿却更喜"杂食"，天文地理、生物、漫画等，杂七杂八。我也由她去。在此环境下长大的孩子反而喜欢倾听家长的建议，不像那些管得太宽或管不到点子上的家庭，到了一定年龄，孩子就完全听不进家长的建议了，即使是合理的。正所谓"物极必反"。

女儿想读小说，就问："妈妈，我读哪篇好呀？"我说卡夫卡的作品能锻炼人的思维，连爱因斯坦都慨叹读他的小说脑子不够使，可她没有表现出兴趣，自己找来《局外人》读起来。她找我商量事情，我只管说想法提建议，自主权还在她手里。健康问题，还有思想品德、情感意志、生活和学习习惯等我关注多些。

正是在这种宽松氛围下，女儿养成了不以自我为中心的作风，再加上从小我给她灌输的"凡事让着别人"，所以无论她到哪儿，和什么孩子接触，一般都相安无事，大家也都很喜欢她。

当然，遇到任性、自我感觉太过良好、以自我为中心的孩子，女儿还是不大能理解及接受，这样有时觉得与其格格不入就很自然了，这也是高中阶段女儿不太愉快的原因之一。而大学好得多，这跟独生子女少、家庭不太富裕学生多等有一些关系，家庭不太富裕从小所受关注相对少些、教育环境相对宽松，因而这些孩子接人待物有更朴实的一面，同学之间关系更人性化一些。当然大学也有大学的困惑，女儿所在大学因为小城镇和农村学生居多，思想意识往往更多样化一些，见多识广这方面也明显不及大城市的孩子。不过种种迹象表明，女儿还是更喜欢初中和大学同学，这是不是也可以从一个侧面说明，我的教育与一些家长不同。孰是孰非，我不想也不能做简单的断定，但是有一点我坚信，孩子不可以过度关注。

一方面这属于教育的畸形。就如恋人，过度关注对方的结果往往是失去自我之后被抛弃。倾注越多孩子越不领情，一天天逃离越远，家长想过为什么吗？过节放假孩子不回家，家长考虑过这是对过度关心的一种反抗吗？家是一个人最温暖的港湾，孩子回家岂是任你摆布、听你唠叨的吗？放松疲惫身心、体会温情得到支持、享受随意，家才有意义才有吸引力，对吧。一双眼睛时时刻刻盯紧，如芒在背，不疯掉已经不错，谁还能坐以待毙？所以，距离产生美也适用于亲子关系吧。这个“距离”确实不好把握，得靠理性。像为了念个好一点的学校，让孩子从城市西头跑到东头上小学大可不必，小学最好就近上；书包最好自己背，家长不必代劳，作业自己写，大人不必监督；为了老师多关注自己孩子请客送礼也没有必要，孩子须“自己打天下”；上高中让孩子自己住校，家长不必为陪伴而再额外租房；上大学、念研究生离开了家，对他们思念难免，但他们已经基本可以自立，家长只需远远观察，关键时刻给予支持帮助就可以了。

打从柳笛儿离家到现在的十几年中，与其他家长相比，平日里我们的联系不很频繁，尤其她读研之后。她也知道，这不是妈妈推卸教育的责任，说：“我知道妈妈不愿意打扰我(的生活)。”我和所有的妈妈一样挂念孩子，但我能够保持克制，坚持原则有所为有所不为。我想，这样即使哪天父母不在了，孩子会如同我们在时一样快乐地生活，而我们会十分放心地离去。因为无论通不通话见不见面，我们都永远在彼此的心里。真正的爱在心里、骨头里，她不会因为时间或距离而削减一丝一毫。

当然最最麻烦的，是家长替孩子规划、设计好人生蓝图，一切都由家长说了算，孩子就是他手里的一个玩偶、一个仿制品，甚至出气筒。照我看这样的孩子最为可怜，你想想，自己的人生要别人做主，外人指手画脚:成天这不能干那个得请示,必须考到多少分,进哪所学校,去哪单位上班……孩子即使表面光鲜亮丽,可能内心正遭受强烈的压抑和痛苦,难道不算悲剧一场?没有自由的人生何来尊严,还值得一过?

所以山东青岛一位初中女生,面对扭曲的亲情——家暴,选择了解脱——从七层楼跳下……惨烈!留下的一封遗书更加骇人听闻。每一字每一句,都像钢锥刺进读者的心。家长私看日记偷拆信件,将孩子当成使唤丫头,动辄拳打脚踢;罚跪玻璃碴、扇巴掌,直打得女儿满脸是血、遍体鳞伤、晕厥过去。在被教师警告后,又改用杂志扇、圆镜砸,抓住孩子发疯似的往墙上抡……真可惜,没有谁可以替女孩做主,她是太无助太悲伤了,才活了十三年零五个月就愤然离开了"这个充满爱与恨的世界"。回过头来想想,凑九千元的学费租九百元的房子让孩子上私立学校,这不是"爱"吗?出事前一天夜间为学习将孩子打晕——事发直接原因,这也是出于"爱"呀!可是这样的"亲情"真恐怖,这样的极端事件让人不寒而栗。作为一个人,在父母那里,她仅仅是私物、玩偶、出气筒!一切都被无情地剥夺了。请问,她活着还有什么理由?

在我们周围,虽然其表现形式各异甚至大相径庭,但像这样"强势"的家长我们见得太多太多。由此发生的家庭矛盾导致的大小悲剧,隐性的显性的,天天上演。少女之死,绝非偶然。回头想一想,这样的家长可以被容忍被原谅吗?可是我们——"在悲伤的河里沉沦/泛不起愤怒的涟漪……"我只想说,孩子不是家长的私有财产,他们小的时候不是你的附庸、傀儡,长大以后也不是你的寄托和筹码。如果你真正为孩子好就请尊重他,将做人的一切权利交付与他,给他自由的身和心……"不自由,毋宁死!"随着时间的推移,你的任务或者已经完成,或者正在完成;关注是永远的,你的角色从来不会改变,又总是处于改变之中。家长们如果能读一读鲁迅先生的《我们怎样做父亲》,可能会有意想不到的收获。

另一方面,一个孩子由于被过度关注,一旦养成了以自我为中心的毛病，将终生遭受其害。家长应该想想：家人可以什么都让着他，在家里凡事可以随他的性子来，到了外面呢？谁吃谁的呀。在单位里或同他人交往，想让别人事事按他的想法做可能吗？除非他哪天觉悟了，不然他的人生不总拧别着吗？他得虚心，得讲合作，得懂得顾全大局，得把个人利益与其他利益的关系摆正。无论上司还是下属，谁会喜欢一个“自恋狂”“自大狂”（这跟自信、坚持真理两码事儿）呢？就算谈恋爱都可能受影响，哪怕对方开始如何爱他，一个啥事儿非得自己说了算的人，谁可以忍受一辈子呢？为对方考虑的意识缺乏，恐怕是年轻人婚姻出现问题的原因之一。

生活中类似的例子还可以举出一些。比如，与人见面他滔滔不绝只谈自己的事儿，谈个人感兴趣的事儿，却当别人是木头，全听他演讲了（这跟正常倾诉和发表见解不同）。一次两次还好，到后来别人只怕跑不及呢。你一句我一句聊聊多好，哪怕无关紧要的话呢。

十一、让孩子“狗一天，猫一天”：自我矫正与外力影响

1.学习与环境和平共处

无论我们承认不承认，种种迹象表明人有自我矫正能力。行为能力或情绪的自我调节机制在很多情况下起作用。我们既可以继承父母身上优秀的部分，不好的东西也可以自觉地引以为鉴，还可以自行融解、整合掉本身存在的愤怒、压抑、恐惧或绝望等不良情绪。面对困难他人的同情、劝慰与鼓励当然是有必要的，但最终走出来还得靠自己。

大家都有这方面的经验：不好的环境可以让人丧失斗志随波逐流，也可以把一个人的心灵锻造得更加坚韧，性格磨炼得更加坚强。所以过度的关注，家长过多介入孩子的事情，只能让这种自我矫正机制因为不训练、不使用而退化。

柳笛儿上小学的时候学校曾有一些苛刻要求。比如每个孩子都得让家长给学校印刷厂找活，逼得很紧。另外诸如一次次动员上这班那班——数学、书法及绘画等，给孩子较大压力，有一阵儿她心情十分不快，甚至提出了转学的要求。孩子不愉快揪着父母的心，我开始纠结：应该给她换个环境，可转念又想那不是解决问题的根本办法呀，转学就能彻底清静吗？甲问题解决乙矛盾又会出现，况且转学不容易。于是试着开导孩子："你爸妈没本事，找不到印刷活儿，那些个班上不上全凭自愿。你只管好好学习，其他不要想，假如哪天事情来了，我们再想办法应对。无论谁说什么，你都全当没听见。"那时还真有孩子转了学，而我们坚持了下来，孩子慢慢也释然了。对学校有意见，作为家长一般不好提出来，环境我们经常无力改变，只能学会和平共处，兵来将挡，水来土掩。我们相信，凡事总归能想出办法。

人必须有适应环境的能力，生活中最让人不齿的性格是逃避。在恶劣环境中，人的自我矫正机制能够得到最大限度的调节运用。

座位问题，其中的烦恼每个上学的孩子都能遇到。换位，是一般的也是最终的解决办法。柳笛儿从小到大遇到过无数次，但是我没有插手过一次。一般问题或矛盾都由她自己融解、整合掉了。上初中我是她语文老师，但我从未出面帮助她解决过任何问题，她也曾提出过请求，但我坚持不插手的原则。即便是到了高中她对座位再不满意，也都是坚持到自然调位。在这个过程当中，无形地她学习了与各种环境、各式人相处的艺术，养成了不为外界恶劣环境所干扰的好习惯，内心可以保持"静"与"净"。纵观十二年学习生涯，她与几任同位在相处、磨合或矛盾纠结之中都保持了良好的关系。

对于参差不齐的教师教学、教育水平，对于周遭发生的形形色色的事件，女儿一方面学习面对和解决，一方面学习在保持自己看法的同时将不良情绪适当释放掉。比方说有的学科教师能力或教学态度有问题，女儿就加强预习和自学，由开始的发牢骚到调动自我调节机制逐渐适应，这样就减少了不利的环境或客观条件对人的负面影响，将个人损失降到最低。

遇到事情保持理性，想出解决问题的具体办法动手实行，而不是怨天尤人束手无策，随着年龄及阅历增长，这个能力在女儿身上愈发显露。我听到别人称赞她“性格好”，欣慰之余才发现源头“在那遥远的地方”。当然，对任何一个人来说，这都是一个长期的战斗任务，来自各方面的考验和外界种种不良风气的干扰，将作为我们生活的常态依次推出，摆在面前企图挡住我们的去路。这时我们必须戒除自大或自卑等心理，避开由此而产生的浮躁、肤浅等状态，造就一副勇于面对不逃避的“好性格”。那时，我们将拥有自己的领地，将创造不一样的生活，实现自己的目标进而达到想要的高度。

2.空间，让孩子自我成长

我们知道，滑冰的速度主要不是靠外力，而是合理使用惯性。开车的时候我们也有这样的经验，当车速快到一定程度，惯性运用得好，对省油、提高安全系数和保护车子性能都有帮助。一个孩子的成长，也不能只依靠外力——教育，我们不是常感觉教育的无力吗？仔细想想，最了解自己的其实是我们自己。

有一段时间我身体不适，药吃了一些效果不理想。后来找《黄帝内经》《伤寒论》读着玩儿，虽然半懂不懂，但还是隐隐约约摸着了“病根”。于是主要从饮食、作息、休息和锻炼方面做起，间或吃一点点药，于是状况渐渐好起来了。我并不否定医药或外力，但是真的，如果先天原因或生活习惯不好，本身营养不良免疫力低下，即使天天打针吃药也无济于事。

孩子的教育跟这类似，他们的成长关键在自身，强行施加的教育往往适得其反。比如一个孩子在整个初中阶段不服管教，不好好学习，让家长和老师头疼，对他的教育看上去很失败。于是教育者执着地软硬兼施，非要把孩子拗过来，效果却并不好。轻则孩子出现逆反心理，你让我上东我偏上西，重则可能发生极端事件，比如近年来初中生跳楼事件一出接一出，就让人十分忧虑了。家长应及时、适度教育孩子，比如排除作业量过大等因素某学生还是完不成，这里面就有问题了，该视为特殊情况，恐怕需要家长做更细致的工作。慢慢来，即使不能一下矫正过来，至少你尽力了，为什么非和他拧着来、逼迫他呢？逼的结果又如何呢？除了那点表面的暂时的成效而外，只会让双方在矛盾纠结和痛苦的轮回中越陷越深，两败俱伤。因为长年工作在教学第一线，对现行教育制度、模式和方法有深刻的了解，又对教师、家长们的心理和教育水平颇为熟悉，所以一些恶性事件的发生在我看来是必然的。警钟其实早就敲响了，但是只要单纯重视智力教育的制度一天不消失，类似悲剧就会继续上演。让孩子出国或进外国人开办的学校念书，对许多家庭来说显然不现实，说到底也没有必要。在这种情况下，教师和家长改变教育观念是第一位的事情。

一个孩子学习不够上进或成绩不理想，家长批评他，他受不了就纵身一跃了。我们不否定孩子有冲动的一面，但是不是也有压力确实大到孩子难以承受的一面呢？想没想过这“冲动”背后的原因呢？在现行教育制度下，来自社会、学校和家庭各方面的压力确实不小。成绩不好，孩子在学校本就不痛快，回家又被大人数落、逼迫，若心理承受能力又稍差一点，他的日子就更难过。其实，我们常常发现，一些起初对学习不太热心的孩子到一定年龄学习态度会转变，成绩也赶了上去，有的还顺利考上大学或找到很好的工作。

我有一个学生，因为学习成绩差家长让他降一级，进了我所在的班。开始他语文只考三四十分，其他成绩也不好。他的父母均为高级工程师，孩子学习这样他们觉得丢人，其无奈着急可想而知。但是我安慰他们：学习不是一日之功，我们对他要保持耐心，只要我们教育得法，随年龄增长孩子会越来越懂事。渐渐地这孩子学习上来了，语文居然能考到八十多分，其他学科也有进步。再后来他上了大学，现为南方某大学的教师。这样一个结果，那时我们做梦也想不到，就是现在我也仍觉得是个奇迹，不大敢相信。类似的例子有很多，这个比较典型罢了。

很多当时看来不爱学习的孩子，离校后见面一聊，发现他们完全不同了。有的说："老师，我现在可爱学习了，我打算……"把他的学习目标和盘托出，我惊讶得说不出话。还有的说："以前我不懂事，您的教育听不进去，现在挺后悔的，但已经知道学习了，您说过'革命永远不晚'对吧。"此时我万分感慨和欣慰。有的学生在校对老师不满甚至与老师对立，但都不和老师"记仇"，毕业了与老师见面亲热极了，对老师毕恭毕敬，若老师有事相求他们必竭尽全力。事过境迁，老师对他们的好他们慢慢都能体会出来。你想想，什么道理一讲就明白，那还是孩子吗？

2.慢，让孩子快乐成长

一方面教育的作用是缓释型的，一方面人的自我矫正能力是随年龄和阅历的增长，逐渐觉醒、成长和完善的。所以一般情况下，到了一定的时机和年龄可以看到孩子的进步。我有一个学生，读过一些育儿书，对孩子的教育一向自信，忽然一天打电话给我，倾吐教育中的困惑。后来，她采纳了我的某些建议，也时常汇报改进孩子教育方面取得的成果，与我交换观点、探讨新问题。前面提到小学便过钢琴十级的学生，后来上了艺术学院学习作曲，一次在街上与他偶遇，他谈起自己的专业喜形于色，精神状态比以前好多了。自我矫正机制在他身上也起作用了吧。

读书对自我矫正机制的建立有很大帮助，我对读书的认识有一个漫长的过程。以前总认为教初中用不着多大学问，也因为忙，所以读书仅为偶尔的事情。后来才发现，读书、学习所带来的思维、知识、阅历方面的进步，不仅使工作得心应手、从容不迫，而且提升了我的境界，推动事业抵达新的高度。尽管走过崎岖之路，但终于踏上了坦途。当然，过去的时光并非虚度，毕竟有实践的经验做积淀。何况读书少也有好处，人可以保持纯真性情，不被压迫、顺其自然地成人，感受生活能力就强，原创东西多条条框框少。而后再与读书一结合，便感觉自身的进步和“强大”了。

教育的过程顺其自然最好。在学校里，经常遇到这样的事情：连续几天批评一个学生，一点不见起色，你生气不管了，他倒变了个人似的，作业交了，上课也发言了。这就是我们常说的“狗一天，猫一天”，孩子嘛，别老揪着他不放。有经验的教师和明智一点的家长都明白这个道理。但现实生活中，教师或家长爱同孩子较真，毛病非要一天给拗过来，心里说：“我就不信制不伏你。”于是我们经常听到这样的话——教师：“补不上作业，请不来家长，就别想进教室！”家长：“伺候你吃伺候你喝，就考这么点分，怎么就不见你长进呢？下次必须考到 X 分！要不然……”

此外，人跟人之间的差异很大，它受各方面因素的制约。看那些天才儿童，再看那些大器晚成的和一般人就明白了。孩子之间没有可比性，我们家长的通病是盲目攀比。实话说，任何社会精英总为少数，大多数人只能成为普通人。做个普通人不好吗？当你走过漫长的教子之路，一定觉得做个普通人其实不易。以分论人不可取，应善于发现孩子的特点或长处（每个孩子都有长处），耐心引导留下发展的空间。另外，对孩子的要求要实事求是，能成大器当然好，若不行，能够自食其力也很不错。比来比去，只能徒增孩子压力；重压之下，孩子学习兴趣逐渐丧失，成才几率极少，更多为适得其反，还可能导致悲剧。

我的女儿走到今天这一步，想来想去，归根结底，从小到大不曾给过她任何压力。在不断进行自我矫正的学习生活中，她很好地保持了学习的兴趣，完善了学习方法，学业和各方面素质稳步地得到提升。可谓：携着韵律，卡着节拍，不疾不徐地行进。微风拂过，飞花轻点，自在漂流。

作为教师，我也和一般人不同。比方考前为减轻学生压力，我总是说：“一切都在我们掌握之中，有我在一切 OK。”学生们按我指导的去做就好。我的眼睛一直盯在扎扎实实的复习上，而不去说一些不该说的吓唬孩子。而有一些教师或家长，总是有意无意给孩子施加压力，比方说，初三每个班教室后黑板上都写有中考倒计时，每次考前教室里总弥漫着紧张气氛，卷子满天飞，老师们大呼小叫；家长们坐立不安，一边好吃好喝伺候着一边严加督促。重压可能会一时奏效，但遗患无穷。考试之后，教师和家长轮番“轰炸”，你看人家班怎样怎样，看人家孩子怎样怎样……好的教师此时绝对不会将眼睛盯在分数上，而是教育、指导学生学会反思，教他们面对现实缓解压力：寻找不足，更寻找进步和优点。对这种教育环境下的孩子来说，他们前进的脚步扎实而轻快，他们未来的空间无限之大。

我写书也是如此，没有谁来指导和压迫我。进展虽缓慢却会一直写下去。我期望着发表作品，但更享受不断突破自我的快感。那种乐趣无与伦比。

所以，我喜欢这句话：成长快乐。

十二、最高的褒奖：耐心

1.耐心比优秀更重要

我经常收到学生送的贺卡。打开的同时响起美妙乐音的、画面清新可人的、卡通的，或者是个人画图制作的，等等，形形色色，美不胜收。其问候、祝愿的话语更是千姿百态，各具特色。多为感谢老师的培养教育，不辜负老师的希望，也有祝愿老师永远年轻漂亮的。总之，打开它们就有一股温馨的风扑面而来，孩子们的音容笑貌也会立刻浮现在眼前。其中一句话最为奇特：“您是我所遇到的最有耐心的老师。”你看，天蓝色的绸带漂浮于卡面两角，淡蓝色的钢笔字匀称排列横贯卡页，漂亮而简洁。直接平静的话语是一种奖赏。在我看来，对一名少年儿童教育工作者来说,“耐心”是比“优秀”更重要的品格,从某种意义上讲,“耐心”比“优秀”更难以做到。所以,我珍视这个评价胜过其他褒奖。

孩子如何得出这结论,哪件事或哪些事我并不清楚地了解。但我知道,我总是给他们留有进步的空间,视其不同情况提出目标和要求,原则不可没有却可灵活。家长要联系,但不在孩子犯错误的时候;卷子要签字,若实在为难就睁一只眼闭一只眼装作忘记算了,甚至宣称:“你愿意让家长签就签,不愿意就不签。”你看,这是不是和“宽容”的品格相关?对于教师来说,自己拥有学问或教会学生东西不难,而宽容却非易事。

我发现一个孩子无论学习好坏,都不喜欢家长插手自己的学习,他们认为可以管理好个人事务。而且考试对一个学生来说是家常便饭,某次考好点或差点并非了不起的事情。考试无非就是对教、学检查督促,反思前段情况以形成一个良性的循环。教育者的一项重要任务是督促和教会学生善于找出优缺点,找出漏洞及时弥补,以不断改进学习态度和方法,开拓学习的视野,开辟新的思维领域,一步步走向更高的阶段。教育观决定教育者的教育理念,进而决定对孩子的态度是不是能够“耐心”。想一想,“见识”和“胸怀”在其中起什么作用。

现在的问题是,有些教师或家长完全受升学教育指挥棒指挥,没有办法或勇气摆脱急功近利的桎梏。教师把学生成绩与个人名利挂上了钩便很容易不择手段。在学校里,考前较着劲考后你争我比的不是个别现象。为此到处鼓捣卷子,私下改动卷面分数或背后说三道四的事情也有。如果把竞争比喻为吃饭,是正当行为,可饭变了味还吃得吗?有个校长开会时常斥我们教师为“窝里斗”,我觉得这个校长对国情校情把握得挺准,她是希望大家不要把精力用歪了。

2.和功利的教育思想说拜拜

这样的风气盛行,就形成了现在学生和教师之间的关系。教师对学生失去了耐心,教育和教学讲求简单化速成化。提高成绩“最有效的办法”是猛加课、猛压作业，“最快捷的办法”就是请家长或停课。若这样太明目张胆，就罚站或罚作业。在学校里，我常常为学生小小年纪写这么多作业而心疼，可是除了管好自己别无他法。需当日完成的作业我力求单一化。阶段性作业，学生可以视具体情况（能力、兴趣等）自我掌控完成的进度。若科代表说某天或某几天其他学科作业量太大，那就少布置、不布置或来一个机动作业。有时候一项作业规定在某天之前交上即可，有的则在量上规定一个下限。

这样一种宽容的态度，不仅创造了宽松的学习氛围，更重要的是表现出教师的耐心。这必然影响到学生，就像一位耐心的家长必然影响到孩子。但是，如果家长将其当成筹码或私有财产，学习就不再是一个人的事儿，于是动辄拿学习说事儿拿其他孩子比就顺理成章。理性一旦丢失，耐心便随风而去。你看，有些家长竟然希望多布置作业，好像多写作业成绩就能上去，只有写作业才是学习。如果谁布置看电视或上网查资料的作业，可能会遭到质疑。

教师和家长一急躁，学习成了给老师学的，学不好就给班级和老师抹黑了；就成了给家长学的，学不好家长就没法做人了。此种情况下，大家的心往一处想，劲往一处使，那就是分分分，有分一切OK，皆大欢喜。可是分不那么好拿，非一日之功，所以一时看不到。怎么办？采取高压政策，从学校到家庭一脉相承，不问青红皂白，于是各种问题都出来了。显然大家将“严格要求”和“无情压制”混淆了，将“宽松”“宽容”以及“因材施教”“多样化教育”同“放羊”混为一谈了。殊不知，不合理的摧残人性的教育，即使再冠冕堂皇也登不了大雅之堂，想要培养出真正为社会所需要的人才只是一种奢望。

音乐学院钢琴系大二某学生驾车撞人之后，不仅不施救反而将仅为轻伤的受害人连捅八刀，致其当场死亡。很快，央视《今日说法》栏目记者在采访中了解到，这位艺术生性格内向，从小到大遵规守纪、学习好，是公认的“好孩子”。可是在整个案件当中，他所表现的冷漠与残忍与此形成强烈的反差，杀人动机是“农村人很难缠，一旦认清模样会找上门来没完没了，所以……”所以一不做二不休杀人灭口。当时，他正行进在和女朋友约会的路上，他处理问题的方法可谓“简便、快捷”。

即使偶发事件也一定有其必然性，故而大家自然而然提出疑问：怎么回事儿呀，是什么让这个孩子丧失了起码的“耐心”，泯灭了人性，变得像狼一样可怕？随着报道一天天深入，事情有所明朗。首先，对于这个学习艺术的孩子，平日家庭教育是一味地“严格”，他经常一个人在地下室练习弹奏，而长期简单化教育使其对弹琴的厌恶和对家长的惧怕已致心理扭曲——法庭之上说曾经好几次“想过自杀”。一个人能够产生这样的念头，他平常经历了什么可以想象。音乐学院一方说大二之后，该生因搞家教，成绩直线下滑，而老师教育他没有听进去。此时的家长未规劝其以学业为重，反而给他买了车。他们家境并不富裕，驾车上学的在音乐学院也只是少数。看看吧：一面是过度严厉致孩子压抑，一面是给“优秀的孩子”买车挣钱，却唯独没有看到科学的、耐心的家庭教育，没有看到一个学习艺术的孩子健康成长的轨迹。“机场刺母”案中“爱”更加的被放大了，母亲充当了取款机的角色，母子之间成了赤裸裸的金钱关系。母亲连公交车都舍不得坐，孩子却全然不知。

说到底，这些都是家长缺乏耐心的表现，是将人的教育简单化、功利化了。于是轮到孩子，遇事“简化”处理乃至不顾天理道德也就顺理成章了。想一想，逼迫孩子按照你的想法和要求学习或弹琴等，简便易行效果明显，尤其在孩子幼小的时候；稍微大一点可以再加上许愿，这也不难——什么什么做得好就满足什么什么要求。于是天长地久成为习惯，父母同孩子之间就只剩下这点利益关系了。爱或亲情都变得物质化了。双方目光永远在狭小的范围内游离。难的是把孩子的教育看成是一项系统工程，从各方面运用适当的方法把他们培养成“人”。这不仅需要钱，更需要科学方法、时间和耐心。单从学习这一面看，从弹钢琴这一面看，从表面的“好孩子”这一面看，似乎上一例家庭的教育挺成功，家长也挣来了面子，但是里面潜藏的危机相信大家都看到了。在孩子身上，道德教育的缺失也使得人连起码的判断力都丧失了。先完成学业再挣钱？不行，等不及了，要及早地、快速地致富。同样的，撞了人怕招来麻烦，快刀斩乱麻直接捅死她。所以“乖孩子”仅为表象，其心灵遭受的压力、压抑或者说摧残一定严重到了一定程度，这是将教育简单化、棍棒化的结果。说到底，我们不能将罪责一股脑推到孩子或家长身上，而应该归咎于错误的教育方法和某些不良的社会风气。

“机场刺母”案则牵扯家庭暴力、溺爱以及错误地选择留学等原因，更牵扯精神疾病在内，而根本的原因相类似。孩子要留学，做母亲的答应了，钱有就给，没有也不解释为什么。孩子呢，认为母亲不给就是母亲不对。为什么不教育孩子挣钱不容易，为什么不告诉他实际情况让其体谅？事发之后，母亲曾说：“我做母亲不合格。”是的，光靠钱远远不能解决教育的问题。

从这点来看，家庭教育真不是一件简单的事儿，不断对教育的事情进行研究和探索，各位家长朋友们，是不是很重要？

3.称职的教育者首先要有耐心

其实，丧失人应有的耐心远不是个例。为快速脱贫而偷盗、抢劫自不必说，即使身为“天之骄子”的教授、院士，不是也有把学生放到一边或只让他们当小工，帮助自己挣钱以期快速致富的人吗？某知名学者公然雇凶伤人，不也是嫌自我奋斗太慢了吗？太多人为名利而快速写作论文和书籍，全然不顾其质量。很少有人仔仔细细去写一本书，而美国一位学者花掉十五年写一本《正义》。什么来钱快就干什么已经成为某些人眼中一种定律。拿挣钱多少来衡量一个人的价值，更是已经成为某些国人眼中的尺度。这不，某知名经济学教授要求自己所带研究生：“你们四十岁之前挣不够四千万，就别来见我……”

即使在生活小事上，人们也逐渐丧失了耐心。稍一堵车便可听到连连谩骂之声，私家、公家车你争我抢互不相让，结果是谁也走不了，或引起刮擦甚至打斗风波；乘车、办事情挤挤搡搡，厌恶排队或妄想加塞，你有急事难道别人就都是大闲人？少有人骑自行车或步行，电动车、私家车大行其道，泛滥成灾，于是道路堵塞交通事故增多。快餐行业火得不行。这样一来，人们失去了很多乐趣却全然不知。甚至省略了见面、交谈，以为发个短信打个电话或上网聊个天，事情就全解决了。用钢笔写信的打着灯笼难找了，可是那样的信所传达的东西能随意替代吗？我很怀疑。闪婚闪离成为一道风景，等不到磨合完成分手而后又陷入后悔的夫妻也不少见。就连网速快了还要再快，开车一出门就上了高速，快，快，快……从你身边擦肩而过的车，一眨眼就没了影。早年的钢琴家古琴家们留下的声音——夜一样的沉静、闲云野鹤般的悠闲、童真似的追忆、丝丝入扣的浸润……都距离我们很遥远了。耐心、宽容之心，渐行渐远。

这样，教育者缺乏耐心也就不奇怪。在学校里，学生书没看一会儿或题刚发下去，教师便催促；讨论刚开始便打断，学生发言不能耐心听取，只顾将其思路引进自己预设的圈套里，若听见谁“胡说八道”更会不耐烦地大喝一声：“坐下！”在家庭中，一些家长喜欢絮叨孩子，从早到晚一个要求一种缺点反复陈说，通常以为这是耐心的表现，其实恰恰相反。很简单，你没有给孩子留出消化吸收或自我矫正的时间。有的干脆坐在一旁监视孩子写作业，稍有不当便大声呵斥，一定要怎样怎样；等不及孩子进步就请家教并加之许愿，以期达到快速见效。这样环境中的孩子，有可能变得无所适从，因缺乏安全感而丧失自信心和应有的耐心。

耐心的教育者会给孩子以感染。在学校里，有耐心的教师能够创造一种和缓、温馨、融洽的学习氛围：有热烈的讨论与争执，更有精彩的讲解和细心的倾听；无论看书或做题，讨论或回答问题，总是留有较为充裕的时间；教师带着微笑，或等待或指导。这样的课堂忙而不乱，井然有序，学生得到充分思考或表现的机会，情绪稳定心情坦然，一节课兴趣盎然眨眼即过，想叫学生不喜欢都难。例如，有个学生在一篇作文里提到，那天和妈妈吵架眼睛哭红了，心情极度恶劣，本想翘一天课却还是来了，“全为上那节语文课”。在家庭中，有的家长也善于营造和谐气氛，让孩子有自我调控学习和自我成长的空间；又有适时适当的指导、民主的讨论与沟通，从不做硬性规定。这样家庭出来的孩子往往有耐心有韧性，个人意志品质良好。

看到这些，谁还会否认耐心在教育中的意义？总之，我认为教育没有捷径，所谓“便捷”的教育早晚要出问题。在教育中，最可怕的不是孩子“笨”，最可贵的不是教育者多么有才华，而是受教育者在成长过程当中，有没有得到细致入微的人性化的关怀和帮助。教育者要把自己的位置摆正，孩子也是和你一样的“人”，而不是一件“物品”，不可以简单化地去处置他们。像那位大二钢琴生的父母把孩子“丢”到地下室里弹弹弹，孩子心里怎么想的就不关心了。说老实话，不光被害者及家人令人悲痛，施害者也够可怜的。如果人生可以重来，我相信他的父母一定会有完全不同的做法吧。

令人遗憾的是，缺乏耐心的父母在现实生活中大有人在，其突出的表现是打骂孩子。遇事没有耐心跟孩子讲道理，动不动拳打脚踢，期望通过这种极端手段让孩子把错误在一夜之间改正过来。殊不知，打骂所带来的结果是说服教育不再起作用，孩子难以与人沟通或出现某些心理问题，如压抑、偏激、暴力倾向等，甚至导致犯罪。研究表明：“儿童时期的心灵创伤将伴随终生。”所以，打骂孩子应该在家庭中完全禁止。

我有个学生有较明显的暴力倾向，对同学经常非打即骂，了解之后发现他的家庭属于“严父慈母”型，父亲简单粗暴经常打他。类似的例子不止一个。“狼爸”某先生说，他打孩子是因为上辈人这么对待他。看看，这种“暴力因子”如果不能“自我矫正”，就将“以暴制暴”继续“遗传”下去了。在战争中，最高的境界是“不战而屈人之兵”，而现代社会由于首脑们已经失去耐心，不等政治家斡旋飞机就炸上了，所以有人说政治家堕落了。我们的家长是不是也要步其后尘呢？

“狼爸”某先生出书以来，遭到许多人强烈抨击。有人说宁可不上北大也决不打孩子。随后又掀起一场空前的大讨论“棍棒教育在今天”。许多教育专家纷纷发言，有从理论上给“狼爸”以支持的，有和稀泥的，也有称其“犯法”的，一时间众说纷纭。

我不懂理论，也打过孩子（很少），还打过学生（也不多），我不隐瞒。我也知道有些孩子顽皮确实该打，但是我依然坚决反对使用暴力，哪怕是为了吓唬轻轻打一下，五十步笑百步，有何区别？其实，只要观察一下周围就能发现，凡是素质高、教育较成功的家长从来都不打孩子，粗鲁、缺乏耐心、教育水平低下的家长才打孩子。所以，打孩子打学生通常反映一个人“没本事”或脾气火爆，再就可能心理或精神有问题了。当然，孩子多、学生多，教育的问题更复杂一点，但仍然不是打的理由。

回想从前我打人，无非因为年轻、火气大没耐心，不会讲道理，不知道“冷处理”，不知道“通往罗马的路不止一条”。那时候，打骂过后必定无限后悔，心里直说“下次不可以这样了”。待自己年纪稍长，经的事情多有了经验，往往在没想出办法之前先按兵不动，一旦出击必击中要害。小孩“治”大人，大人“以强凌弱”，那也太无能了吧，所谓“君子动口不动手”“不战而屈人之兵”。原则指挥行动，即使抓起粉笔盒狠狠摔在地上，也决不投入人群。在家中急了眼我就讲地方话直呼大名，女儿便央求：“妈妈，您别说济南话好吗？”于是气儿消了一半。严肃、严厉有时还是必需的，但是千万不要抬手或谩骂，习惯了就刹不住，一时奏效很容易让人误入歧途。

有一位学生常因违纪被各科老师一天叫进办公室五六次，我后来处理的办法很简单。任课老师不希望他干扰上课，我就让他待在办公室里，干什么？写“认识”。（我反对写检讨，检讨为被动，带强迫性且容易就事论事，限制对事物认识深度。主动反思、纠正偏差以改善思维和行为，是为“认识”。二者有本质不同。）要求写明怎么干的、怎么说的、怎么想的，分析错误、深挖根源、明确努力方向并制定措施，不许有病句或出错别字。结果长期下来他的“作文水平”大增。写完一念，可谓记叙具体，情真意切、催人泪下，办公室老师纷纷替他说情：“看这觉悟，快饶了人家吧……”我就偷着乐：“你们这是向着谁呀。”遇见这样出格的孩子，家长从小到大打得少吗？管用了吗？什么建立条件反射，什么打一打揉三揉，理论上也许有根据，实际的教育呢？教育者需要学习“理智地打孩子”，你不觉得滑稽吗？最简单的道理，你去问一问，哪一个孩子愿意被打，哪怕他知道为他好呢。所以，这个事情从原则上讲还是要慎之又慎。真正需要打的孩子恐怕千里或万里挑一，而真正需要打的概率更低，孩子一生有一两次足矣。天天打动辄打，真让人感觉到“变态”了。

时代车轮转到今天，早已不是“商鞅车裂”“皇权至上”或“愚忠愚孝”的时代，“棍棒底下出孝子”早已被国人所鄙弃，取而代之的是对人性的尊重、“人生而平等”的理念和科学的教育方法。所以从现代人的眼光来看，“狼爸”们已经严重落伍了。

人类驯服野马的悲剧结果，就是后代再也听不见野性的马蹄蹬腾与桀骜不驯的嘶鸣，而那无与伦比的优美曲线，奔突着几千万年殷红血液的种群，狂奔于辽阔草原掀起的震撼天地的风暴，只限于我们的想象，或保留在图画和文字当中了。好在如今对待自然，我们已经发现不能抱着征服的态度，而应对它保持敬畏并与之和平相处。原始的自然生态环境正得到最大限度的保护。人与人之间、父母子女之间，在新的时代，究竟该建立怎样的关系，进步还是倒退，答案不是很清楚吗。

溺爱、放纵，粗暴、高压或重智力轻德育，都失去了教育本来的面目。作为教师，我们不单是教育者，更是孩子的朋友以及生活学习的引导者。所以，我们要让阳光照射到每一个孩子身上，不只聪明的、漂亮的或富有的，更应照耀到笨的、丑陋的或贫穷的，以及一切另类的孩子。每一个人都是唯一的，像一块石头一棵树木。如果只是一味严管、打骂，他服软的同时也丧失了固有的东西，不能顺着纹理走刀就只剩下废料。

归来吧，耐心和宽容……让我们用耐心和宽广的胸怀包容孩子。因为只有它，才真正关系到教育的成败。作为教师，摆脱平庸的根本途径是锻炼你的耐心，而缺乏耐心的父母，就连为人父母的资格也丧失了。而耐心与宽容，来自一种叫“博爱”的东西。

十三、博爱——终极目标

1.狭隘的爱不可取

是把教师工作当一种职业、一种养家糊口的途径，还是把它看成一项事业深入钻研干出一番成就来，两种态度不仅结果很不同，就是在教育过程中的表现及内心的体验也大相径庭。有人说教育的根本是爱，对于教育者来说是“博爱”——爱孩子、爱自己、爱事业、爱国家……有一颗博爱之心的人最适合做教师，做父母也最称职。

喜欢自己的孩子，天经地义。不少家长想方设法地从物质上去满足孩子的欲望，这对他们来说不难，他们以为这就是爱。大家好好想过没有，孩子对我们究竟意味着什么？如果真正爱孩子，首先要把他当成个体的“人”来对待，让关怀直达心灵深处，这样，你的教育必然是全方位的、从更长远考虑的。过度关注也好，单从物质方面满足也好，在我看来，都是没有着眼于未来的狭隘的爱。

“我累死累活挣钱养家，给你好吃好喝就考这么点分，对得起我吗？”“你不是想要手提电脑吗，可以呀，考到 X 分立马买给你。”你看，这样的爱其实是有条件的要求回报的。交换一旦形成，爱就成为一种买卖。“无条件的”也有，手机、电脑、车子、房子一一安排停当。可是孩子不能来烦自己：“我事业蒸蒸日上，白天没空晚上应酬，别想我来陪你。”物质换时间，替代交流和沟通，也有条件呀。都说天下父母之爱最纯洁无私，该如何解释呢？

结婚生子乃人性自然之果，孩子不欠你什么，你并不特别有功。出生一瞬间便决定了他是一个独立的个体，并不属于特定的某人。他当然属于家庭和社会，但归根结底他属于他个人，而非任何人的附庸或筹码。承认并充分地尊重个体存在，基于这一点之上的爱才是真正的爱。懂得这一点，你就不会因为孩子学习一时不好而斥责或许愿，你会坐下来和他谈心，帮助他反思并和他共同期待进步，享受成长之中的快乐与烦恼。与分数相比，你会更注意他各种良好习惯的养成，教他懂礼貌、尊老爱幼、是非分明。你会更注重精神和情感方面的交流，因为你知道物质上过分的满足，一方面会削弱一个人奋斗的意志力，另一方面会让孩子从心灵上一点点远离你。而得不到情感的慰藉和亲人的陪伴，将产生极大的负面影响，或造成难以逆转的后果。

某县城中学门口发生一起血案。一位十八岁的青年挥刀杀死以前的恋人——一位十六岁高中女生，以及两位前来营救的男生。从恋爱到情变再到情杀，其中的曲折跌宕两家人竟不太知情，家庭教育漏洞可见一斑。杀人者父母及被害人母亲均为教师。杀人者父亲曾说他没想到自己教出了那么多好学生，自家的孩子却没有教育好，满含悔愧。夫妻俩允许孩子高中辍学，任其游手好闲。他们节衣缩食在县城给这个孩子买房，其生活却由亲戚照管……被害人家庭条件优越，住房宽绰，可家长忙于工作与她交流很少。家长见她学习成绩下降，谈过一次却并未深究。至于她夜间外出凌晨回来，直到事发家长一概不知。表面看，两个家庭都很“爱”孩子，但一个是溺爱，导致儿子缺乏生存能力，长期缺少陪伴又导致他思想教育缺失；另一个则忙于事业，长期忽视心灵关怀，致使女儿早恋，遇人格偏激者而遭难。

在掩卷反思之时，我们特别要提出“今天我们应该怎样爱孩子”这样一个问题。由于“忙”而忽略或简单处置孩子的，现实生活中不少。只顾自己的光环，以“忙”做幌子，或打着“挣多钱过好日子”的旗号而对孩子疏于陪伴、引导和教育的家长，应该反思了。一个教师可以教育好别人的孩子，自己孩子就教育不好吗？还是没下功夫。一个人再忙，还能连陪伴孩子的时间都没有吗？借口罢了，失职罢了。归根结底，是没有耐心，是缺乏博爱之心。

博爱的人首先会把自己孩子教育好，然后再去谈对社会的贡献。爱社会不见得要舍弃个体。从前一味提倡无私奉献，孩子病了家长继续忙工作，领导表扬，社会赞扬；自己明明生病却硬撑着工作，直至倒下。我认识一位理发师，从前他在国营理发店工作，说那时城市理发店少、工作量极大，有时“看着表，都快转两圈了还没下班呢”。缺乏对自己的关爱，腿骨脚骨早早变形，谈何奉献？时代不同了，我觉得爱自己、爱孩子，同爱事业、爱国家、爱人民同样重要——所以一般来说，我反对家长以任何借口放弃对孩子正确的和必要的监管。

2.培养孩子有一颗博爱之心

博爱之心很重要。平日里无论你多么忙，都抽出时间来陪伴孩子并与之沟通，孩子必然能感受到那种关爱、领悟到那份亲情，心灵必然向你靠近，遇事也会寻求帮助和指导。更重要的是他会像你一样，在家庭里是个好成员，在社会上是副热心肠。相反，长期遭到冷遇的孩子性格一般冷漠、孤僻，还可能像上面被杀女孩一样从其他方面寻求刺激或依靠。爱与冷漠一样都是可以传染的。所以我们常说，看一位妻子可辨识其丈夫，而看一个孩子则可认识他的家庭，反之亦然。所以对一个孩子来说，得到爱、培养爱心比什么都重要。

我经常觉得在学校工作是好事，成天面对天真可爱的孩子，少了许多戒备多了许多轻松。但是学校也不是世外桃源，和过去比，学校里的“污秽”也随时可见，最常见者为是非善恶之心的泯灭。社会的不良侵蚀、智力教育的偏重，让学校品德教育很无奈很欠缺。虽然还有语文（文学）课、政治课这两块小阵地，但课堂上它们也按中高考指挥棒转，也充斥了功利色彩。

所以，家庭教育显得更重要了。很多家长疏于家庭教育，归根结底观念有问题。以为教育是学校的事情，其实家庭教育才是第一位的。这不是推卸学校教育的责任而是事实。而家庭德育第一位的则是培养博爱之心。

有这样一个案例。一偏远山村一名五岁男孩被杀死在家中。凶手竟然是一名十五岁少年——死者哥哥的好友，老师和同学眼中的"好学生"，家长心中懂事的"好孩子"。犯罪原因系迷恋网络游戏缺钱劫财，不想撞见男孩顿生邪念。事发之后大家无法理解，或认为网络游戏害了他。我看报道留意过其中某些细节：少年入狱接受采访和家信中都提到了："对不起，爸爸妈妈，给你们带来了痛苦和耻辱，幸福家庭被我毁于一旦。"其母一再嘟囔不明白不相信，在她眼里那么懂事学习又好的儿子竟然杀人，希望他早点回来。可是，没有听到孩子和母亲对受害者及其家长说什么，一句都没有。难道播放时被删节了？总之，让人感觉无论孩子还是家长，都没有替被害人及其家庭着想。五岁孩子虽未成年，却也是个活生生的人，只想到自己孩子被抓，却没想到人家孩子再也回不来了，我觉得这名杀人少年及其父母最该向受害人和家庭真诚忏悔。

这说明什么？显然犯罪者非常爱自己的父母姐妹，他不缺少对家庭的爱。他的妈妈十分爱孩子也不容怀疑。我以为，最终还要归咎于"幽闭"的家庭教育。心中只装着一己、自己的家庭，眼睛只看到门前一小片田地，一两座小山。别人的、世界上其他地方的事情都是不重要的，既然引不起任何好奇心，自然也不会去关心。如果他视天下所有的生命都一样比山重，还会痛下杀手吗？那位大二钢琴生虽然杀了人，可一旦他伏了法许多人还是会心痛，因为大家珍爱着世界上所有的生命，哪怕一只小狗小猫。

大爱如山。有人落水，就算我们不会凫水不敢跳下去，也会大声呼救寻求他法帮助而决不会袖手旁观吧。这种行为和毫不犹豫纵身跳下一样，都闪耀着博爱的光辉。表面看相同的家庭，不管生活在山里还是大城市里，教育的结果会截然不同，这并不完全取决于经济基础。山里面有大爱，城市里常见“幽闭”的门窗。所以教育这东西很简单也很奇妙。有时候不言自明，另外一些时候中间隔着一座大山。走出家庭，走出自我，走出书本，拥抱世界……相信在其他章节中您也看出了这层意思。

文学艺术方面素质的培养有助于塑造博爱之心。而我们的学校对于美育教育缺乏应有的重视，在这方面家长更关心的则是其功利的一面。在学校里，音乐美术课不仅是形式上的副科，更被打入思想上的另册之中。严格的授课体系和生动活泼的课堂氛围往往不能形成，秩序紊乱，随意性比较明显。而每到期末时分，美术和音乐课也会被正课瓜分，这两门课的教师则被指定“看自习”，美育教育严重缩水。这种现象，归咎于某学校或教师个人当然不够公平。全社会对其缺乏理性的认识，没有达成共识，而升学教育的挤兑又难辞其咎。大的环境无法改变，但我做班主任的时候，制定措施严格这两门课的课堂纪律。每到音乐或美术课还经常现身于教室，所以我们班的美术课不带绘画工具的极少，绘画作业交得齐、质量好。音乐课老师也常表扬我们班，说班里学生唱歌“声音好”，因为我不允许唱歌时趴着歪着。

我相信文学艺术对于塑造一个人灵魂有独特的作用。女儿生病时我不再让她学习，却给她借来《艺术音乐史》阅读。通过它，女儿认识了许多画家、音乐家，例如凡·高、雷诺阿、莫奈、贝多芬、李斯特、门德尔松……他们的作品和人格互为映照补充，不仅帮助女儿提高艺术鉴赏力，艺术家纯洁高尚的心灵也在潜移默化中给予女儿深刻影响，对于人性当中各式各样的“爱”比常人更容易认识和理解。比如女儿给我推荐一部同性恋题材的泰国电影。她说这部电影告诉我们对夫妻之间、父母与孩子之间、异性之间乃至同性之间的各种爱，都应该善于体味并尊重或理解。

她的话让我感到欣慰，因为生活当中有些东西确实很难理解。例如普通人对同性恋，无神论者对于宗教，乃至正常人对精神病患者等等。再如，理解凡·高（较容易）的同时也能理解高更（就难一些）；可以欣赏竹山林海、小桥流水，面对荒凉、荒芜甚至阴郁之美的时候，又可以感受内心的呼唤震撼或惊悚战栗。我们常说“理解万岁”，而在现实生活中，即使教师与学生、家长与教师、穷人与富人、乡下人与城里人，以致医患之间、男人女人之间，想要理解皆非易事。所以我们经常能感觉到人与人之间的隔膜。而一个人想要真正去尊重另一个人，必须站在一个高远广阔的角度上悉心体谅、理解千变万化的人类灵魂。当每一个个体的人获得了最充分的理解尊重时，世界便是每个人的家园。

“在莫扎特的曲子中醉了，因为畅饮了善的纯酒。能在善里沉醉的人，才能在恶的劫波中醒着。”这是人们精确评价傅雷先生的话，也是对艺术给人深刻影响力的中肯的解说。古今中外之艺术汪洋恣肆，蕴含着艺术家们崇高的理想，如果你不想成为一个乏味或庸俗的人，就轻轻打开这扇门吧。里面的宝藏定会叫你瞪大了眼睛，张大了嘴巴，你惊讶、惊叫却不会空手而归。其愉悦绝不止于感官，那时你会发现：原来人类的精神世界那么丰富，那么崇高，那么不可企及，却那么值得眺望与追求。

博爱之心使家长在倾心关注自己孩子心灵的同时，也不忘对于社会的责任。博爱之心使人的感情趋于自然，即使失恋也不会迁怒于对方，而是铭记过去美好，尊重其新的选择，成不了爱人就做朋友。博爱之心使人热爱生命，同情弱小，欣赏自然和一切美好事物，与世界和平共处；同时痛恨战争和一切恶人恶事，与之斗争，决不与之为伍。即使贫困、平淡，决不庸俗；即使创造力超群、成就斐然，也不会嫌贫爱富、颐指气使，在世上耀武扬威；即使失去一切，也不会怨天尤人，轻言放弃，而是勇于面对或从头再来。

现实不乏黑暗与不合理，但是我们依然要做梦，不可在现实中沉沦以致迷失自我。当我打开 QQ，看到“拒绝冷漠，传递温暖”这样的文字，热流就会涌遍全身。

学会爱自己、爱家庭、爱他人和爱世界，乃人生之本。怀着一腔热血，造就一副火热心肠，这个孩子的人生永远不会空虚。中国是最讲究“仁爱”的国度，早就有“老吾老以及人之老，幼吾幼以及人之幼”的训教。无数政府的、民间的公益事业或爱心活动发扬了这个传统，而一个充满博爱的社会注定会有前途。

“人之初，性本善”，博爱之心人皆向往之。家长和教师、社会和家庭都应该给孩子创造好的条件，使其受益并发扬光大，代代相传。我们谁都希望社会少些冷漠与自私，多些热心与关怀，希望我们的孩子干着自己喜欢的事情，又能为社会做出一份贡献，有一个充实而美好的人生，是不是呀？

第四部分　情感交流

一、静静的小河里面，有一条小鳟鱼
二、安迪的救赎：把爱说出来
三、一只手助人，一只手抓住人
四、浓缩之爱直达心灵

一、静静的小河里面，有一条小鳟鱼

1.沟通，润物细无声

某日QQ聊天。女儿："同学们听说妈妈用微博和我联系，都给吓到啦。""说啥了？"我问。"大家说你太新潮了。"这有什么，我俩保持沟通的手段多了去了，除了电话、短信，还有博客、微博、QQ、"榕树下"，以致后来风行的微信等。我明白大家夸我呢，颇有些得意忘形。

一直以来，我能和孩子保持良好的沟通，差不多无话不谈，这源于对彼此间建立情意相通理想关系的追求，而起初的一件事为此奠定了基础。那是女儿上初中的第一天，因为学校里发书的事情我批评了她，当时有点火气。一向乖巧听话的女儿这次却和我发生了冲突，这是前所未有的事情，吃惊、恼火之余我还是克制并冷静了下来。晚间躺在床上，我先向她承认错误，说自己今天态度不好，白天反思过了，希望她说说对妈妈有哪些意见。不想女儿说起来刹不住闸了，所提意见不下二十条。本以为自己这个妈妈当得挺合格的，这下傻眼了。那一夜我突然意识到孩子已经长大了，以前那些浅层的说服教育，将大人意志硬塞给孩子，或连哄带吓唬的手段，是坚决不能再用了。以前我因为工作忙或不顺心，经常将不良情绪带回家，批评孩子也有些随心所欲，该停止了。以后我改变了很多，更注意与孩子深层次的沟通以及教育的方式方法。后来经常问："对妈妈有什么意见呀？"她总是说："没意见。"有时问多了她会打趣说："哎呀，意见可多了，说都说不清。"

"发书事件"对我的刺激很深，是我们母女之间交流的一个分水岭，它使我开始更加理性地面对与孩子的相处。除了善于反思调整之外，我发现在生活中自然而然的接触、沟通，比单纯到了事上再教育要好很多。平日里有些孩子看上去老老实实，不吭不响，风平浪静，但这并不代表沟通可有可无，也不能排除不利于他们成长的东西正在堆积，或"反面能量”正在积蓄，一旦出问题便积重难返。这是家庭教育效果欠佳或家长与孩子“不和”等诸多问题的一个根源。这里面当然也存在一个“身教”的问题，即家庭环境的问题，应该创造一种安定民主与和谐的家庭氛围。在“吃喝拉撒”和接人待物中给孩子以良好的影响，叫他们喜欢家、迷恋家，他们在家里不仅“如鱼得水”，而且外来的“负面因子”一旦到家瞬间溶解……家，成为永远的念想。

可是我们看到的却是另外一番情景。我给一位同事的孩子辅导功课，闲聊当中他说起了自己的理想，我问：“你的想法妈妈知道吗？”他说：“懒得说。”“为什么呀？”我问。“她才不会听呢。”孩子失望地说，然后又对我说，哪怕他到同学家玩得再晚，家中也不会有一点动静，大人孩子互不理睬。他还说有时看到同学与家长在街上走，也是一言不发，他的意思是大人孩子之间无话说很普遍、很正常。

研究生毕业前夕某些事柳笛儿和我商谈，“这种事你也跟妈妈说呀？”有人不解。自己的事情自己做主，这当然没有什么问题，女儿也并非缺乏主见，只是生活当中的一些重大问题同我们交流商量罢了。在有些人看来，家长只是管“吃喝拉撒”或给予经济上帮助的，自己的事情家长也不懂，他们文化水平低。从根上讲，这样的家庭很可能缺少沟通习惯。幼时一切由大人说了算，长大之后一切自己说了算，互相之间会存在较深隔膜，遇事也容易发生冲突。作为家长，你将渐渐由少到多，直至彻底地游离于你孩子的生活之外。一家人不是应该身在天涯，心若比邻吗？生活再简单，也不能将心灵之间的碰撞一笔勾销了吧。

这样的碰撞简单极了，容易极了。孩子幼时，我进门把包一扔一跃上床和孩子“打”成一团。玩打针游戏，为满足女儿“真打”的要求，我“勇于献身”，模拟十分逼真。我不在家她给布娃娃打针，她的娃娃永远是透湿透湿的，只要我在家，那针管子里的“药水”，就跑我身上了。女儿说：“你和别人的妈妈不一样。”意思是说我个性活泼，成天跟个孩子打打闹闹，不像个大人。

上小学后我爱问她："学校有什么新闻呀？"有时她不耐烦了："哪来这么多新闻呀。"学校习惯周四下午开家长会，而我正好上连堂作文课脱不开身，总让他爸爸去，可是学校的事我知道得一点也不少。像好友捡了一块糖两人分着吃了，学校老师发牛肉还是发黄豆（从大喇叭里听来的），或哪个同学犯了错被老师"讽刺"了……她都告诉我。有一次她回家有点晚，解释说好友没完成作业被老师罚用"苹果"造一百个句子，陪着帮她造句来。我问"你们都造了些什么句子呀"，她说"这个苹果既大又圆""这个苹果既红又甜"等。我则打趣儿说："你们应该造这个苹果既大又小，这个苹果既红又不红……"她开始一愣，把眼睛瞪得老大，随即就笑了。

还有一次告诉我音乐考试了，我问"你唱什么歌了"，她说"唱《鳟鱼》了"。又问"同学们都唱什么了"，她说"同学们都唱《鳟鱼》了"。"嗯？"我把眼睛瞪大了。原来老师说唱《鳟鱼》给高分（此歌唱起来稍有难度），所以全班都唱这一个啦。那时班里有些男生正处于变声期，这歌儿的调子比较高，唱着唱着高音上不去就转调了，而且一节课老师反复地弹一首曲子郁闷得很。边说我俩边哈哈大笑，随后一起大唱起来："静静的小河里面，有一条小鳟鱼，它快活地游来游去，像箭儿一样……"

根据我的经验，性情活泼的大人容易受孩子的欢迎。爱好广泛、多才多艺的大人也具备得天独厚的教育者的条件。歌唱是我的爱好，我们找来一首较为简单的伴奏曲《粉碎敌人的乌龟壳》，她弹钢琴我来唱，高潮之处变合唱，默契无比快活无比。那种时刻，好像两个孩子一起玩。

我们经常一起看电视节目，边看边自然而然讨论起来。有时候电视剧演完女儿意犹未尽，说什么："怎么就完了呢？"我说："你还想怎么样？"她说："应该演他俩结婚生孩子。"我就哈哈大笑。重大新闻或好的栏目，像张腾岳、白桦主持的节目，《对话》《大家》等，我们经常一起看。有一阵我俩喜欢上了黄健翔和张路，他们解说足球既专业又轻松幽默，柳笛儿称其"一唱一和""连讽带刺"。我俩骨子里"游戏人生"的态度通过这个节目进一步默契起来。那年世界杯，黄的激情解说我们也觉得如孩子般“率性”“可爱”。我对女儿说：“在一个以中庸为正统的社会里，它可能会载入我们的思想史。”她想的没有我这么多、这么深，很多时候，这样做的目的不是为了对她造成影响，或为取得一致的看法，而在于共同经历从而产生更多共同语言。这样看来，家长与孩子的关系有点像夫妻，在日积月累中“有话说”很重要。也像朋友，若总不往来再深的感情也会淡漠、冷却。所以家长交流沟通做得好，遇事给孩子提意见或建议才容易找到突破口，实施实际的劝导帮助其接受才会水到渠成。

2.沟通的过程最有意义

孩子与家长，有些问题看法需谋求一致，但不必凡事求同，没有必要也不可能，再者代沟总还是有的。例如对待乞讨者的态度我俩决然不同。我说：“人家要不是逼到份上，决不会丢弃尊严，既是讨乞必当同情。”女儿却说：“没看报纸吗，他们好衣服穿在里面，住宾馆、吃鸡腿和雪糕，不是真的穷。”我说她“缺乏同情心”，她说我“就爱乱发善心，助长乞讨者的恶习”。我觉得出门旅行主要用眼睛看和用心体会，她却必携照相机一步一留影。在上海博物馆把人家展品照了个底朝天。在她看来不照相就和没来过一样。我反对穿紧身的衣服，她却不以为然；我告诉她少吃冷饮和辣椒以减少脸上“豆豆”，她却大大咧咧说“不吃照样长”。

有些家长埋怨孩子不听话，除了教育水平的原因之外，很可能平常交流沟通的环节有漏洞。而貌似听话的孩子，像前面说的柳笛儿及同事的孩子，也不是没问题，而是暂时掩藏了。所以无论你的事务多繁忙，都要把与孩子的交流列入议事日程，将其融入实实在在的生活细节中，不要等出了事再讨论、批评，正所谓滴水穿石。你看济南的泉池底咝咝往上冒水泡，一个个很小但是日夜不停息，于是池水不减，河水清泠泠地长久不断流，由此滋养了这座城市。南山的响呼噜泉却是另一番景象，雨季来临水从井口喷涌而出，咕咚咕咚声震天地蔚为壮观，不几日奇景则完全消失不见。

像这样日常的交流，我们一直保留到现在。交流的内容不必很郑重。我见她微博上写了一句："怎么肚子微痛呀，提前上暖水袋了。""这是一个办法，还有禁食生冷、适量鱼肉、保持大便通畅，忌紧身衣，情绪稳定，是不是比医生还医生呀，哈哈……"我分析加调侃。"我成山寨的啦。"她也不示弱。某日，她在QQ大喊："我感冒了，想妈妈呀。"我问："发烧吗？大便通畅吗？嗓子痛吗？"得到否定答案后说："偶感风寒，没事儿，休息一下就好了。"一想不对呀，她是医生呀。"嘿嘿，俺娘永远是俺的大夫。"

现在女儿离我远了，一年当中见面也就一两次，待在一起的时间统共不过半个月。每次我给女儿打电话，都会就共同感兴趣的话题进行讨论，防止疏于交流而产生隔膜。风筝不断线，从浅层上讲属于感情的保持与培养，感情基础有了，一切都好办。孩子总有一天要自立，但是做父母的责任却是一辈子也不能完全卸掉的。有时我甚至觉得孩子越大责任越重，更加不敢放松学习了。活到老学到老是解决子女教育问题的根本途径。

我渐渐地"放飞"，越来越少打扰孩子，但是真正意义的沟通一点也不会马虎。比如觉察她受外界负面影响较大，思想消极时，比如遇重大事情觉得应该或可以对她有所帮助时。这不，学校进行"中级测试"，过关之后可以由硕士转为博士。笔试出来女儿考得不错，专业课等级为B+，英语为A，操作测试也顺利过关，只剩下面试一关。一般说来，在她人生的每一个关键时刻我都会给她一些建议，这次也不例外，我在QQ上留言，告诉她准备充分是面试的法宝，从应试的准则、内容和心态，到一些细节例如表达、交流和礼貌等给予建议。

妈妈：写得怎么样？妈平时帮不了你，总觉惭愧。

笛笛：妈妈太内行了，我输给你了。

面试完毕她给我发来短信，说自己面对专家虽然漏洞百出，但过程中一直很淡定，对于结果也很看得开。我称赞她的大度，说尽力就好，帮她分析：漏洞百出在所难免，医生的进步是长期的战斗任务，慢慢来，不必也不可能一步到位。“没有转博。”女儿发来了短信。此次只有三人过关。“坦然面对，就是胜利。”我回复。转博比考博能省出一年时间，但是慢慢成长也许更可以达到理想的高度。对于我来说，沟通的实际意义也不在于帮到了多少，她久经沙场还用得着我啰唆？关键是交流本身和交流的过程，是作为亲人我们共同经历了这一切。

二、安迪的救赎：把爱说出来

1.安迪的救赎

安迪的妻子与情人双双遇害，他成了“杀人犯”进了肖申克监狱。十九年之后偶然知道了谁是真凶，可是监狱长为掩盖自己的罪行将唯一的证人枪杀了，安迪失去了洗刷罪名的机会。他说：“虽然妻子不是我亲手杀害的，但我也是凶手……我真的很爱我的妻子……她说我是一本看不懂的书。”电影《肖申克的救赎》所含哲理当然不止于此。

孩子放学一进门，你会怎样？什么也不说，或者平淡地说一声：“回来了？”还能说什么呢？放假了孩子由车站出来，你接站会发生什么？只是默默接过行李？还有，给家人或孩子发短信，你都说些什么？有事才说事？想想，也许真的还有点别的。

“我爱你”，从一个西方人嘴里说出是一件很容易很平常的事情。以拥抱、贴面、接吻等方式表达爱、喜爱、感激、感动或激动等，西方人也习以为常。我们东方人则以含蓄著称，若直截了当会被误以为矫情，引来侧目、嗤笑。打开国门之后，外来事物我们了解和学习了不少，但是几千年遗留的传统根深蒂固。

你看，中国的男人面对女人很少说“我爱你”，年轻人似乎好一些。如果有人真说了，我们还会听着别扭。恋爱中的男子，最不喜欢被对方逼着说“我爱你”，有的的确不到火候，或许更多是“不屑”，或觉得肉麻“说不出口”，心想看行动不就行了？也有的，起初倒是勇于说、勤说，一旦成了家有了孩子，在一起久了也就听不到了。

然而据我所知，恋爱中闹别扭或分手，夫妻闹意见或反目，有一部分的确是出于比较深的误会，心里有对方，却没有把爱说出来——沟通不畅，以为双方爱意消失，缘分已尽。一对恋人分手多年又遇上，男的说：“我不知道你是这样深爱着我。”我有个朋友离婚之后，回忆说和妻子缺乏沟通，然而时过境迁，一切无可挽回了。爱需要付诸行动，更需要诉诸语言，因为就算你深爱的人，也不一定能读懂无言的爱。

从前在棉纺厂上班，我和一个朋友形影不离，好吃好喝她总想着我。我念大学，她一直送我到学校，帮我收拾好东西。我俩挤在一张床上睡了一宿，临分别我心里恋恋不舍，却没有张口。一些曾经帮助过我的同事、朋友，临走我也没有给他们说声“谢谢”，想写封信，又因为懒惰时日拖得太久而永远地搁置了。

后来年龄渐渐大些，做了妻子当了妈妈，经历得多了，一般不再隐藏心里的东西。把我的爱说出来，把我对他人的要求、对事情的看法及时地说出来。在学校里，把对学生的喜爱、对同事的赞誉说出来，把感激、感动说出来。上课迟到了，我就大大方方跟学生说声“对不起，请原谅”。一位乘客下车时不小心踩了我的脚，还没有忘记在车门即将关闭的刹那，以迅雷不及掩耳之势回身说一声“对不起”，而我立刻送他一个微笑外加“没事儿”，我们完成了一种表达——歉意与宽容，而非表面上的礼貌。像男人单腿跪下说“请嫁给我”，我觉得很好，虽然求婚的方法不止一种。如果一片真心，就会给他的诚意加分，而且借助于这个形式也坚定了他的责任心，无论对方是不是接受，他的表达淋漓尽致了。

据报道，一位孩子交通肇事后打伤了人，某歌唱家马上找到医院当面赔礼道歉，说自己没有教育好孩子，宁愿伤者打自己一顿，声明一定将事情处理好。无疑，对于消解对立情绪获得伤者和公众谅解、有效解决问题起到了积极的作用。歌唱家的形象也因为这种姿态而不会受损于丝毫，即使他在教育上的确存在某些问题。在许多类似的情况下，由于缺乏及时、有效的沟通，而使问题的解决遇到麻烦的教训，则有很多。

不错，我也发现人活在世界上，互相理解是一个大难题。患有精神疾病的人与人群和世界的沟通已成为不可能，真是最大的悲剧。正常人之间经常产生的交流不畅，也让人感到莫大的悲哀，但是我们又不能放弃愿望和努力，即使要损耗许多精力。

有时需做的事情很简单，你无不可却无所为，让人觉得“当事者迷”，替你着急了。有的人犯了天大的错也不认账，他们的字典里压根就没有“我错了”和“对不起”这几个字儿。说好听点是要面子或自尊心强，实际上是自私自利不考虑别人的感受。天长地久，即使再亲密的人也难免不产生隔阂。归根结底，像“我爱你”或“对不起”等，就如那些伤人的语言给人的打击一样，给人爱的温暖、情意的深度，其影响都是不可估量的。所以，当女儿对我说“安迪性格很像你——执着，以为没有什么是不可能的”，我心中的感动难以言喻。虽然我知道，我这一生是“成也执着，败也执着”。

现在，即使好长时间我没与同事、朋友和学生见面，但心里依然很亲切，仿佛我们从来没有分开过。我们当时真诚而适时、适当地将情感、意愿互相表达的习惯，对于相互间的配合和开展工作曾经起到了很大的帮助。在很多情况下，你不说别人不会知道，这不仅是个思想沟通的问题，还是个感情交流的问题。心里有，行动跟上来，而说出来，有时候也很必要。

2.轻轻说声“我爱你”

有一种说法，亲人的拥抱能使孩子更聪明健康。我和女儿早就养成了拥抱的习惯，说声“我爱你”也很自然。其实说到底，它不是一种形式，而是完全发自内心，为心灵自然的表达。

女儿放学经常是我打开门，她进来我张开手臂。“来个小拥抱。”她笑盈盈地说。“妈妈爱你。”我边拥抱边说。女儿把头靠在我肩膀上：“我也爱妈妈。”或者说：“我知道。”然后放下书包写作业或吃饭。

长久的离别之后在火车站见面，女儿和我紧紧拥抱并大声说：“我可想妈妈了。”“妈妈也想你呀。”我说。或者开玩笑：“你在外面和小朋友玩得尽兴，还会想妈妈，我才不信呢。”她就嘿嘿一笑。有时在拥抱的当儿顺势把我抱起来，可能因为小时候弹钢琴的缘故，这丫头可有劲儿了，还说着：“妈妈重了。”或者说：“妈妈这么轻，真羡慕呀。”

“我知道。”真的，在很多情况下我们明了对方的情感，但还是要说“我爱你”，我们会一辈子说下去，见面说，发短信说，写信说。假使有谁不在了，还是一遍遍地说，在我们的心里。在说的过程中，我们的情感永远新鲜、充满活力，人生的幸福感常在。

另外，必要的时候甚至写下来，把我们想说的话。所以我钟情于阅读名著当中的书信，喜爱写作。我赞成写情书，即使俩人最终不能牵手，至少彼此少一些隔膜，成不了夫妻也不会反目成仇，还可能成为好朋友。

人生因隔膜造成的冷漠、抵触或悲剧太多了，而心灵相通的朋友又太少了。

爱与亲情与生俱来，更像花儿一样需要精心照料。让别人了解你的情感，有时候比了解你的立场更要紧。

所以我觉得，亲人之间、朋友之间或情人之间，真情不必藏而不露，适时适当地表达于双方有益。人生的困苦磨难本已不少，爱的言语和拥抱会焕发一种神奇的力量，让它们变得无足轻重。

三、一只手助人，一只手抓住人

有人利用微博直播自杀，为什么？

我有个朋友喜欢诉苦。情感问题、家庭矛盾或孩子婚事等，一打电话至少得四十分钟。我耐心倾听并给予意见和建议。在学校里，同事或学生有苦恼也喜欢找我谈。有时候这种东西听多了并不好受。想：为什么不能自行消化呢？倾诉在我看来是意志薄弱者或小孩子的专利，而我的“强大”似乎也影响到了女儿。

渐渐地我发现人人需要倾诉。我开始羡慕朋友，她懂得路遇魔障寻求帮助。研究表明，女性比男性患抑郁症的可能性要小，即使得上也较轻微，原因之一是女性较男性更具社交能力，容易找到可倾诉的对象，以释放不良情绪。遗憾的是，女儿似乎继承了我的“强大”，和我一样，只是个优秀倾听者，而没有学会倾诉。很有可能女儿刚要张嘴诉苦或发牢骚我便开导教育，因而让她以为一个人应该无所不能，一切的不良情绪都应该踩在脚下，稍微泛滥就是不坚强。

是我扼杀了女儿倾诉的欲望吗？觉悟永远不晚。有一阵因为某些原因我很不快乐，总做错事。有一天，我终于对女儿打开了话匣子：“是不是妈妈从来不麻烦你，总是对你说一切都好，其实……”女儿说：“我也是，爱把烦恼憋心里。妈妈，以后有什么苦恼纠结对我说，没关系。”地火运行，碰撞，早晚有一天会喷突……我们封闭自己太久了，但一切都过去了。

我的发小照顾老年痴呆不能自理的母亲许多年了。我开始顾虑人家烦恼本已不少，不想偶尔与她聊了一次，彼此都舒畅，说定以后常聊。中学的闺密多年少联系，一旦相见第一件事还是推心置腹。倾诉的对象可遇而不可求，有时需要打开坚冰。

学会倾听，学会坚强地面对人生，更要学会倾诉。向日记和诗歌，也向亲人和朋友倾诉。没有一个人可以独自生活在这个世界上，没有一个人不需要得到他人的帮助。女儿现在有了很大的进步，无论工作、学习还是情感问题，在自我融解、调整的同时，寻找合适的对象以倾诉，以求得帮助。她为自己打开了另一扇门，令人欣喜。

在我生活的城市里，电台电视台都设有谈聊节目和“求救热线”，许多人借此获得帮助。用微博直播自杀者，无疑感到了“世界末日”，却还没有忘记倾诉。如果你觉得无助，如果痛苦攫住你太深以致你即将崩溃，如果其他尝试都失败了，只要你求救，你就有救。

一只手助人，另一只抓住人。该出手时就出手。

四、浓缩之爱直达心灵

1.脆弱的心灵需要关怀

一日我正批改作业，一男生神情紧张地闯进来，边冲向我边急速地说：“老师您快去吧，XX要跳楼。”我第一反应是：“班里那么多人，怎么不拦着呢？”“老师，您不知道，拦不住呀！”我霍地起身，和那男生一起冲了出去……来到教室，挤进人群，见某女生脸色铁青情绪激动，奋力挣脱别人的手，执意要……“为什么呀？”我问。大家七嘴八舌：“有人冤枉她啦……”“有人煽风点火了……”

我知道了：第一，跳楼以示清白，第二，被人激着了。看这阵势，我立刻抓住她的手表示：“老师替你做主。”知道她性格有些怪异也有些刚烈，当前第一要事我得让她感觉并不孤单，先打消跳楼的念头。稍后我拉她到办公室，站在她的立场好言相劝。见其情绪渐渐缓和，我又通知班主任务必好好安抚。在很多情况下，类似的极端情绪可能会持续几秒钟几分钟或更长时间，渐渐地可自行退却。可有时候一个人钻了牛角尖而周遭又无人陪伴，极度的孤独感会让人误以为路走到了尽头。初露端倪就对症开导或安慰会转危为安，发展为“病”如抑郁症等，若及时治疗也可以治愈或好转，至少可以避免自戕的悲剧。

一些事情发生了，往往因为没有及时觉察。家人、朋友或经常在一起的人，如果相互的关怀深入一些，哪怕微小的异样也可以感觉到吧。交通肇事杀人的钢琴系大二学生受审时坦言好几次想到过自杀，是何原因没有听到明确的解释。一系列的报道让我们得知系因家教过于严格。推想事发之前其不良心态父母不了解，或了解却未放在心上，任其长久压抑的最终结果是找寻“突破口”以释放。如果稍微耐心一点或对孩子的心灵诉求给予适当的关注，情况或者会好一些，悲剧可能不会发生。“学艺术不都得吃苦吗?”但毕竟人与人不同。

那些脆弱的心灵需要关怀。第二天一切烟消云散，她来办公室交作业，说:“老师，没事儿了。”某天，见她不在教室，我对同学们说:“以后不要再拿她那天的表现说事，记住，谁也不要。”虽然今天我写了这件事，但我希望学生们忘记它。在我二十多年的教师生涯中，像这样极端的事件并不多，但是面对脆弱的心灵需要表示关怀的事情却是经常遇得到。作为一名教师，上课、讲解难题、压作业或指责学生的不是，都不难。难的是当学生的心灵需要关怀和帮助，需要向人倾诉的时候，你“在场”并“走进去”，你没绕开，没不把它当回事儿。

学生:“老师，今天各科作业太多了，能不能少布置点?”

老师:“好，今天咱不写了。”

学生:“明天要是……”

老师:“咱也不写。”

老师:“同学们，今天语文作业可能多一点，你们需要克服困难……”

学生:“这还叫多，老师您没见过多的。”

2.教育者要有一颗柔软的心

表面看，“心软”之人有一部分先天因素，有滥施同情心的嫌疑。当我为布置多少作业纠结时，常有好心人对我说："别可怜他们，一点也不多，有些人再少也不写。"不错，表面看孩子的抗压能力确实蛮大的。有精神科医生也认为小孩子抗压能力大于成年人，多数孩子即使面对十分变态的作业量也可以应付。但我始终觉得此为一种变相的虐待，和叫孩子逆境中磨炼性格不是一回事。而"虐待"对儿童来说，其不良影响医学上认定是伴随终生的。退一万步讲，抗压能力大就可以无限制地布置作业吗？其中"弱者"就可以不顾及了吗？作业的作用又被抛到哪个太平洋里啦？而在现实中，好多家长也要求老师多多布置作业，他们对于孩子"无微不至的关心"和此种"虐待"自相矛盾。对于我，"发善心"也许能寻到更深的渊源呢。

女儿长到十一个月第一次生病，然而来势凶险，堪称惊心动魄"死里逃生"。那一天她发烧，上午去过医院吃过了药。下午我正抱她在怀中，发现她如发冷般哆嗦了几下，然后眼珠上翻口吐白沫，身体僵硬意识丧失，一丝不祥的念头瞬间掠过我的脑海，但我立即镇静下来把孩子塞给丈夫，光着脚就冲上楼去——我们住二楼，四楼住着一位厂医，我拼命地砸门……医生用一枚注射用的针头往女儿人中处扎下去，只一针……孩子"呀"了一声，然后我又将拇指摁压，很快缓了过来，孩子随即一身大汗昏睡过去……而情急之中，摁压时女儿的人中被我的指甲盖嵌入皮肉导致出血破损，好多天才结痂愈合。

医生说这是"抽风"，医学上称作"高热惊厥"。小孩子神经系统发育不完善，抑制系统比较薄弱的孩子高热时容易发作。这一次我着实受到了惊吓，于是我就想，一个人别说活到七八十岁，就是活过一岁都这么难。那时起潜意识已经告诉我，只要孩子活下来就是最大的胜利，别的什么都不重要。后来一直到六周岁，女儿又有过无数次的"历险"，每次只要她发烧我就成宿陪着，直到下半夜热度退去。每次都准备好牙刷、手绢等备用。最惊险的一次，女儿发作之后被车送到医院，至少四十多分钟才缓醒过来，我一直用包好手绢的牙刷压住她的舌根……这一次医生给女儿做了全面的检查，排除了癫痫，可是一次次的险情，已经把我折磨得不成样子。

这样的经历，让我日后抚育孩子时，不会做拗着健康的事情，不会逼着自己的孩子乃至别人的孩子去怎样怎样。女儿幼时好多人夸她漂亮，我不以为意，我觉得这有什么重要，健康才是第一位的，我宁愿她丑一点。

所以日后当孩子发烧时，我不会让她上学，除非万不得已，也不会使用抗生素。保证营养、保证睡眠、劳逸结合，是我对孩子第一位的要求，或者说是渴求。在我的潜意识里已经深深埋下了珍爱生命的种子，对我来说，这东西也惠及所有人，包括我的学生。一个人身心的健康，在我看来比什么都重要。所以，我不是那种智力型的母亲和教师，常觉自己与众不同，甚至与他人格格不入。

但是从另一面看，在学业上的"要求"我实际上比许多教师或妈妈要"严格"得多，我追求的是一种更高的境界，更为实际的、更为长远的效果，纵观全书您不难看出这一点。

3.救救孩子

一个初中生犯了一点错就要被批评和罚站三小时，回到家从十七层楼跳下；十岁留守男孩，既缺乏亲情的关爱又每天面对海量的作业，终于喝下农药"自我解脱"了。看看长长的作业单子，想想孩子承受的压力，让人心痛至极。善待每一个孩子，真的那么难吗！

人生在世，懂得体会学习、工作和生活的乐趣最重要，否则，即使你名利双收也不值得羡慕。所以面对成长中的女儿和学生们，面对他们心灵深处的需要予以关怀，我觉得责无旁贷。这是真正意义上的关怀，和教给他们知识、训练思维或技能不在一个层次上。

一个人在不"点灯熬油"的情况下，照样可以把学习或事业搞好，培养坚强的意志和实事求是安排生活并不矛盾。罚作业的事情从来不会发生在我身上，孩子可以今天不写明天写，能写多少写多少。而认真的备课、精彩的讲解和热烈的讨论，再配以适量的作业，使我广受学生欢迎。这不仅不会影响学生们的分数，反而使他们喜爱语文，认真学习语文，较全面地提升了自己的语文素养。迟到就迟到了，先进来上课，让他站在门口无济于事，只能徒然增加他的孤单，听不到课只能造成他学习上新的损失，其实谁愿意迟到呢？屡教不改者毕竟是少数，何况交通状况不好，孩子能安全到达学校不是比什么都强吗？

每当我看到趴在教室外窗台上补作业的学生，或因迟到不被允许进教室而孤零零蹩在墙角的孩子，都觉得揪心。我有个学生父亲离异再婚，父亲和继母疏于管教，他几乎天天迟到，经常见他瞪着个大眼睛孤零零贴在教室门外向里或四下张望。我问他怎么总来晚呀，他说早晨没人叫醒他，还说家里没有闹钟。同学们听了一阵哄笑，喊道："买一个不就得了。"每天早晨骑单车来学校，边骑边啃个烧饼。逢到我上早自习或第一节课，他来晚了也不喊"报告"，就贴在门玻璃上。我过去拉开门，他于是慢慢踱进来，这时候同学们会喊："老师，别让他进来，这家伙屡教不改。"可是我从不理会，像这种特殊学生一百年也遇不上一个，别说关门外一节课，就是关上一天两天，他不还是那样？来晚了，老师生气不让他进来他没有意见，一方面疲沓了，一方面他自己也没有志气改过。他几乎不交作业，但是语文课能举手，我常叫他；课文念得也还不错，参加讨论很积极，比较遵守纪律。他经常在小组讨论时主动和我交流，眼睛闪闪发光很自信。根据我的观察，他心理健康，在班里生活得挺快乐，我觉得这就很好了，有些事情没必要逼着他。人生的快乐比什么都重要，不是吗？

上课乱讲话了，问题没答上来，有必要非得让学生站着吗？课堂上站起来一大片，自然轻松的气氛不就给破坏了吗？语文教师特别不能阴着绷着更不能铁青着脸讲课。我有一次在外校上公开课，下来之后一位青年教师对我说："真想当您的学生重新上一遍学。"我说："为什么呀？"

得到意味深长的回答："当您的学生真好呀，您待他们那么和蔼可亲。"我平日一贯这样，说着话随意聊着天就把课给上了。其实我也有"凶神恶煞"的一面，他没看见罢了，但我都是先把课上了再说。与其别别扭扭上这堂课，哪如宽容地对待学生让问题放到课后呢？何况学生到底有多大罪过必须遭罚站呢？你站着他们坐着，实际是告诉他们"我对事不对人"，能更好地倾听，而不致因觉得丧失尊严而沮丧或敌对。在一天当中，有什么事情比保护自己和学生的心情更重要的呢？与家常便饭似的惩罚相比，学校里的表扬或鼓励就显得太少了，在我看来，许多家庭中也是如此。当然，不能为表扬而表扬，但确实有很多事情值得表扬或应该鼓励。

和许多见了老师擦肩而过的学生比，老远就给老师打招呼的应该表扬；虽然没有按时完成作业，但是主动补上，亲自交到老师手里的，也该表扬；不好好学习完不成作业，但是尊敬老师、热爱劳动的，也应该受到表扬；浑身缺点破坏纪律，然而热心公益事情或有特殊才能的，为什么不可以表扬？一个人不可能完美，也不需要完美。现在有个性的学生越来越多了，我觉得是件好事。你可以不喜欢一个人，但是你不能视他的优点或特点于不顾，也不能用一把尺子来衡量所有人。

我有一个学生，班主任和各任课老师都不太喜欢他，同学们觉得他挺怪异，有时作业完成得不好我也不太高兴。但是他具有文学天才，写的童话、小说和诗歌很像那么回事。我于是经常把他的作品当范文宣读、讲评并给予较高的褒奖，平常也在一起切磋。对于一个文学少年的内心世界，一般人不容易理解，而作为教师或同样热爱文学的战友，这样的支持会比较珍贵。

我还遇到一位学生，智商相当高，性格却有些怪异：成天穿着双军用球鞋满院子跑；作业经常写得很潦草，屡教不改；上课不停地举手，起来就长篇大论。此人奇谈怪论特别多，听着有点深奥。我总是耐心地倾听，当反应不过来就对他说："这个问题容我下课想想。"这些时候，我唯一可以做的就是保护他的个性，让他的人生在我的课堂上充分地“表演”。有一次快下课了，他举手说要上台说件事儿，随后大步流星上来发表宏论，主旨为倡议同学抵制日货。全班哗然。还非要听我的看法，我一时有点发懵，但镇定下来讲了两句。第一句，日本鬼子确实可恨，但是中日友好会成为大势所趋。第二句，在同等质量下，我可以不买日货。说实在的，直到现在我也不清楚这个问题究竟应该怎样看待，但是那个时候，我觉得应该给学生的爱国情感以支持。

我总觉得，孩子幼小时特别需要心灵的关怀。稚嫩的心灵得不到关爱，很容易扭曲。一个艺术生从小被关进地下室弹钢琴，家长打着严格家教望子成龙的旗号，实际上冷落了孩子。把孩子当成机器，结果是手指头练灵活了，情感淡漠了，道德观念丧失了。面对投毒杀人的某医学研究生，我们慨叹其“冷血”之余，也读出了他内心的苦闷、挣扎与无奈。这么多年学业上的艰苦奋斗，示人的多为成绩与才华，作为一个人他深层的需求被挤压得变形，内心的阴暗悄然扩张，这一切却被掩盖了。

“救救孩子！”——永恒的主题。

4.深层关爱是人生支柱

学习的事情由女儿自己处理，我的精力多用于学习之外。学习并非孤立事件，在一个整体的平台之上统筹地去看一个人成长究竟最需要什么，会得出与以往不同的答案。直到现在，在自然的状态下和女儿谈心交流，依然是我认为最重要的事情。

我知道，代沟、世界观的不完全相同会使人的思维和行为模式有所不同，这没有什么，无须强求一致，况且人生的孤独是谁都在所难免的。但是，朋友、亲人之间深层的关爱仍然是人生的重要支柱。

有一次，女儿宿舍水管突然爆裂，情急之下女儿直奔楼下叫来了修理工，在一个隐蔽之处找到总阀并关闭。可是水漫金山已殃及邻居。管理员说女儿宿舍须负全责并赔偿相邻宿舍经济损失。女儿与室友不服，强调什么水管老化、总阀太隐蔽呀，相邻宿舍同学不该将书放于地下呀，她们第一时间进行“抢救”尽了全力呀，竟然还埋怨地面倾斜。

我谈了我的看法：“住宿舍这么久，却搞不清总阀在何处，这本不应该。出了事情应该勇于承担责任，该赔偿的就赔偿，而不是将责任一一划清。”但是我又说：“有自己的想法做法，学着自己处理问题已经很好。”她表示应该在生活中加强锻炼，学习处理各种棘手问题。事后她向相邻宿舍同学赔礼道歉，人家高姿态并未谈及赔偿。

你看，我并不简单要求女儿服从我，她处理事情的思维和方法更接近平衡化。责任心无限制地放大从心理健康角度来说，也是不足取的。尊重她的自主权利，鼓励其向生活学习，是对她深层的关心，也即一种终极的关怀。这不是一般意义上的指导、干涉或“掺和”，甚至也不是陪伴或责任；对于已经渐渐成人的孩子该放手的必须放手，此为事情的两个侧面，并不矛盾。

同样，她的意见或建议对我也有帮助。女儿看过我的书，我问：“是不是不忍卒读？”“挺好看的。”我不放心：“真的吗？”“当然啦。”她肯定地答道。女儿的判断让我信心大增。我选用她的日记还担心她怪我，结果她什么也没说。

真实的人生不怕放到桌面上——我不知道她这种豁达是怎么来的，在自豪的同时确实给我一种心灵的慰藉。她给我提意见说：“《自序》一部分好像中心不大明确。”纠正了几个医学名词，还改正了几个错别字。说实在的，关怀、关爱或理解，无论孩子抑或成年人都需要的。记得有一位名人说过：“人心灵深处最渴望的东西是认同。”

妈妈是什么？不是保姆或教师，也不是榜样，是心灵相通的挚友、战友。教师是什么？不是妈妈或保姆，也不是知识的传授者、精神的导师，是把孩子领进门的师傅和知心朋友。

第五部分　妈妈也成长

一、河马的体重是多少

二、孩子，工作，谁第一

一、河马的体重是多少

1.笨妈妈变聪明

“河马的体重是多少？3000公斤？还是6000公斤？”

“妈妈，你猜个谜语……”

女儿小时候，我一进门就被追着回答问题。在学校忙一天很累，脑子又没有小孩子灵光，不免烦躁却还得耐住性子应付。有些家长往往不屑：“去去去，烦死了。”“我说你这孩子，没见大人都快累死了？”

不过还真锻炼了我——头脑和耐心。丈夫十有八九猜不着，我却能蒙对不少，这时她就索然无趣了。脑筋急转弯最让我头痛，完全摸不着边际，但脑子活动起来了，有时反过来给她猜；孩子呢，难倒了大人成就感来了，洋洋得意。有一个阶段孩子对一些知识、谜语、脑筋急转弯等特别感兴趣，我就耐心陪她玩。

中考后我俩去崂山游玩，导游小刘为活跃气氛老让乘客猜谜语，几乎每次话一出口女儿或我就猜中了，同伴们大眼瞪小眼。一路上数我俩最高兴，导游关子没卖成多少有点尴尬，可有什么法子呢，我俩就是屡猜屡中。记得汽车沿市区向东行进，小刘指着前方一座建筑问大家：“它是做什么用的？”我瞥一眼见外部装潢高档脱口答道：“银行。”又蒙对了。

我能说会道，但动手能力较差，做了妈妈让孩子“治”过来了。有一阵女儿喜欢上了扎辫子，我说头发太短等等再说，她不肯，于是只好想办法，最多的时候满头扎过七八个辫子，梳好得整整五分钟。从小到大我自己都没怎么扎过辫子，这回本事练出来了。

当我下意识舔一下指尖去掀翻报纸，女儿看到立马喊：“又舔，报纸含铅可多了。”我立刻从嘴边挪开手指。吃饭时我有意无意捏攥馒头，她一旁监督我呢：“又攥馒头，又攥……”我只好松手。吃完饭，女儿擦桌子检查食物残渣，说：“又是妈妈最多。”现在，这些毛病我都改掉了。

女儿上二年级生病在家休养，要求学着织围巾，织错或漏针让我帮她“改”，这下“改”的能力上来了。那条淡绿色的围巾果然织好了，围着去上学受到啧啧称赞。有一次她正看一本书，突然说：“人家小孩能吃糖醋排骨，我也要吃。”“看人家干吗你干吗。”我一边调侃，一边放下手里的活跑到街上。排骨买来了，可我不会做呀，那时还不时兴看菜谱，请教邻居后终于做好了，水平有限可女儿不嫌，几块排骨一气儿吃完。以前以为做道菜挺神秘的，现在看不算难。京酱肉丝女儿喜欢吃，炒好端上来，“怎么像是炸酱呀，不过不难吃。”女儿边吃边说。我就尴尬了——肉丝没有切好，火候也大了些。心想得空要提高厨艺了……一边努力，我一边总对别人说：“这孩子可好伺候了。”

2.一起走近艺术的殿堂

女儿喜欢凡·高的画。她买的日记本中有凡·高画插图，她使用印有凡·高画的明信片给同学祝贺新年、生日。渐渐地，我也喜欢上了凡·高的画，还借来《凡·高与〈向日葵〉》（作者程小牧，人民美术出版社出版）阅读，后来无论是画还是画家，我喜欢的程度都超过了女儿。从前是她给我讲解《星夜》和《有乌鸦的麦田》，现在变成我给她讲《吃土豆的人》。我还讲大师的孤独与博爱，讲凡·高对既定目标执着的追求——“我希望能画出打动一些人的作品，无论在人物形象上还是在风景画中，我都希望表现真正的悲哀，而非感情上的忧愁……”一个人陷得越深，遭受的折磨越大。即使现在，我们还是经常聊凡·高。对于画面、色彩与线条她比我更有鉴赏力，对于画家、人的内心我比她了解更深。

钢琴我不会弹，但是跟着她上课听她弹——整整十年，音乐素养方面获益匪浅，可以接受严肃音乐了。对其他艺术兴趣的产生也有影响，比方说绘画、芭蕾舞，比方说由古琴、箜篌、埙等乐器演奏的中国民间乐曲等。平日我俩经常聊音乐，我去上海，娘俩逛书城买音乐光盘，回来一起听。她弹过十年钢琴，感受自然独到，听罢我推荐的霍洛维茨演奏的舒伯特小夜曲之后欣喜若狂："最好的钢琴版小夜曲，没有外在动作曲中却异常丰富，这大概就是武林中所谓无胜于有，幻化无形却又可以杀得片甲不留的最高境界，相见恨晚相见恨晚呀。"亲切地称大师为"老头"，听过《莫扎特降B大调第13钢琴奏鸣曲》之后激动地发微博："第一乐章姐当年弹过，百感交集泪流满面，从来没有听过如此美妙的莫扎特。"

我买下一张双簧管的CD之后，她大呼："妈妈真会听，这被称作乐器公主呀。"

当妈妈很辛苦，但辛苦有辛苦的回报。善于看到孩子的进步，也不要忽略了自己的进步，教育者同时是被教育者，反之亦然。你和孩子和世界互相关联，但又不完全是一回事，生活是每一个人发展的舞台，给予我们同等的机会。

二、孩子、工作，谁第一

1.袁隆平没有带病坚持工作

那一年我准备让女儿在我工作的学校上初中，之前衡量了各方面条件决定亲自教女儿，于是请求校长务必派我教初一。校长说这得看学校安排呀，我说："对于一个妈妈来说，孩子第一，工作第二。"听了这话她笑了，最终让我如愿以偿。

女儿幼时体质孱弱常生病，每当病重时我就亲自看护，回头则必将所教班落下的课补上。平日我对工作精益求精，但类似情形下将孩子交给别人照看，我不能苟同。站在领导的立场，校长喜欢表扬这样的事儿，我认为值得表扬却不值得提倡，就如带病坚持工作。

有一次媒体报道袁隆平事迹有违事实，这位"杂交水稻之父"马上澄清："我从来没有带病坚持工作。"据我所知，袁隆平不仅擅长科研，也很会娱乐，会拉小提琴，喜欢下棋和打牌。工作固然重要，人的社会价值固然要实现,但不等于其他可有可无,像和睦的家庭、健康的身体、发展业余爱好或亲近自然等。工作永远做不完,缺了谁地球都照转;况且第一第二的地位非一成不变,有时你休息或在家照顾好孩子,从长远看对家庭、个人或工作都有好处。这跟无病呻吟、怕苦怕累或没责任心不是一回事。至于出工不出力或工作不讲求效率的事情,我们不是没有见过。

2.成全孩子,不必牺牲自己

每当听到谁谁一年完成了两年的工作,谁谁因劳累过度倒在了工作岗位上……我都无限钦佩,但更多的是担心、惋惜和悲痛。其实过正常人的生活,享受人生,与做好工作奉献人类之间并不冲突。我因为自己的工作一向很忙,所以成天想着怎样让工作做得好又累不着。这样我有了众多的发明创造,不然像我们那样的工作量,那样高的社会需求,非累死不可。学校教师因过劳而生这病那病的不算少见,而教师群体"亚健康"也是普遍存在的实际问题。从国外到国内都有教师罹患精神疾病的报道,如果不注意调整心态劳逸结合,这并不奇怪。

一次,我一周上了二十六节课,事后对同事说:"快崩溃了。"代课虽为常事儿,可跨年级代课就难以承受,更不要说牵扯到赶进度,一般人不会接手。有一次我逃无可逃,本该耗时四节课的《社戏》,我只一节就"搓"了出来,精华要点到,板书还不能少,这对人的体力和智力都是一个考验。语文教两个班算作满工作量,可一次学校拉不开栓,我接手四个班上了近二十天课,幸好一位教师可怜我帮助上了几节,可还是"不舒服"了大半年。

教师工作强度大是事实。如两个班一百四十本作文,批改起来真不轻松,灯火阑珊时下班,对我来说不算少见。那些时刻心情的轻松可谓清澈见底,其境界又高过头上星月,当时工作的享受变为如今甜甜而又涩涩的回忆。有时候刚下课就要开大会,从四楼下来走到会场,我不能确定自己可以做到。

如何破解“人在江湖，身不由己”？比如，作业布置就长远看需要多样化，就某一天来说尽量单纯化。不然，一方面学生时间有限，另一方面头绪太多不仅批改不容易及时，而且加大了教师工作量。某些有难度的作业给学生一个期限，不必第二天就交。比如，让学生学着自己订正作业，练习册答案收上来订正时再发下去，红笔订正完毕我检查。工作量减轻，效率高，学生也学会了自学。

刚开始做教师时，我学老教师让学生写日记，后来发现不太实际就改为写周记。周记哪天写都行，周一交上即可。学生空间大了，不会再说“没得可写”。有一次一个学生写了二十多页，也有的一周写了不止一篇。

我训练学生自批、互批作文。让他们了解作文批改的原则，熟悉操作流程，每次视题目等具体情况列出评点及评语要求。学生做起来目的性强、规范，慢慢达到训练有素。我再批改时，有的作文眉批一二处，评语写上“评点准确，仔细看、认真修改”即可，工作量大大减轻，且不会造成积压。很多时候学生评点意见、建议很到位，让人无话可说；当然，有一些作文我还是会下功夫仔仔细细批改。这样，慢慢地学生评改能力上去了，作文水平也见长了，得到实际的好处，养成习惯，乐此不疲。女儿初中我教的她，她评点作文有一套，到了高中老师让互批作文，其他同学手足无措的当儿，她已经三下两下摆平了。

像这样的发明创造人人可以有。所以说，想要干好一件事不见得非要“拼命”。平日里我一般不将工作带回家，工作生活我能分得开，精力、心思该放在哪里，放多少，我比较清楚。该我做的我不逃避，不该我做的放手给别人。

做全职太太或在孩子幼时暂停一段工作当然最好，不过恐怕大多数人做不到。孩子第一，工作第二，是在特定情况下不得已而为之，并不是让你的生活中只剩下孩子。

孩子与妈妈应该共同成长。任何时候，孩子只是生活的一部分而非全部，尤其等孩子稍大一些，你会发现拥有自己的事业并让其不断发展壮大，对于个人生活和教育孩子都有不可估量的作用。况且社会进步的标志是让每个社会成员都得到发展，而不是以牺牲一部分人来成全另一部分人，所以家长和孩子的关系不是牺牲与成全的关系，你看现在有人反对将教师比作蜡烛了。因为懂得这一点，所以我一直追求事业上的新突破，教师生涯比较有成就，它给予我的欣喜不亚于育儿方面所得到的欣喜。

在中国有一种现象比较普遍，即将孩子拴在身边，不允许他们去外地求学或工作。分析其心理不外乎：一、没法时刻照顾，担心他们的生活。二、和孩子一起生活成为习惯，分开心里空虚。三、外地不如本地熟门熟路，有事方便处理。四、独生子女走了，怕以后老了没人照顾。这些想法合情合理，当然不应该遭到否定。但是细细想来，还是有些问题。是不是相当于将孩子的人生和自己的人生完全捆绑了起来？心中只装得下孩子的人生或闭塞的生活，可以试着改变，你会看到一片新的天地。这种新的观念应该提倡——为社会，也为家庭。

袁隆平希望子承父业一起研究水稻，儿子却无此志向，于是父亲放孩子奔个人理想而去。而有一些孩子为迁就、照顾父母放弃理想，实现了“孝道”却牺牲了自己。要知道父母离开孩子同样可以生活得很好，孩子不在身边的日子慢慢会习惯，而未来一个个相聚的日子将变得更加珍贵。我从上海回来对女儿说：“下次我们再一起逛上海书城、逛南京路，去外滩拍照、去梅塞德斯观景吃饭，有机会一起去听音乐会……”女儿也满怀憧憬地答道：“好呀，好呀。”

无论过去、现在还是将来，我很高兴女儿有她的人生，而我也有自己的人生。退休不长时间我就发表了十首诗，写出了小说、散文若干篇。我在一如既往关心孩子的同时，也经常向她汇报我写作的新进展，她会为我高兴，也会不断给我鼓励。

女儿成家之后我对她说：“你完全自立了，你家的事情我不掺和。”当然，对她的挂念和关怀一如既往，所以我又说：“我们永远是一家人。”从前我们“三位一体”的美好时光不仅不会暗淡消失，反而会随着女儿的成长和我们的分离变得更光彩、清晰，更有价值。

后 记

“你的教育理念是什么?”写书过程中总被问到。

应当有一条基本的理念,可以归结一句话或一个词儿,可到底是什么呢?动笔之初“一锅黏粥煮不出个豆儿”,不仅对于全书没有一个统筹安排、规划,每一章节都是即兴写就,比如想到一个话题或遇到某个契机。随笔式的写法、发散式的思维使行文如“跑野马”和“长树杈”,确保其真实性和可读性是唯一追求。

在获得知识、启迪等同时,阅读应该有其他的愉悦在里面。不仅通过内容——具体而不空洞,丰富而不单一,深刻而不肤浅,感性与理性并存,历史与现实相通……听到故事、看到画面……及至撞出火花、引发各种联想或不同意见。作为语文教师,我还想尽可能将文字表达好的一面呈现给读者。

对于一本书来说,它表达了什么样的观点、看法、意见或建议不是最重要的。若呈现一种别样的生活——具体可感,一种别样的生活态度——绝对真实,而读者又能从中看到自己的影子足矣。也许它有批评、批判或否定——生活中没有真正的中立者,但并不构成规劝,更不想将任何东西强加于人,每个人都有权按照自己的意志生活。谁能否认世界是多元和五彩缤纷的呢?但是很多时候,一些人在不断的变化或选择中悄悄改变自己,世界也因此而悄悄地发生了改变。

当此书即将完成之际，女儿也以出色的论文答辩结束了复旦大学研究生院的学业，拿到了医学硕士学位，并开始在上海一所三甲医院轮转。入院摸底考试（内科学选择题）时，她在所有博、硕中脱颖而出获得笔试第一名。这能说明什么？你的孩子比别人强，硕士比博士强？当然不能。

但还是可以说明一些问题。首先，学校的教育方针、教学方式及水平，教师、导师的能力及付出，至少值得肯定吧。女儿对我说："没有给复旦丢脸。"这个时候，一个学生首先想到培育其成长的学校，自然地将成绩归功于它，那是当然的。而我必须感谢的是二十七年的岁月，所有教过她的学校和老师，以及在成长道路上所有帮助过她的人。

当然还可以证明，放养的孩子、自然之子，从小善于自我学习、习惯好的孩子，按部就班"细水长流"的孩子，高中成绩不那么"优异"、没有上名牌大学的孩子，适当关注、从小培养爱心、是非之心的孩子……至少是不比别人差，还不够吗？证明什么，证明给谁看，有那么重要吗？作为妈妈和教师，我经历了这些……有比这更宝贵的吗？

而我在写作的几年里，向内审视向外学习，一面追忆一面继续实践，一朝回眸，发现离开起点已经很远了。我和女儿及我们周围的世界，都在点点滴滴的变化中与以往大大地不同了。其间经历了许多事情，随心所欲读过几本书，记录的一些文字、对一些事物的看法，不断得到修正、纠正、补充或者发生了大的改变。但时至今日，本书所及的某些问题依然为人们注意的焦点，为茫然所在；科学发展观令教育的大环境有所改观，但旧教育的根基依然牢固，教育的形势依然严峻。

我的书写成了，女儿也步入婚姻并做了医生。将来？我不做预见，也无法预见。我只想说"前途是光明的，道路是曲折的"。于纷乱迷茫当中，渐渐地摸索出一条清晰的答案，很简单喽：

"开放——"

这当然不是我的发明创造，高粱茬原本在那里，被我拾到了。不错，生活即教育。我崇尚开放的——宽松、宽容的，即人性化、科学化的教育。我认为教育特别要避免纸上谈兵，教育的方式方法因人而异；提倡批判的教育，反对因袭与束缚，反对盲从与固执。纵观全书，我已经概括或具体地、明确或隐晦地阐明了这一点。

哦，我一直沿着走去的，从未偏离的道路。无论我扮演妈妈还是教师，这是我所遵循的一条最基本的原则。感谢您阅读全书。希望您喜欢这本书。而且——没有给我的学生们丢脸。

二〇一四年五月于济南